普通高等教育"十二五"旅游与饭店管理专业系列规划教材

总主编 刘住

U0716744

旅 游 地 理

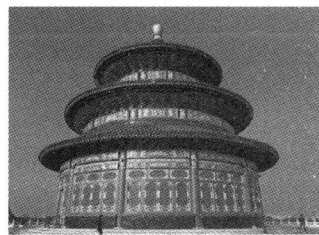

主 编 杨尚英
副主编 张 峰 王钦安 孟秋莉

西安交通大学出版社
XI'AN JIAOTONG UNIVERSITY PRESS

内 容 提 要

　　本书系统地介绍了旅游地理的主要内容和研究方法。其内容主要有：旅游气候与旅游时间、旅游者空间行为、中国旅游资源、世界旅游资源、旅游环境、旅游交通、旅游地、旅游地图和旅游信息、旅游线路设计等。本书内容由浅入深，内容丰富，系统性强，案例分析与理论研究紧密结合。

　　本书可作为旅游管理、地理科学相关专业的基础课教材，也可供相关学科领域的专业人员、旅游行业人员和旅游爱好者参考使用。

前言
FOREWORD

　　地理现象是自然景观的一个组成部分，又是影响其他自然景观和旅游活动的一个重要因素。旅游地理是由于旅游业的发展而出现的一个新的学科，地理学具有高度的概括性和系统性，旅游地理是在地理学孕育之下而产生的。作为应用地理学的一个重要分支，它是旅游学和地理学的一门交叉性学科。随着旅游管理的精细化、旅游类型的多样化、旅游活动的广泛化，社会对旅游地理学提出了新的要求。

　　近三十年来，众多前辈和同仁们在旅游地理的这片沃土上倾注了大量的心血，付出了辛勤的汗水，旅游地理学教材如雨后春笋般地出版，成为旅游地理界的一件盛事。但由于旅游院校课程设置五花八门，课程之间重复交错较多，同时也给我们的教学带来了一些问题，加之学生知识结构的变化，因此我们迫切需要一本内容相对独立、重复较少的教材。

　　针对这门课程内容较多、讲授时间较少的特点，本书主要有如下特点：第一，为了满足旅游管理及其他相关专业学生学习的需要，在编写过程中每章都提供了典型的案例尽可能地做到基本理论和基础知识相结合，理论性和趣味性相结合。第二，把旅游气候和旅游时间单独作为一章，系统地讲解了旅游气候和旅游时间之间的关系。第三，力求少而精，通俗易懂，省略了难度较大旅游预测理论。

　　旅游地理是一门综合性很强的学科，这门学科的理论体系还很不完善，在编写过程中，尽可能客观地介绍国内外学者的研究成果和学术观点，同时也阐述了作者的一些观点。本着加强旅游地理学学科体系建设的目的与各位同仁共同探讨，同时希望各界同仁、读者朋友对本书提出宝贵的意见。

　　本书由咸阳师范学院杨尚英教授担任主编，河北建材职业技术学院张峰、滁州学院王钦安及北京航空航天大学北海学院孟秋莉担任副主编。参加编写的还有：咸阳师范学院张曼、黑龙江农业经济职业技术学院崔丰、南通纺织职业技术学院杨海红、渭南职业技术学院王爱莉。具体分工如下：绪论由杨尚英编写；第一章由张曼编写；第二章由崔丰、杨尚英编写；第三章由崔丰、王爱莉编写；第四章由杨尚英、崔丰编写；第五章由王钦安编写；第六章由孟秋莉编写；第七章由杨海红编写；第八章由张峰编写；第九章由孟秋莉编写。本书框架结构设计、修改统稿均由主编杨尚英负责完成。

本教材受陕西省旅游管理特殊专业建设项目资助，在此感谢各位领导和同事对本书出版的关心和帮助。在写作过程中，编者参阅并征引了众多学者、专家的著作，向他们表示衷心感谢。

由于旅游地理尚处初创阶段，加之编者水平有限，书中疏漏和不妥之处，恳求各位专家、读者不吝施教，批评指正。

编　者

2013 年 2 月

目录
CONTENTS

绪论 /001

第一章　旅游气候与旅游时间 /004

第一节　气候的季节性 /004

第二节　气候对旅游的影响 /014

思考题 /017

第二章　旅游者空间行为 /018

第一节　旅游者产生的地理背景 /018

第二节　旅游者的旅游活动行为层次 /024

第三节　旅游者的行为规律 /025

第四节　旅游客流 /031

思考题 /037

第三章　中国的旅游资源 /038

第一节　中国的自然旅游资源 /038

第二节　中国人文旅游资源 /054

第三节　中国社会旅游资源 /066

思考题 /071

第四章　世界旅游资源 /073

第一节　世界旅游地理概论 /073

第二节　世界旅游地理分区 /079

思考题 /094

第五章　旅游环境 /095

第一节　旅游环境概述 /096

第二节　旅游环境容量 /100

第三节　旅游环境的保护 /117

思考题 /120

第六章　旅游交通 /121

第一节　认知旅游交通 /121

第二节　旅游交通的类型 /124

第三节　特种旅游交通 /130

思考题 /133

第七章　旅游地 /134

第一节　旅游地的类型与分布 /136

第二节　旅游地生命周期 /145

第三节　旅游地空间竞争 /150

第四节　区域旅游合作 /152

思考题 /156

第八章　旅游地图和旅游信息 /157

第一节　旅游地图 /157

第二节　旅游信息 /161

思考题 /167

第九章　旅游线路设计 /168

第一节　旅游线路分类 /168

第二节　旅游线路设计的方法 /174

第三节　经典旅游线路 /176

思考题 /182

参考文献 /183

绪　论

➤一、旅游地理学的形成和发展

地理学是研究地球表面各种自然现象(如地形气候、河湖水体、动植物等)和人文现象(如社会文化与生产活动等)的分布规律和空间结构关系的科学。人类活动与地理环境的关系是其研究的基础。根据研究对象的侧重,地理学有自然地理学和人文地理学两大分支学科。前者主要研究由地貌、大气、水体、生物、土壤等自然要素所构成的自然地理环境及其对人类活动的影响;后者侧重于研究由人口、聚落以及各种政治、经济、文化等社会现象所构成的人文地理环境,特别是"人"与"地"之间的种种关系,当然也包括人类旅游活动与地理环境的关系。

无论是古代还是现代的旅游活动,都是在一定空间范围内展开的,其目的、距离、规模和效果都受到地理条件的制约,具有明显的区域差异。旅游资源,即地理环境中那些具有旅游价值的自然因素和人文因素,它是开展旅游活动的必要条件,而开发、利用这些资源是发展旅游业首要任务之一。于是,一门新兴的地理学分支——旅游地理学应运而生。

旅游地理学是随着现代旅游业的发展而兴起的一门新学科。旅游行为的产生乃至旅游经济活动的萌发,则可以追溯到人类文明的历史发展过程。

一般认为20世纪20年代为现代旅游地理学研究的萌芽期。1930年美国地理学家麦克默里在《地理评论》上发表的《娱乐活动与土地利用关系》一文,被地理学界公认为是现代旅游地理学的第一篇论文。随后在1935年,英国地理学家布朗就倡导地理学家应把更多的精力放在研究旅游业上。他和詹姆斯、卡尔森等先后论述了局部地区的自然资源、发展基础、聚落构成的差异对旅游业发展的影响,测定了旅游形态及其经济价值,并阐述了旅游形态和旅游实施的意义。20世纪40年代艾塞林、迪赛对游客客流进行了分析。50年代联邦德国地理学家哈恩从游客的性质、逗留时间、季节性变化方面划分了德意志联邦旅游地类型。本阶段旅游地理的著作主要在描述某些旅游胜地,或局限于论述旅游的经济意义,而对旅游地理学基本原理方面的探讨很有限,旅游地理学仍然属于经济地理学的一部分。

从20世纪60年代开始,旅游地理学进入了发展期。1964年,加拿大地理学家沃尔夫指出:旅游地理学是从经济地理学中分离出来的,应该作为独立的科学从不同的角度进行研究。英国地理学家罗宾逊则把旅游地理学当做一门应用地理学。70年代,许多地理学家要求系统地研究旅游地理学的理论、方法,统一旅游地理学术语,对旅游类型进行分类和评价,绘制旅游地图等,迅速提高旅游地理学的理论和应用水平。鲁彼特等结合联邦德国实例,对旅游市场和旅游区位做了分析研究。法国在这一时期对地中海沿岸的沼泽、沙丘地进行规划建设,成功地建成了富有魅力的国际海滨旅游胜地。同期,国际地理联合会(IGU)和国际地理大会(I.G.C)开始专门讨论旅游和娱乐地理。这一阶段出版的文献书籍如雨后春笋不断涌现,并集中在国际旅游方面。其中美国玛特勒在专著《国际旅游地理》中指出:欧洲的地理学家已经把旅游推举到一个值得尊重的学术水平,旅游地理学在美国地理学界作为使用地理而日益引起人们

旅游地理

的兴趣。1976 年在莫斯科召开的第 23 届国际地理大会上,第一次把旅游地理与疗养地理列为大会的专业组之一,专门讨论了旅游地理学的发展问题。同年,英国地理学家罗滨逊的《旅游地理学》,被公认为当代旅游地理学的代表作之一。

➤二、旅游与地理学关系

地理学是一门古老而又年轻的学科,旅游地理学是地理学在旅游研究中的应用。旅游有广泛的地域性、季节性、经济性、综合性,这些特性表明旅游与地理学的紧密联系。

1. 旅游的地域性

地理学研究的问题之一是地域分异现象和地域分异规律,即不同地域表现不同的地理个性和风貌特征,这种区域差异性正是激发旅游者旅游动机的重要因素之一,是旅游赖以存在和发展的条件。

我们知道,由于地理条件和社会历史因素的影响,旅游资源的形成、分布和利用,都留下了深刻的地域性特征的烙印,形成了各具特色的旅游点、景区和旅游地。如中外旅游城市中的"山城"(重庆、贵阳)、"冰城"(哈尔滨)、"江城"(武汉)、"泉城"(济南、福州)、"日光城"(拉萨)、"不夜城"(漠河)、"春城"(昆明)、"瓜果城"(兰州、伊宁)、"花城"(广州、荷兰阿尔斯梅尔)、"寺庙之城"(尼泊尔加德曼都)、"电影城"(美国好莱坞、法国戛纳)、"博物馆之城"(意大利罗马)、"大学城"(英国牛津)、"教堂城"(加拿大多伦多)、"艺术之都"(意大利佛罗伦萨)、"壁画之都"(墨西哥)、"幽默之城"(保加利亚布罗沃)等,均因地理或历史原因而各具特色,成为旅游者神往的地方。

其次,由于地理环境和民俗的影响,旅游者的旅游动机及其对旅游对象的选择也带有明显的地域性。如北欧人因久居寒冷阴湿之地,因而追求和煦的阳光、洁净柔软的沙滩;哈尔滨人冬季旅游最向往的是海南,南方人们冬季对冰雪旅游非常向往;美国人则主要通过消磨富裕空闲的时间,以提高自己的社会声望等。

再次,由于旅游景观的地域差异,旅游客源季旅游接待因素等的影响,旅游客流的分布和旅游业的发达程度,也显示了强烈的地域性。

2. 旅游的季节性

季节性是由于地理位置、海陆关系及其地形起伏等因素综合影响的结果。地理上的季节性反映在旅游和旅游业上,则表现为各旅游地及其设施在不同时间内具有不同的使用价值,从而不仅出现了经营上的淡旺季区别,而且进一步引起旅游业各个方面季节性变化。如旅游时间、路线、及交通工具的选择,旅游饮食、服装的准备和更换,旅游项目的调整,旅游商品的供应等,均与不同季节的气候有直接的关系。因此,研究和掌握不同地区的季节性规律,对于合理安排客流、调整不同季节的客容量、收费标准及旅游商品的供应等,都具有重要意义。

3. 旅游的综合性

综合性是旅游地理学研究的重要特性之一。一方面由地理学的综合特性所决定的,地理学的综合性反映在自然地理及人文地理各要素的内在关联和制约的规律方面;另一方面,旅游业的综合性则反映了旅游业的设施、活动、组织和管理等各方面的关联和个性特征。旅游业涉及许多行业和部门,如交通、城建、园林、商品、旅店、餐厅、出版、农业、通讯、体育、卫生、教育等。

4.旅游区域经济性

旅游作为一种经济现象,对区域经济的影响程度变得越来越显著。这就要求旅游经营者根据市场需求,合理布局旅游业,开发具有吸引力的旅游项目,提供优质的服务和舒适、安全、方便的交通住宿条件。其中旅游资源的开发、利用和保护更是旅游业兴衰成败的关键所在。

5.旅游的大众性和国际性

目前,旅游已成为发达国家人们的基本需求,这种大众化发展趋势在发展中国家也表现得非常明显。国际性也是旅游的重要特性,跨国旅游成为全球的一种新趋势。旅游交通地理、客流地理学、客源国研究对大力发展旅游业有重要意义。

6.旅游的多样性

由于旅游者心理、国度、民族、年龄、职业、性别、文化水平及生理特征的差异,旅游者的旅游动机极其复杂,因而旅游活动的内容多种多样。如观光、探亲访友、讲学、会议、度假、狩猎、垂钓、游泳、划船、登山、滑雪、购物、朝觐、品尝佳肴、实习、探险、考察,等等。这就要求每一个旅游景点或旅游景区在突出自己特色的基础上,力求内容的多样性,以争取更多的客源和更大的经济效益。为此,旅游经营者就要从自然和人文两方面研究旅游地域的地理特征。通过对本区域政治、历史、地理等方面的分析,创建既地域特色鲜明,又丰富多彩的旅游项目,以满足旅游者的多种需求。

➢三、旅游地理学的研究对象、性质及内容

1.旅游地理学的研究对象及性质

旅游地理学研究的主要对象是旅游地理环境,即地理环境中与旅游活动有关的部分。具体来说,旅游地理学是用地理学的基本理论和方法,研究旅游和旅游业中的旅游资源、旅游环境、旅游交通、旅游客源、客流、旅游景区规划及旅游区划等理论和实践的一门应用性较强的新兴学科。

2.旅游地理学的内容

旅游地理学主要内容包括以下几方面:

(1)旅游气候及季节性。具体包括旅游气候舒适、康乐气候、旅游季节性的影响及影响、天气对旅游流的影响及旅游需求预测等。

(2)旅游者空间行为地理。具体包括旅游者产生的地理背景、空间行为规律、活动行为层次、客流空间变化规律等。

(3)旅游资源地理。具体包括旅游资源分区分类、旅游资源保护、旅游资源利用等。

(4)旅游环境地理。具体包括旅游与环境、旅游环境保护、旅游环境容量等。

(5)旅游交通地理。具体包括旅游交通的衔接、旅游交通的布局、旅游交通的选择等。

(6)旅游信息与旅游地图。具体包括旅游信息的收集和传播、旅游地图的特点、种类、功能和旅游地图的编绘等。

(7)旅游线路设计。具体包括旅游线路设计的原则、方法、特点、内容等。

思考题

1.为什么旅游与地理学的关系非常密切?

2.旅游地理学研究的内容有哪些?

第一章
旅游气候与旅游时间

学习要点

1. 了解各种气候类型的特点
2. 掌握各地旅游季节性特点
3. 掌握旅游需求时间分布
4. 掌握天气气候对旅游活动的影响

引导案例

哈尔滨国际冰雪旅游节

哈尔滨国际冰雪节的开始时间是每年的 1 月 5 日,根据天气状况和活动安排,持续一个月左右。哈尔滨国际冰雪节正式创立于 1985 年,是在哈尔滨市每年冬季传统冰灯游园会的基础上创办的,起初名称为"哈尔滨冰雪节";2001 年,冰雪节与黑龙江国际滑雪节合并,正式更名为"中国哈尔滨国际冰雪节"。

每年一度的哈尔滨冰雪节,以"主题经济化、目标国际化、经营商业化、活动群众化"为原则,集冰灯游园会、大型焰火晚会、冰上婚礼、摄影比赛、图书博览会、经济技术协作洽谈会、经协信息发布洽谈会、物资交易大会、专利技术新产品交易会于一体,吸引游客多达百余万人次,经贸洽谈会成交额逐年上升。不仅是中外游客旅游观光的热点,而且还是国内外客商开展经贸合作、进行友好交往的桥梁和纽带。

哈尔滨国际冰雪节是世界上活动时间最长的冰雪节,它只有开幕式——每年的 1 月 5 日,没有闭幕式,最初规定为期一个月,事实上前一年年底节庆活动便已开始,一直持续到 2 月底冰雪活动结束为止,期间包含了新年、春节、元宵节、滑雪节四个重要的节庆活动,可谓节中有节,节中套节,喜上加喜,多喜盈门。

每届冬令,哈尔滨街道广场张灯结彩,男女老幼喜气洋洋,冰雪艺术、冰雪体育、冰雪饮食、冰雪经贸、冰雪旅游、冰雪会展等各项活动在银白的世界里有声有色地开展,中国北方名城霎时变成硕大无比的冰雪舞台。

(资料来源:http://baike.baidu.com/view/107299.htm 2011 年 7 月 14 日)

冰冷的哈尔滨,火热的旅游,我们从中会得到什么启示?

第一节　气候的季节性

一、气候的概念

气候,是指某一地区所特有的多年天气状况的综合,具体指在太阳辐射、大气环流、下垫面性质和人类活动长时间相互作用下,在某一时段内大量天气过程的综合。气候的定义包含两层涵义:①"某一时段"是指时间不少于 30 年,属于长时间宏观现象;②不仅包括该地多年平均天气状况,也包括某些年份偶尔出现的极端天气状况。

气候的周期分季、年、十年、百年、千年、万年等。气候的特点是变化慢,时间长,具有地方性。气候是一个庞大的系统,包括大气、水、冰雪、陆地、生物(动物、植物、人)五个子系统,各个系统相互联系、作用,并对气候起决定性作用。

➤ 二、气候的分类

气候按其所处的纬度不同,可分为低纬度气候,中纬度气候、高纬度气候以及高地气候。

(一)低纬度气候

低纬度的气候主要受赤道气团和热带气团所控制。全年地一气系统的辐射差额是入超的,因此全年温度高,最冷月平均气温在 15℃～18℃ 以上。影响气候的主要环流系统有赤道气流辐合带、沃克环流、信风、赤道西风、热带低压和副热带高压,有的年份会出现极端天气现象,如厄尔尼诺现象。低纬度气候可分为如下五个气候类型,其中热带干旱与半干旱气候又可划分为三个亚型。

1. 赤道多雨气候

(1)地理分布。赤道多雨气候位于赤道及其两侧,大约向南、向北伸展到纬度 5°～10° 左右,各地宽窄不一,主要分布在非洲扎伊尔河流域、南美亚马逊河流域和亚洲与大洋洲间的从苏门答腊岛到伊里安岛一带。

(2)特征。全年正午太阳高度角都很大,长夏无冬,各月平均气温在 25℃～28℃,年平均气温在 26℃ 左右。绝对最高气温很少超过 38℃,绝对最低气温也极少在 18℃ 以下;气温年较差一般小于 3℃,日较差可达 6℃～12℃,全年多雨,无干季,年降水量在 2000mm 以上,最少月在 60mm 以上。全年皆在赤道气团控制下,风力微弱,以辐合上升气流为主,多雷阵雨,天气变化单调,降水量年际变化很大。由于全年高温多雨,各月平均降水量大于可能蒸散量,土壤储水量达最大值(300mm),适于热带雨林生长。

2. 热带海洋性气候

(1)地理分布。热带海洋气候位于南北纬 10°～25° 信风带大陆东岸及热带海洋中的若干岛屿上。

(2)特征。这里处于迎风海岸,全年盛行热带海洋气团(Tm),气候具有海洋性,最热月平均气温在 28℃ 上下,最冷月平均气温在 18℃～25℃ 间,气温年较差、日较差较小,如哈瓦拉年较差仅 5.6℃,年降水量在 1000mm 以上,降水量一般以 5—10 月较集中,无明显干季,除对流雨、热带气旋雨外,沿海迎风坡还多地形雨。

3. 热带干湿季气候

(1)地理分布。热带干湿季气候出现在南北纬 5°～15° 左右,也有延伸至 25° 左右的,主要分布在上述纬度的中美、南美和非洲。

(2)特征。这里当正午太阳高度角较小时,位于信风带下,受热带大陆气团控制,盛行下沉气流,属于干季。热带干湿季气候带一年中至少有 1～2 个月为干季。当正午太阳高度角较大时,赤道气流辐合上升,属于湿季。湿季中蒸散量小于降水量。全年降水量在 750～1600mm 左右,降水年际变化大。近年来非洲热带干湿季气候区出现严重干旱,全年高温,最冷月平均气温在 16℃～18℃以上,热季出现在干季之末,如廷博最高温出现在 3 月。

4. 热带季风气候

(1)地理分布。热带季风气候出现在南北纬度 10°到南北回归线附近的亚洲大陆东南部,如:我国台湾南部、雷州半岛和海南岛,中南半岛,印度半岛大部,菲律宾,澳大利亚北部沿海等地。

(2)特征。属于热带季风气候的地区热带季风发达,一年中风向的季节变化明显。受热带大陆气团(Tc)控制时,降水稀少。而当赤道海洋气团(E)控制时,降水充足,又有大量热带气旋雨,年降水量多,一般在 1500～2000mm,集中在 6—10 月(北半球)。全年高温,年平均气温在 20℃以上,气温年较差在 3℃～10℃左右,春秋极短。

5. 热带干旱与半干旱气候

热带干旱与半干旱气候出现在副热带及信风带的大陆中心和大陆西岸,在南、北半球南北回归线处分别向南北伸展,平均位置约在南北纬度 15°～25°间。因干旱程度和气候特征不同,热带干旱与半干旱气候可分三个亚型,分别为热带半干旱气候亚型、热带西岸多雾干旱气候亚型以及热带干旱气候亚型。

(二)中纬度气候

中纬度气候主要存在于热带气团和极地气团相互角逐的地带。

该地带一年中辐射能收支差额的变化比较大,春、夏、秋、冬四季分明,最冷月的平均气温在 15℃～18℃以下,有 4—12 个月的月平均气温在 10℃以上。全年可能蒸散量在 130～52.5mm 之间,影响气候的主要环流系统有极锋、盛行西风、温带气旋和反气旋、副热带高压和热带气旋等。天气的非周期性变化和降水的季节变化都很显著。北半球中纬度地带大陆面积较大,海陆的热力对比和高耸庞大地形的影响,使得该气候带的气候更加错综复杂。该气候带共分八个气候型。

1. 副热带干旱与半干旱气候

(1)地理分布。该气候型位于热带,在热带干旱气候向高纬度的一侧,约在南北纬 25°～35°的大陆西岸和内陆地区。

(2)特征。它是在副热带高压下沉气流和信风带背岸风的作用下形成的;可分为两个亚型。

①副热带干旱气候。该气候带具有少云、少雨、日照强和夏季气温特高等特征。如尤马最热月平均最高温高达 33℃,但凉季气温比热带半干旱气候型低,气温年较差达 20℃以上。凉季有少量气旋雨,土壤蓄水量略大于热带半干旱气候型。

②副热带半干旱气候。该气候带位于副热带干旱气候区外缘,夏季气温比副热带干旱气候型低,如北非利比亚的班加西盛夏最热月平均气温为 26℃;冬季降水量比副热带干旱气候型稍多。

2. 副热带季风气候

(1)地理分布。副热带季风气候位于副热带亚欧大陆东岸,以南北纬 30°为中心,向南北分别伸展 5°左右。

(2)特征。它是热带海洋气团与极地大陆气团角逐的地带,夏秋间又受热带气旋活动的影响。典型地点代表为:上海。一年中冬季风来自大陆,夏季风来自海洋。夏热冬温,最热月平均气温在 22℃以上,最冷月在 0℃～15℃左右,年较差约在 15℃～25℃左右。可以出现短时间霜冻,无霜期在 240 天以上。四季分明,降水量在 750～1000mm 以上,集中在夏季,无明显干季。

3.副热带湿润气候

(1)地理分布。副热带湿润气候位于南北美洲、非洲和澳大利亚大陆副热带东岸。

(2)特征。由于所处大陆面积小,未形成季风气候。典型代表为:查尔斯顿。这里冬夏温差比季风区小,一年中降水分配比季风区均匀。

4.副热带夏干气候(地中海气候)

(1)地理分布。该气候带位于副热带大陆西岸,纬度 30°～40°之间的地带,包括地中海沿岸、美国加利福尼亚州沿岸、南非和澳大利亚南端。

(2)特征。这里受副热带高压季节移动的影响,在夏季正位于副高中心范围之内或在其东缘,由于气流是下沉的,因此干燥少雨,日照强烈。冬季副高移向较低纬度,这里受极锋影响,锋面气旋活动频繁,带来大量降水。全年降水量在 300～1000mm 左右。冬季气温比较暖和,最冷月平均气温在 4～10℃ 左右。因夏温不同,副热带夏干气候分为凉夏型、暖夏型两个亚型。

5.温带海洋性气候

(1)地理分布。湿带海洋性气候分布在温带大陆西岸,纬度约在 40°～60°,包括欧洲西部、阿拉斯加南部、加拿大的哥伦比亚、美国的华盛顿和俄勒冈两州、南美洲南纬 40°～60°西岸、澳大利亚的东南角(包括塔斯马尼亚岛和新西兰等地)。

(2)特征。这些地区终年盛行西风,受温带海洋气团控制,沿岸有暖洋流经过。冬暖夏凉,最冷月气温在 0℃ 以上,如布勒斯特为 7.2℃,最热月在 22℃ 以下,气温年较差小,约在 6℃～14℃ 左右。全年湿润多雨,冬季较多,年降水量约在 750～1000mm 左右,迎风山地可达 2000mm 以上。

6.温带季风气候

(1)地理分布。湿带季风气候位于亚欧大陆东岸纬度 35°～55°地带,包括中国的华北和东北、朝鲜大部、日本北部及俄罗斯远东部分地区。

(2)特征。典型代表为:北京。冬季盛行偏北风,寒冷干燥,最冷月平均气温在 0℃ 以下,南北气温差别大。夏季盛行东南风,温暖湿润,最热月平均气温在 20℃ 以上,南北温差小。气温年较差比较大,全年降水量集中于夏季。全年四季分明、天气多变。

7.温带大陆性湿润气候

(1)地理分布。温带大陆性湿润气候的降水分布由南向北,由沿海向内陆减少。天气的非周期性变化显著。主要分布在南、北纬 40°～60°的亚欧大陆和北美内陆地区和南美南部。

(2)特征。典型代表为:莫斯科。冬季寒冷,有少量气旋性降水,这是由于由海洋吹来的西风入陆较深,海洋气团已经变性的缘故,夏季降水量较多,但不像季风区那样高度集中,冬冷夏热,年温差大,降水集中,四季分明,年降水量少,大陆性强。

8.温带干旱与半干旱气候

(1)地理分布。温带干旱与半干旱气候区在北半球占了很大面积,分布在北纬 35°～50°的亚洲和北美大陆中心部分。

(2)特征。该区域终年受大陆气团控制,气候干燥。在南半球南美洲南端阿根廷的大西洋冷洋流沿岸,正当西风带的雨影区域,又有安第斯山脉屏峙,西风过山后下沉,因此全年少雨形成巴塔哥尼亚干旱气候区。因干旱程度不同,温带干旱与半干旱气候又可分两个亚型。

在中纬度的副热带季风气候和湿润气候中,以常绿阔叶林较多。在地中海气候中,因夏季干燥,树叶多是坚硬革质化的,自然景观以硬叶常绿灌木林为主。在温带海洋性气候、温带季风气候和温带大陆性湿润气候三种气候类型区域中,自然植被在偏南地区以夏绿阔叶林为主,愈向北方因冬温愈低,阔叶树木较难以生长,逐渐混有大量针叶树种,因此称为针阔混交林。在干旱气候区,只有耐旱力极强的小灌木和草类能够生长,自然景观为各种性质的荒漠。在半干旱气候区,因水分条件较好,自然景观为草原(矮草)。

(三)高纬度气候

高纬度气候带盛行极地气团和冰洋气团。在冰洋气团与极地气团交会的冰洋锋上有气旋活动,自西向东移进。这里地—气系统的辐射差额为负值,所以气温低,无真正的夏季。空气中水汽含量少,降水量小,但因蒸发弱,年可能蒸散量小于 52.5mm,又因有冻土,排水不畅,所以没有干旱型气候。随着纬度的变化,高纬度气候可分为三个气候型。

1. 副极地大陆性气候

(1)地理分布。副极地大陆性气候分布在北纬 50°或 55°到 65°地区,包括亚欧大陆的斯堪的纳维亚半岛(南部除外),芬兰和前苏联大部以及北美从阿拉斯加经加拿大到拉布拉多和纽芬兰的大部。

(2)特征。副极地大陆性气候区年蒸散量大概在 35mm 到 52.5mm 之间。冬季长而严寒,一年中至少有 9 个月为冬季。加拿大的沃米利恩堡和俄罗斯的雅库次克一年中分别有六七个月月平均气温在 0℃ 以下,10℃ 以上的只有 3 个月,植物生长期一般只有 50—75 天左右。该气候型所在地区冬季黑夜时间长,正午高度角小,在亚欧大陆中部和偏东地区又为冷高压中心,风小、云少、地面辐射冷并且剧烈,大陆性最强,冬温极低。在西伯利亚的维尔霍扬斯克 1 月平均气温竟低到 −50℃,而附近的绝对最低气温曾降至 −73℃,有世界"寒极"之称。夏季白昼时间长,7 月平均气温在 15℃ 以上,气温年较差特大。全年降水量很少,在东西伯利亚不超过 380mm,在加拿大不超过 500mm,集中于暖季,冬雪较少,但蒸发弱,融化慢,每年有 5—7 个月的积雪覆盖,积雪厚度在 600~700mm 左右,土壤冻结现象严重。由于暖季温度适中(在 10℃ 以上)又有一定降水量,适宜针叶林生长,因此副极地大陆性气候又称为雪林气候。

2. 极地长寒气候(苔原气候)

(1)地理分布。极地长寒气候分布在北美洲和亚欧大陆的北部边缘、格陵兰沿海的一部分和北冰洋中的若干岛屿中,在南半球则分布在马尔维纳斯群岛(福克兰群岛)、南设得兰群岛和南奥克尼群岛等地。

(2)特征。年可能蒸散量小于 35mm。其特征为:全年皆冬,一年中只有 1—4 个月月平均气温在 0°~10℃ 左右。极昼、极夜现象明显。在极夜期间气温很低,最冷月平均气温为 −23.3℃。内陆地区比沿海更冷,一般可达 −30℃ 至 −40℃ 左右。最热月平均气温在 1~5℃ 左右,7、8 月份夜间气温可降到 0℃ 以下。

该气候区中冰洋锋上有一定降水,但因气温低,空气含水汽小,一般年降水量在 200~300mm 左右,在内陆地区尚不足 200mm,大都为干雪,暖季为雨或湿雪;由于风速大,常形成雪雾,能见度低,地面积雪面积不大。这里冬季严寒程度虽稍逊于副极地大陆性气候,但因最热月平均气温低于 10℃,冻土层接近地表,暖季水分不能下渗,引起土壤表层停滞积水,土温更加降低,限制了乔木的生长,自然植被只有苔藓、地衣及小灌木等,构成了苔原景观,因此这里又称为苔原气候区。

3.极地冰原气候

（1）地理分布。极地冰原气候出现在格陵兰、南极大陆和北冰洋的若干岛屿上。

（2）特征。这里是冰洋气团和南极气团的源地，全年严寒，各月平均气温皆在 0℃ 以下，具有全球最低的年平均气温。北极地区年平均气温约为 $-22.3℃$，南极大陆为 $-28.9℃$ 至 $-35℃$ 左右。一年中有长时期的极昼、极夜现象。全年降水量小于 250mm，皆为干雪，不会融化，长期累积形成了很厚的冰原。极地冰原气候地区长年大风，寒风夹雪，能见度很低。

（四）高地气候

在高山地带随着高度的增加，空气愈来愈稀薄，空气中的二氧化碳、水汽、微尘和大气中污染物质等逐渐减少，气压降低，风力增大，日照增强，气温降低。在一定坡向，一定高度范围内，降水量随高度而加大，过了最大降水带之后，降水又复随高度而减小。由于降水等的垂直变化，导致高山气候具有明显的垂直地带性，这种垂直地带性又因高山所在地的纬度和区域气候条件而有所不同。

高地气候的垂直气候带有以下几个特征：

（1）山地垂直气候带的分异因所在地的纬度和山地本身的高差而不同。在低纬山地，山麓为赤道或热带气候，随着海拔高度的增加，地表热量和水分条件逐渐变化，直到雪线以上，可划分的垂直气候带数目较多。如果山地高差较小，气候垂直带的分异也就相应减少，如珠峰北翼。在高纬度极地，山麓已经终年积雪，所以那里山地气候垂直分异就不显著了。

（2）山地垂直气候带具有所在地大气候类型的"烙印"。例如，赤道山地从山麓到山顶都具有全年季节变化不明显的特征。珠峰和长白山都具有季风气候特色，各高度的降水量在一年中分配很不均匀，皆是冬干夏湿。

（3）湿润气候区山地垂直气候的分异，主要以热量条件的垂直差异为决定因素。而干旱、半干旱气候区山地垂直气候的分异，与热量和湿润状况都有密切关系。这种地区的干燥度都是随着海拔的增高，干燥度逐渐减小。

（4）同一山地还因坡向、坡度及地形起伏、凹凸、显隐等局地条件不同，气候的垂直变化各不相同，山坡暖带、山谷冷湖即典型例子。山地气候有"十里不同天"之变。

（5）山地的垂直气候带与随纬度而异的水平气候带在成因和特征上都有所不同，不能把两者等同起来。

➤ 三、季节性

季节是每年循环出现的地理景观相差比较大的几个时间段。不同的地区，其季节的划分也是不同的。对温带，特别是中国的气候而言，一年分为四季，即春季、夏季、秋季、冬季；而对于热带草原只有旱季和雨季。在寒带，并非只有冬季，即使南北两极亦能分出四季。

季节更迭的根本原因是地球的自转平面与其公转轨道平面不垂直，偏离的角度是 23 度 26 分（黄赤交角）。在不同的季节，南北半球所受到的太阳光照不相等，日照更多的半球是夏季，另一半是冬季。春季和秋季则为过渡季节，当太阳直射点接近赤道时，两个半球的日照情况相当，但是季节发展的趋势却是相反的——当南半球是秋季时，北半球是春季。

天文季节划分法严格按照地球公转位置来决定，而实际的季节不同地区因气候而异。划分四季的方法很多，中国传统以四立为划分四季的起点，立春就是春季的起点，等等。西方以

旅游地理

二分二至为划分四季的起点,春分是春季的起点,等等。以气候本身的标准候温(五日的平均气温)划分:夏季候平均气温在22℃以上的连续时期,冬季候平均气温在10℃以下的连续时期,春季和秋季大于10~22℃之间的时期。按照以上观点,全球共存在六种季节组合类型:全年皆夏(全年各月平均气温都在22℃以上,主要分布于赤道附近地区);全年皆冬(全年各月平均气温都在10℃以下,主要分布于两极地区);长夏无冬(全年不存在平均气温在10℃以下的月份,主要分布在南北回归线附近);长冬无夏(全年不存在平均气温在22℃以上的月份,主要分布在南北极圈附近);四季分明(主要分布于中纬度地区的大陆上,以中国长江流域中下游地区最为典型);四季如春(全年各月平均气温都在10~22℃之间,主要分布于低纬度的高原地区,以及中纬度地区的海洋上)。现在通用以天文季节与气候季节相结合来划分四季,即3、4、5月为春季,6、7、8月为夏季,9、10、11月为秋季,12、1、2月为冬季。

➤ 四、旅游需求的季节性

旅游气候对旅游需求的影响是十分明显的。气候不仅是支撑旅游活动的资源,其本身也是重要的旅游吸引物。因而,游客对于旅游目的地的气候及变化非常敏感,其在进行旅游决策时往往将气候作为一个重要考虑因素。

旅游季节性的类型具有动态性。一个旅游目的地的季节性会受自然和制度性因素的影响而产生变化。比如苏格兰中央高地由于开设了冬季体育项目后就由单峰型成为双峰型地区。

旅游季节不同表现形式具有不同的特点:

(1)单峰季节型:一年中只有一个游客高峰,一般长度在3~4个月,通常发生在夏季,如地中海沿岸的西班牙、葡萄牙、希腊等,国内如青岛、大连等海滨城市。

(2)双峰季节型:一年出现两个旅游高峰,通常一个主高峰在夏季,另一个次高峰(短高峰)在冬季,如欧洲的阿尔卑斯山地、美国的洛杉矶山地。但中国主、次高峰区常出现在春、秋两季。

(3)无峰季节型:是指城市旅游区,如遗产、建筑、购物、服务等。

旅游气候的季节性不可能完全从旅游业中消失,但可以采取措施平衡旅游的波峰和波谷。具体的宏观调控措施主要表现为如下几方面:

(1)增加非高峰季节的需求。延伸旅游旺季或者引入第二个旅游季节是降低季节性的最常用的措施之一。但偏远地区由于本身自然和交通等条件的限制,往往很难采取这些措施。为了成功实施反季节策略,必须使消费者认识到旅游淡季的优势。当需求水平低于接待能力时吸引其他游客的措施之一就是改进产品或实现产品的多样化。节事活动是目前为止最常用的克服季节性的策略。这是因为一般游客在节日举办期间延长了停留时间。确立新的市场细分是提升非旅游旺季需求的另一个重要策略。

(2)减少和分流旅游旺季需求。如果游客量超出了承载能力,那么减少需求是必要的,主要措施包括提升价格或者引入保护区的进入费等。重新分配需求包括在时间上从超载的时间段分流游客到其他时间段;空间上把超载地区的需求分流到其他地区。季节性定价是广为采用的重新分配需求的措施。旅游高峰时期的空间分流同样能减少过度拥挤带来的消极影响。策略包括更加有效的游客管理技术和交通组织,比如发展和公布前往目的地的可替代路线等。此外,开发环线状的旅游地,或推出双向或双中心节假日旅游地(比如一个星期在海滨,另一个星期在乡村),从而把游客从拥挤或生态敏感地区分流出来也是有效的措施之一。

（3）减少供应，分流或重构供应。限制旅游设施或服务的供应有助于减少高峰时期的过度拥挤现象，把过剩的旅游需求分流到其他季节或地区。而在旅游淡季减少供应的最明显表现就是关闭旅游设施。但是，这些策略在确保享受到服务的游客体验质量同时也会遭到无法使用人的不满。

这里需要强调的是，所有公共和私营部门之间在所有层次上的紧密合作是克服季节性效应的根本。具体的合作包括：刺激非旅游旺季产品的发展；面向所有季节产品或所有季节消费市场的营销补贴；为非旺季产品开发、市场细分或促销战略提供信息支持；在旅游各部门之间统筹协调行动，促进吸引反季节一揽子服务的发展；在平季和淡季鼓励旅游景点和其他旅游产品继续开放等。

五、中国旅游气候的地域分布特征

1. 东北

东北地区由长白山地、大、小兴安岭和东北平原四大地形区组成。大部分地区属温带季风气候，夏季温暖短促，冬季严寒漫长，一月平均气温在－8°以下，年降水量在 600～800 毫米左右且集中于夏季。6、7、8 月是旅游适宜的时段，但东北也是我国冬季滑雪胜地，冬季旅游也比较适宜。

2. 华北

华北地区通常指陕、晋、豫、冀、鲁及京、津五省二市，即黄河中下游地区，包括黄土高原、华北平原、秦岭和汾渭河谷、山东丘陵等地形区。温带季风气候，一月份平均气温低于 0°，年降水量在 600～800 毫米之间，且集中于夏季。5—10 月适宜旅游，北京尤以 9、10 月最佳。

3. 西北

甘、宁、新位于我国西北地区，有时也将内蒙古纳入西北的范畴。境内主要有内蒙古高原、河西走廊、宁夏平原和河套平原、天山、阿尔泰山、塔里木盆地和准噶尔盆地。由于地处内陆，降水稀少，年降水量一般不足 400 毫米，日照较强，气候干燥，气温的年较差和日较差大，属典型的温带大陆性气候，地表植被稀少，多风沙。大部分地区属荒漠、戈壁。本区适宜旅游的时段为 5—9 月。

4. 江南

这里的"江南"泛指秦岭——淮河以南，南岭武夷山以北的长江流域地区，包括川、渝、鄂、湘、赣、皖、苏、浙、沪；境内除长江中下游平原外，还包括大巴山、巫山、雪峰山、罗霄山脉、大别山、浙东山地等低山丘陵；年降水量 800～1600 毫米，为亚热带季风气候。全年皆适宜旅游，只是 7、8 月天气稍显闷热，6 月多阴雨连绵的梅雨天气。

5. 岭南

岭南是指南岭、武夷山以南的地区，包括粤、桂、闽、台、琼、港、澳，属于我国亚热带南缘和热带地区，一月气温在 8℃ 以上，七月平均气温在 28℃ 以上，年平均降水量大多超过 1600 毫米，气候具有明显的海洋性特征。全年均适宜旅游，7、8、9 月多湿热天气，偶有台风等灾害性天气。

6. 西南

西南地区主要指云、贵两省，地处我国西南边陲，包括云贵高原和横断山区，年降水量 1200～1600 毫米，一月平均气温在 8℃ 以上，七月平均气温在 24℃ 左右，气温年较差较小，全年均适宜旅游。

7.青藏

平均海拔 4000 米的青藏高原之上,横亘着昆仑山、唐古拉山、冈底斯山、喜马拉雅山,雪峰林立,是登山运动的最好场所。这里地势高,一月平均气温在 −8℃ 以下,七月平均气温在 8～16℃ 之间,气温的日较差大,太阳辐射强。由于空气稀薄,缺氧引起的高原反应不利旅游,因此 6—9 月适宜旅游。

阅读材料

中国最美丽地方旅游需求与旅游时间对照表

一、中国最美的十大名山

(1)南迦巴瓦:云中的天堂(西藏)(每年的 2—4 月和 10—11 月为登山的最好时机)

(2)贡嘎:风停止了脚步(四川)(10 月下旬后下雪,可观看雪景,次年 3 月解冻)

(3)珠穆朗玛:心灵的守望(西藏)(登山季节最佳为 4 月下旬—6 月上旬,9 月中旬—10 上旬)

(4)梅里:雪神的仪仗队(云南)(观赏雪山最佳为 1—5 月)

(5)黄山:上帝的盆景(安徽)(3 月中旬 11 月中旬为旺季,11 月中旬次年 3 月中旬淡季)

(6)稻城三神山:香格里拉的地标(四川)(最佳旅游季节为 4 中旬 6 月、9 中旬 11 月、7—8 月为雨季)

(7)乔戈里:遥远的秘境(新疆)(登山季节最佳为 7—9 月)

(8)冈仁波齐:众神的居所(西藏)(最佳季节风 5—7 月上旬、8 月中旬—10 月)

(9)泰山:华夏的图腾(山东)(四季皆宜)

(10)峨眉山:从盆地升向天庭(四川)(春秋两季为最佳旅游季节)

二、中国最美的五大湖

(1)青海湖:陆心之海(青海)(四季皆宜)

(2)喀纳斯湖:上帝的调色板(新疆)(最佳季节为 7—9 月中旬)

(3)纳木错湖:与神耳语的地方(西藏)(最佳季节 7—9 月)

(4)天池:盛怒之后的平静(吉林)(最佳季节为 7—9 月,其他季节可能有雪)

(5)西湖(杭州)(四季皆宜)

三、中国最美的七大丹霞

(1)丹霞山:中国的红石公园(广东)(四季皆宜)

(2)武夷山:碧水丹山甲东南(福建)(最佳季节为夏季)

(3)大金湖:水上丹霞奇观(福建)(四季皆宜)

(4)鹰潭龙虎山:炼丹之处红崖显(江西)(四季皆宜)

(5)资江—八角寨—良山丹霞地貌:青峰赤壁丹霞魂

(6)张掖丹霞地貌:宫殿式丹霞天地造(甘肃)(最佳季节为每年 6—9 月)

(7)赤水丹霞地貌:银瀑飞泻映丹崖(贵州)(四季皆宜)

四、中国最美的五大峰林

(1)桂林阳朔:山水相依的画廊(广西)(最佳季节 4 月份和 10 月份八月桂花开放前后)

(2)武陵源:失落深山的丹青(湖南)(最佳季节春秋两季)

(3)万峰林:高原上的心跳(贵州)(最佳季节为七、八月份)

(4)三清山:西太平洋边缘最美丽的花岗岩(江西)(最佳季节为秋季)

(5)罗平峰林:金色的花园(云南)(最佳季节为2月下旬—3月上旬)

五、中国最美的十大峡谷

(1)雅鲁藏布大峡谷(西藏)(最佳季节为8—10月)

(2)金沙江虎跳峡(云南)(最佳季节为春夏两季)

(3)长江三峡(重庆、湖北)(四季皆宜)

(4)怒江大峡谷(西藏、云南)(最佳季节为10月—次年4月)

(5)澜沧江梅里大峡谷(云南)(最佳季节为1—5月)

(6)太鲁阁大峡谷(台湾)(四季皆宜)

(7)黄河晋陕大峡谷(内蒙古、山西、陕西)(最佳季节为1—4月、9—11月份)

(8)大渡河金口大峡谷(四川)(最佳季节为秋季)

(9)太行山大峡谷(北京、河北、河南、山西)(最佳季节为春秋两季)

(10)天山库车大峡谷(新疆)(四季皆宜)

六、中国最美的三大雅丹

(1)乌尔禾:风爱坎坷不喜平(新疆)(最佳季节为4—8月)

(2)白龙堆:群龙聚首天涯(新疆)(最佳季节为秋季)

(3)三垅沙:开进戈壁的舰队(新疆)(最佳季节为春秋两季)

七、中国最美的五大沙漠

(1)巴丹吉林沙漠腹地:上帝画下的曲线(内蒙古)(最佳季节为9月下旬—10月下旬)

(2)塔克拉玛干沙漠腹地:大地的天体营(新疆)(最佳季节为10月下旬—11月中旬)

(3)古尔班通古特沙漠腹地:大漠的血脉(新疆)(最佳季节为9—12月)

(4)鸣沙山—月牙泉:千年的守望(甘肃)(最佳季节:5—9月)

(5)沙坡头:曳住流沙的脚步(宁夏)(最佳季节为春秋两季)

八、中国最美的八大海岸

(1)亚龙湾:跌落在地上的天空(海南三亚)(四季皆宜)

(2)野柳:海浪留在大地上的作品(台湾基隆)(最佳季节为10、11月)

(3)成山头:腹地对大海的渴望(山东荣成)(最佳季节为4—10月)

(4)东寨港红树林:留在陆地上的碧浪(海南琼山)(最佳季节为11月—次年4月)

(5)昌黎黄金海岸:沙漠与大海的吻痕(河北)(最佳季节为春秋两季)

(6)维多利亚海岸:万丈红尘映碧海(香港)(最佳季节为11、12月)

(7)崇武海岸:惠安女眺望大海的地方(福建惠安)(四季皆宜)

(8)大鹏半岛:临近闹市的一块荒野(广东深圳)(四季皆宜)

九、中国最美的六大瀑布

(1)藏布巴东瀑布群:大峡谷中的隐士(西藏)(最佳季节为秋季)

(2)德天瀑布:跨国的风情(广西)(最佳季节为6、7月)

(3)黄河壶口瀑布:万千气象一壶收(晋陕交界)(最佳季节为5月、9月)

(4)罗平九龙瀑布:红土地上的飘带(云南)(最佳季节为2月上旬—3月上旬)

(5)诺日朗瀑布:树丛中的织锦(四川)(最佳季节为7、8月)

(6)贵州黄果树瀑布:不能复制的雄浑(贵州)(最佳季节为7、8月)

旅游地理

第二节 气候对旅游的影响

➤一、旅游气候的季节性

1. 旅游季节性的表现

现代旅游特点包括游客的大众性、发展的广泛性、地理的集中性、旅游的季节性、增长的持续性和服务的一体性。旅游的季节性是指根据旅游资源的不同性质和不同的旅游类型,导致大众旅游者活动时间的分布上具有不均衡性。现代旅游的季节性非常突出。一般来说,主要依赖自然旅游资源吸引游客的国家和地区,旅游接待量的季节性波动比较大;主要依靠人文旅游资源吸引游客的国家和地区,旅游接待量的季节性波动就比较小。消遣型旅游受季节性制约多一些,事务型旅游几乎不受季节性影响。四季分明的国家和地区,四季中接待游客的波动量比较大些;四季不太分明的国家和地区,四季中接待游客量就比较稳定一些。

旅游季节性的表现见表1-1。

表1-1 旅游季节性的表现

	具体表现
1. 旅游季节性在旅游地上的体现	(1)国外旅游地:例如欧洲、奥斯汀 (2)国内旅游地:例如黑龙江、吉林、三亚、陕西华阴、山西、北京昌平、西藏
2. 国内存在旅游季节性在旅游景点、线路上的体现	例如九寨沟、峨眉山、平顶山、长白山、上海老城厢、酒泉卫星发射基地、山海关等
3. 国内旅游季节性在旅游产品中的体现	(1)农牧业观光游 (2)体育旅游 (3)民俗旅游、节事活动 (4)疗养保健旅游
4. 季节性在旅游交通上的表现	(1)旅游陆路客运 (2)旅游船只 (3)民航运输、机场
5. 旅游季节性在旅游企业中的表现	(1)旅游景点周边餐饮单位、宾馆 (2)旅行社 (3)旅游房产 (4)旅游业对劳动力需求的季节性
6. 旅游季节性在旅游商品上的体现	如山羊绒旺季集中在4—5月份
7. 旅游季节性在政策法规中的体现	国家和地方旅游政策法规中规定,季节性较强的游览参观点可以分别制定淡、旺季门票价格,如国家发展计划委员会发布的《游览参观点门票价格管理办法》,《新疆维吾尔自治区游览参观点门票价格管理办法》等。

人类的旅游活动在时间层面上呈现季节性的特点,这是旅游业、旅游产品与其他产品的不同之处。旅游活动的类型多样化、旅游资源的季节差异性、旅游者闲暇时间的不均衡性等因素的存在,使得旅游者选择不同时间段出游。如海滨度假旅游,往往是在气候适宜而又与度假者居住地的气候形成反差的季节比较盛行;滑雪旅游、冰灯观赏等冬季的旅游项目则是在冬季气候寒冷的时候比较火爆;而农业采摘游等旅游活动更带有时令性,只有在特定的旅游项目开展条件具备时,才具有市场。

2.旅游季节性产生的原因

自然和体制性是影响旅游季节性产生的两个基本因素。自然季节性是气温、降水、降雪和昼长等气候条件规律变化的结果。体制性季节性指的是由于人类决策产生的社会活动的暂时性变化,这些变化常常以法规的形式加以体现,公共节假日是体制性季节性的最一般性的表现。需要指出的是,诸如复活节等假日的时间并不固定,因此在不同年份的某个固定月份会产生不同的影响。同样的,在一段时间内重复出现的某些事件(比如节庆活动),在特定的旅游目的地也会对特定年份的季节性产生影响。

二、气候对旅游的影响概述

从气候的相关内容看,构成气候的各要素,如冷、热、干、湿、风、云、雨、雪、霜、雾等,不仅具有直接造景、育景功能,而且是人类旅游活动的基本条件。其影响主要表现在以下两大方面:

1.影响景观的季相变化

自然风景是由山、水、林木花草和气象等各要素共同构成的。其中山、水、动植物等因素只影响空间景观的形态,只有气象和气候,既影响一地的空间景观结构,又影响自然风景的季相变化。这是因为气温、降水、风向、风速等天气现象在一年四季内有不同的变化所致。

以我国为例,夏季,气温南北方差异很小,全国普遍出现高温状况。在夏季风集中降水的影响下,我国各地呈现一片葱绿喜人的景观;冬季,全国大部都在极地大陆气团的控制下,东部平原地区的气温,受太阳辐射所决定,南北温度梯度相差悬殊,北方一片冰原雪岭,寒冷干燥,南方花草溢香、气温宜人。春秋两季处于冬、夏过渡季节,北方的春季尚在变性极地大陆气团控制之下,天气干燥少云,地面接收的辐射多直接用于增温,故升温亦快;江南地区正值清明时节,多云雨天气,地面所得辐射相对减少,升温就慢。但是,南北方都处于生机勃勃的景象,成为旅行最佳时节。秋季在北方低空极地大陆气团基本上替代了热带海洋气团,而南方高空仍有副热带高压活动。在这一时节,我国南北绝大部分地区都是秋高气爽的天气。金风送爽,湿润适宜,不失为旅游佳季。由此可见,全国各地四季均呈现不同的自然景观。这种季相变化最显著的表现莫过于植物景观。如东北五大连池,春夏有瑞花野草点缀,加上不同树木的色彩变幻,景观意境颇为丰富;秋天有紫红的柞树,黄绿色的樟子松,色彩秀丽;冬天桦林片片,白雪压枝,意境颇富诗意。可见,这种季相变化,均是由气象、气候诸要素决定的。

2.影响旅游流的时间和空间分布

气候因素是导致旅游流时间和空间分布不平衡的主要原因。

在世界范围内,为什么旅游热点多在地中海沿岸和加勒比海一带,就是因为那里气候温暖,有充足的阳光和适度的海水,为欧洲寒冷、潮湿、少阳光地区的人们提供了避寒、娱乐的佳境。又如我国的昆明、广州及太湖地区,之所以能成旅游热点地区,除了旅游资源丰富,旅游设施较好等原因外,还有气候的因素。这些地方气候宜人,景色优美,对全国游人有极大吸引力。

总之,由于气象、气候的影响,在世界各国范围内,都出现了一些旅游热点、热线;同时也出现了一些冷点、冷线,由此形成了游客空间分布的不均衡。

三、气候对旅游的正面影响

气候的季节性特征,增加了个人和社会成本,因而许多人寻求各种方法克服它。但是季节性也具有一定的好处,因为非旺季提供了旅游地休养生息的机会。如果仅从经济角度评价旅游季节性影响是错误的,不能把地区旅游服务体系与社会环境和生态基础隔离开来。

1. 经济方面

季节性也会产生积极的经济效益。旅游吸引物和建筑设施的维修为建筑工和其他工种提供了淡季就业机会。加拿大魁北克北部海岸就业情况调查后发现,渔业的季节性衰落正好与旅游市场的兴起互为补充。如果能够把旅游的季节性产品和其他具有季节性的产品协调好,就能发展可持续的季节性旅游。

2. 生态方面

从长远来看,有旅游高峰期的旅游地比起那些旅游流量全年平均的地区要好得多。哈特曼(Hartmann)认为经济意义上的"死亡"季节,却给旅游地的自然和社会文化以恢复的机会。从环境角度考虑,旅游淡季不仅是生物的生长季,也为它们提供了休整机会。

3. 社会文化方面

旅游淡季保证了社区的社会文化的恢复,使其得以保护,因为社区传统的社会形态有时候会在旅游旺季遭受干扰。对新西兰北岛北部地区的调查显示,一些经营者只是把从事旅游业看做一种生活方式而非谋生手段,因此也不想破坏旺季和淡季现状。

四、气候对旅游的负面冲击

气候最大的特征就是明显的季节性,季节性从经济、生态和社会文化三方面对旅游产生了负面影响。

1. 经济方面

季节性对经济的负面影响主要体现在资源和设备利用、就业和投资等方面。在旅游淡季大量关闭设施和服务,使固定资产的低效利用;难以吸引旅游业内部投资;获得交通供应商和商业部门支持的难度较大;短期就业产生的旅游淡季失业问题或暂时性迁移问题;没有长期稳定雇员情况下维持服务和产品质量标准的问题。

2. 生态方面

季节性对旅游的负面影响包括交通拥挤、干扰野生动物、步道侵蚀和踩踏及垃圾问题等。由于旺季过度使用产生的对脆弱的自然环境的压力是经常被提及的季节性危害之一。

3. 社会文化方面

旅游季节性的社会文化影响不仅体现在对旅游目的地社区上,也同样对游客会产生影响。具体表现为客流猛增带来的各种交通问题妨害居民出行,居民必须排队等候服务,社区服务花费提高等。旅游旺季的大量游客量对常规的基础设施和服务带来了不小的压力。此外,旅游旺季还存在着增加犯罪率的可能性。其他的季节性影响包括旺季较高的价格,事故发生的可能性提高,以及生活质量降低等问题。

思考题

1. 旅游季节性的概念及表现是什么？
2. 旅游季节性产生的原因有哪些？
3. 从正反两方面阐述气候对旅游具有哪些影响？
4. 世界旅游气候的地带性分布如何？
5. 中国旅游气候的分布如何？
6. 旅游需求的时间分布特征有哪些？
7. 调节旅游气候与旅游需求时间相适应的措施有哪些？

第二章
旅游者空间行为

学习要点

1. 掌握旅游者产生的四大背景,了解旅游动机的产生过程
2. 掌握旅游者空间行为规律,了解旅游者决策的过程
3. 了解中国和世界旅游者流动的特点

引导案例

驾游属于自助旅游的一种类型,是有别于传统的集体参团旅游的一种新的旅游形态。自驾车旅游在选择对象、参与程序和体验自由等方面,给旅游者提供了伸缩自如的空间,其本身具有自由化与个性化、灵活性与舒适性及选择性与季节性等内在特点,与传统的参团方式相比具有本身的特点和魅力。

自驾游组织形式呈现多样化,主要有以下几种形式:

(1)自主组织的自驾车出游。自驾车团体出游多是自发组织的,参加者大多以家庭或亲朋为单位。怎样使旅游过程尽量按照自己的主观意愿而达到完美是他们特别关注的问题。按照计划好的线路,或者自己制定的旅游规划,驾车出游的一种旅游方式,也是从 2010 年以后特别火爆的一种旅游出行活动。自驾游最担心的就是路程安排和时间计算问题,如果你对路程不熟悉,那么很可能耽误行程,所以出游之前最好先计算好行程时间,最好往多的估计。以免路途发生堵车,天气变化等情况。

(2)旅行社组织的自驾车出游。自驾车旅游的兴起为旅行社提供了新商机,旅行社组织的自驾车出游也成为自驾游的一种重要形式。

(3)汽车俱乐部或其他各种俱乐部组织的出游。一些汽车俱乐部也组织其会员进行自驾游活动,并在自驾游过程中为会员提供拖车、救援及线路指引、食宿娱乐等有关服务。但由于俱乐部本身不具备营利性企业的法定资质,因此这种组织方式不能以营利为目的。

分析:如果一位西安的旅游爱好者,打算自驾到西藏旅游,他该如何决策?如果去成都又该如何安排?

第一节　旅游者产生的地理背景

旅游者产生的地理背景是对旅游者的产生具有持续影响的地理环境。自从人类具有改造客观世界的能力以来,地球表面便由单一的自然地理环境和人文地理环境两大组成部分,在地理学中这两部分统称为地理环境,分析两大环境的诸多组成因素,与旅游者产生关系密切的有:自然地理因素、文化地理因素、经济地理因素、环境质量因素等四个方面,称为旅游者产生的四大地理背景。

地理背景对旅游者产生的影响可概括为激发旅游,即激发旅游动机的形成与旅游行为的实现。"激发影响"包括两层含义,即吸引激发与促动出游激发。各种地区虽然都具有激发旅游的影响,但影响的方向和强度因地而异,可能只存在一种影响,也可能二者兼有。

地理背景之所以能够激发人类产生旅游的需求,是因为地理环境的差异性和丰富性与人类各自居住环境的局限性和单调性形成鲜明对比,构成了人类生活环境与地表环境间微小与宏大、单调与丰富的尖锐矛盾。正是这对矛盾激发着人类最本能的内在心理——好奇心。

➤一、自然地理背景

1.自然地理背景的差异性与丰富性

自然地理环境由六大要素组成,不同地区不仅存在着各单一要素间的差异,更明显的是由六大要素所构成的一个个自然综合体的整体特征的差异。可以这样说,没有任何两个地区的自然地理环境是完全相同的,但只有大的差异才能产生强烈的感官刺激,也才能唤起人类的好奇心,乃至产生旅游的愿望。根据地带性、非地带性以及地区性的分异规律,可将地表自然环境的差异分为三级:

(1)一级差异,即自然地带—基调景观差异。全球共计11个水平自然地带,在不同的自然地带内,由于地形的影响还发育着结构各异的垂直地带环境。每一个自然地带有其独特的环境基调,故而称其为基调景观。

(2)二级差异,即同一自然地带内沿海与内陆的差异。这种差异主要体现在海陆交接地带特有的景观、宜人的气候和内陆水面也无法提供人类开展特殊运动的环境条件。

(3)三级差异,即由于地区性的原因而形成的奇特或优美的自然景观,具体可分为以下几种:

如:岩性的不同,会形成特征各异的地貌景观;地质作用的不同,各种地质作用造成的奇特景观和标准地层剖面等;封闭孤立的演化环境,一些地区被水域或山体围绕与外界隔绝成为古老的活化石保留区;尚无法解释的诸多自然之谜发生地区;特定地点才出现的壮观的自然现象,如佛光、树挂、特大潮汐等;由于受人类现代文明干扰甚少,还保留着近乎纯自然状态的地区,如旅游开发之前的武陵源、神农架、卧龙、九寨沟等著名风景区。

2.自然地理背景对旅游者产生的影响

不同的自然地理环境对于生活在各自环境中的人们产生彼此吸引激发的单层影响。特别是特征截然不同的环境会给人以耳目一新的强烈刺激。人类历史上最早的旅行家、探险家就是在这千差万别的、斑斓的自然界的吸引下,揭开了人类旅行行为的帷幕,开创了古代旅游的时代。早期旅游促进了自然科学,特别是地理学、地图学、生物学、航海学等的发展和完善。随着人类文明的发展,人类对自然环境的改造影响能力在一天天加大。但是与宇宙空间中天体间的外营力以及地球内营力相比,到目前为止,人的力量还是渺小的,不足以改变上述自然环境的三级差异。随着人类社会的发展和教育的普及,地理学、地图学、生物学等自然科学在人们脑子里建立起大自然全貌的理性概念。这无疑对现代人产生旅游的愿望起到了推波助澜的作用。据世界旅游组织的统计,至今全世界的旅游者中,对自然风光的观光旅游、回归自然、投入自然的绿色旅游、白色旅游仍是其主流。因此,自然地理背景是激发旅游者产生的主导因素之一,是激发人类旅游的最早的,也是最持久的因素。

不同的自然地理环境吸引激发的影响具体表现为:不同基调景观间、沿海与内陆间具有相互吸引,因此他们可互为客源地与接待地;奇特、秀美的自然景观对一般环境和人为环境中生活的人们具有单向吸引作用。一般环境地区、人为环境地区则是其客源地。

3. 吸引强度的地区差异

按一般规律,自然地理环境特征差异大,相互的吸引力也大;未知程度越高,吸引力越大。因此,按照地域分异规律推理,吸引力强度应随着距离的增加而增加,这在古代旅游阶段表现得最为突出。世界上的未知数太多了,因此人们对任何环境都无可挑剔地去征服它、去认知它。

然而对于人的正常生存需求来讲,自然环境又有优劣之别,对于人们向往健康、美好的各种心理需求来讲,自然环境又有特殊与一般的区别。当人们对地表自然环境有了全貌的了解之后,吸引强度的地区差异便应运而生,并且伴随人类认识深度的增加而不断增加,于是地球上便出现了一个个稳定而集中的旅游地。它们分别代表着某一种环境类型。

根据对全球近代旅游接待地,特别是现代重点旅游接待地的分析,以及对旅游者旅游需求发展趋势的调查预测,气候温和湿润、阳光充沛、环境优美奇特的地区吸引强度最大。如:中、低纬度地带吸引强度大于高纬度地带。全球高纬度地带国家的外出旅游人数密度普遍在80%左右,如冰岛为87%,芬兰为83%,加拿大为81.5%,瑞典、挪威为79%,多数人选择的目的地是"阳光"目的地;中、低纬度地带内的岛屿及迎风海岸的沿海地带吸引力强度大于内陆;内陆地区奇特优美的自然环境吸引力强度大,而且原始程度越高吸引力强度亦越大。

➤ 二、文化地理背景

1. 文化地理环境

文化是人类社会实践过程中所创造的物质财富和精神财富的总和。它包括人们的生活方式、各种传袭的行为,如居室、服饰、食物、生活习俗和开发利用资源的技术装备等;也包括人们的信仰、观念和价值等意识形态,以及与之相适应的制度和组织形式,如法制、政府、教育、宗教、艺术等。文化地理环境是在自然环境的基础上,人类为某种实践的需要,有意识地利用自然所创造的有形的文化景观(称物质文化要素)和蕴含在文化景观中的无形的气氛(称精神文化要素)共同构成的,是人类的创造与自然存在的复合体。因此文化地理环境由三要素组成,即自然环境的物质基础要素、物质文化要素和精神文化要素。其中能够体现出某地文化环境特征的是后两者,特别是物质文化要素能给人直观的感觉。我们平时看到一幅风景画或一张风景片,就往往能从其中所表示的田野风光、建筑、人物、服饰、交通工具以及道路、店铺等所构成的复合体,辨认出它是世界上什么地方的风光。判断的主要依据是图画上的文化景观,因而物质文化要素是文化地理环境的标志性要素。

文化具有历史的延续性,同时在地球上占有一定的空间,因此文化地理环境也必然具有历史的延续与地域分异两重性。

2. 文化地理环境的差异性与丰富性

文化地理环境的时空差异远大于自然地理环境,因此其内涵的丰富性也胜于自然地理环境。

文化地理环境的时间差异指的是随着时间的延续,物质文化要素所发生的变化。任何一件人为创造的物质实体都是当时人类智慧与技术水平的结晶,都记载着那个时代社会生产力发展的水平和人类的审美意识。人类文明的发展不是以新的出现、新的文明对旧有事务的全部破坏和替代的形式进行的,而是在继承精华、扬弃糟粕、不断积累的过程中延续的。我们称这些历史遗留下来的物质文化要素为历史的载体,蕴含在其中的精神文化要素为传统。正是这有形与无形的结合所构成的文化景观,向后人展示着文化地理环境的历史延续性。

文化地理环境是人类在利用自然、改造自然的过程中人为创造的。其历史是用人类的历史单位一年来计算的。自然地理环境是在地球内外营力的作用下,依照自然规律的制约形成的。它的历史是用地质历史单位一万年来衡量的。现代自然地理环境形成与距今一万年的冰后期(中低纬度地区形成的时间更早),至今由于纯自然的原因而引起的变化基本没有发生。人类文明至今只有几千年的历史,然而人类社会已从原始阶段发展到现代的高度文明阶段,文化景观发生着一次又一次的大变化。五千年来中国经历了 16 个朝代,历朝历代的伟大创举构成了璀璨的中华文化,保存至今的古迹恰似现代文化景观中的星辰,闪烁着历史的光辉。因此从时间的角度来看,文化地理环境的差异性和丰富性远大于自然地理环境。

空间差异表现为文化景观特征随地面距离延伸所发生的变化。

世界文化地理环境也存在着三级差异。

(1)一级差异——文化圈。文化圈是指受同一文化影响的地区。这些地区可能在地域上不延续,但由于所承袭的文化是一致的,所以共有某些中心思想和基本的实践,而在非基本要素方面存在着一定的差异。环境氛围的基本一致使他们彼此对他国的环境不产生陌生感,我们称处于同一文化圈内的所有地区为同质文化区,不同文化圈的为异质文化区。

古代世界在陆地最集中的欧、亚、非三块大陆上发育了著名的四大文化。依照各文化影响的范围,可将古代世界分为四个古文化圈:东亚文化圈,包括中国、日本、朝鲜、蒙古、越南;欧洲文化圈,即在欧洲本土;中南亚文化圈,包括印度极其周边地区;中东地区文化圈,包括西亚、北非。

(2)二级差异——文化区(或文化景观区)。文化区指具有某种共同文化属性的人群所占据的地区,在政治、社会或经济方面具有独特的统一体功能的空间单位。一个文化区内即使自然地理特征有很大的差异,但在文化特征方面仍具有共同的空间属性。

由于文化的传播与扩散,以及在边界地带文化间的融合,很难划定两个文化区间的标准界限,有时不得不以国界来划分。将世界文化区按 12 个区划分如下:①西南亚北非文化区(包括埃塞俄比亚、撒哈拉沙漠以北地区、小亚细亚半岛、阿拉伯半岛、伊朗高原等地区);②欧洲文化区(包括北欧、中欧、西欧、南欧);③印度和印度边缘文化区(包括喜马拉雅山以南、印度河以东的南亚次大陆及印度洋北部岛屿);④中国文化区(包括中国大陆、沿海岛屿及朝鲜半岛);⑤东南亚文化区(包括印度支那半岛、马来群岛);⑥黑非洲文化区(包括撒哈拉沙漠以南地区);⑦中美和南美文化区(包括墨西哥及西印度群岛以南地区);⑧北美文化区(包括美国和加拿大);⑨澳洲文化区(包括澳大利亚、新西兰);⑩苏联文化区(包括东欧诸国及原苏联);⑪日本文化区;⑫太平洋群岛文化区(包括太平洋三大群岛)。

(3)三级差异——民族小区。全球有 2000 多个民族,各民族都有着自己独具的民族特点、传统、风俗习惯、居住方式和生产特点,以及蕴涵其中的文化氛围。在多民族聚集地区,这种文化景观的差异由于彼此的对照表现得更为突出。

人是地球上最活跃的因素。文化随人流的移动向外扩散、传播的速度、方向、范围是任何自然因素所达不到的。所以,从空间的角度来看,文化地理环境的差异性、丰富性也远大于自然地理环境。

3. 文化地理背景的影响

文化地理背景对旅游者产生的影响同样也是吸引激发的单层影响。然而由于文化内涵的广博,其产生吸引激发的原因要比自然地理背景复杂得多。这里有异质文化间以及同质文化不同文化区间文化景观的巨大差异所造成的彼此吸引;有同一文化区内前人留下的历史遗物对后人的强烈好奇心理的激发;也有文化发祥地的核心地带对其扩散区,接受文化影响地区人们的吸引激发,激发海外游子及其后裔寻根的心理、异国志士对自己的文化追根溯源的心理;更有特殊的文化传统(如法国的绘画艺术,奥地利的音乐艺术,希腊、意大利的雕塑艺术,中国的园林艺术)对向往艺术的人们的吸引。因此,文化地理背景是激发旅游者产生旅游动机的又一个重要的客观因素。按照人类好奇、求知心理的一般规律推论,文化景观吸引强度的地区差异应表现为如下两大点:①景观差异越大彼此间的吸引强度亦越大。那么最大的应该是异质文化之间,其次是同质文化区域内的不同文化区间,第三则是同一文化区内的不同民族区域之间。②不论同质还是异质文化区中,历史越悠久、文化景观越丰富的地区,吸引强度亦越大。

三、经济地理背景

世界上经济地理环境的地区差异有两种不同的划分标准。以经济发达程度为标准来划分有两大基本背景区,即经济发达地区和经济发展地区;以经济发展性质为标准来划分也有两大基本背景区,即城市和农村。

1. 经济发达地区是主要的旅游客源地

(1)经济发达为旅游者的产生奠定了基础。经济发达的最基本标准有四点:①知识、技术密集型代替劳动密集型;②高度的分工与高强度的工作量;③人口高度集中的城市化现象;④社会服务业的高度发达。

高度发达的生产力必然带来生产高效、快速和高额的人均国民生产总值以及高额的人均收入。这使旅游者产生的主观条件得以具备。

①经济条件:国际上有这样的经验统计,当一国人均国民生产总值达到 800～1000 美元时,居民将普遍产生国内旅游的动机;达到 4000～10000 美元时,将产生国际旅游的动机;超过10000 美元时将产生洲际旅游动机。

②闲暇时间:对于旅游行为影响较大的闲暇时间是周末双休日、传统节假日和带薪休假日。经济发达国家都实行了每周五天工作制,职工周末即有时间进行短途旅游。

③人口文化水平高,信息传递手段先进:经济发达国家文化水平高、信息传递手段的先进,使国民获取信息的范围扩大,速度提高,因此感知环境得以丰富。

(2)经济发达促动国人出游。经济发达促进国人出游的主观原因:①渴望恢复由于工作单调、枯燥紧张而受到影响的身心健康。②渴望回归自然。③渴望人与人之间真诚的交往。另外发达国家人们渴望体现主人的感受。

2. 经济发达地区是主要的旅游接待地

经济发达地区普遍地也是旅游接待业发达的地区,其对外亦具有强烈的吸引力。据世界旅游组织统计,西欧、北美两大经济发达地区旅游接待人次、外汇收入一直占世界总数的80%以上。

世界上有两种经济发达地区,一是具有悠久历史的传统经济中心,如西欧各国;一为历史较短的后起之秀,如美国。这两种地区之所以吸引人,在于其与发达的经济同步发展起来的发达的文化。除都具有先进而完备的基础设施和现代化的旅游设施、雄伟壮观的大城市风貌、极大丰富的物质生活和精神生活条件外,前者有精湛的历史遗物、古朴淡雅的小城镇景致和恬静优美的乡间田园风光,后者有日新月异的现代科技信息。

3. 城市与乡村间的相互吸引激发

乡村与城市经济环境的根本差异在于,人口密度低、环境人为化的程度低、生活的节奏慢、民俗风情的文化氛围强。20世纪90年代以来乡村田园风光和农家生活的引力越来越大。

在发达国家或地区间,彼此存在着吸引激发和促动出游激发的双层影响。在发达地区与发展中地区之间,只存在着指向发展中地区的单向双层激发影响。

四、环境质量背景

环境质量背景,是由于现代人类的经济、文化活动和分布特征,严重地改变着自然环境的原貌,而派生出来的后天背景。从人类发射了地球资源卫星后,才对自己居住的星球环境变化状态有了宏观的全貌了解,也才认识到,在人类自身活动的破坏下,全球自然环境恶化程度的地区差异及分布规律。为与量化研究相吻合,提出环境质量这一新概念。环境质量的状况与人类的活动密切相关,对人类的旅游活动更有决定其去向的重要影响。

1. 环境质量的衡量标准

环境质量系指自然环境原始性质、状态的变化程度。衡量其好坏的标准可概括为如下两方面:

(1)生态环境的退化程度。其包括绿地面积的减少或植被群落的退化(植物品种或结构的改变)、土层的消失、地表水流失、地下水枯竭,最终导致气候的变化。

(2)环境污染程度。即环境中有害成分的增加,包括:大气中二氧化碳、有害气体、粉尘颗粒以及电磁污染成分的增加;臭氧层被破坏;地表水、地下浅层水水质的变化及有害物质含量的变化;江、河、湖、近海的水质、水体透明度、氧气含量的变化,微生物覆盖度及水面垃圾等;地表固体垃圾的堆放(更严重的是有毒或有残余放射性工业废渣的堆放)引起的土壤污染等。

2. 环境质量的分布规律

生态环境的退化程度与人口密集程度成正比,其空间的递变顺序与人口密度的分布顺序相一致。自然环境的严重污染区与工业发达地区、大城市的集中分布区以及发生旅游城市化演变的度假区相一致。尤其引起人们关注的是,继南极上空出现臭氧层空洞后,臭氧层严重消耗变薄的现象,在北极上空及北半球人口集中的中纬度地带的上空也被发现。

3. 环境质量背景对旅游者产生的影响

促动出游激发与吸引激发同向,加强了环境质量高的地区的吸引强度。因此,暂时摆脱严重污染的环境,到少污染或无污染的地方去恢复健康、增强体质,越来越成为人们出游的重要动机之一了。正是基于这一原因,生态旅游在国际旅游业中日趋走俏。

五、旅游地的空间相互作用

地理背景影响的最终结果是激发起旅游者的旅游动机,从而产生旅游活动,引起游客与资金的流动。任何物质的流动都是在力的作用下发生的,驱使旅游客流形成的力(吸引力、促动力或推动力)被称为旅游地的空间相互作用。旅游地空间相互作用的产生与制约条件有三点:互补性、替代性和可达性。

1. 互补性

由于地理背景环境的不同,造成常住某地的居民对外界具有感知、感受或某种心理需求上的空白,另一地恰有可以弥补上述空白的事物。这个填补过程只有身临其境才能完成,而不能由其他任何信息渠道或方式来代替。我们称这样的两地具有互补性。由此可以得出这样的结论:互补性产生于地理环境的差异性,互补性是旅游地的空间相互作用得以实现的基本条件。

2. 替代性

两个旅游地的互补性导致两地间旅客的流动。但是,也可能存在以下情况,当游客在 A 和 B 两地间移动时,A 和 B 两地间介入另一个能提供 B 一样性质的旅游地 C,于是 A 地游客转向 C 地移动,我们称这种现象为同类旅游地间的替代性。当 B 地被 C 地替代后,即使其与 A 地间仍然存在着互补性,但相互作用也难以产生。因此,替代性是旅游地的空间相互作用能否产生的制约条件。

互补性存在于两个性质不同的旅游地之间,互补的结果是旅游客流的形成;替代性存在于两个性质相同的旅游地之间,替代的结果是同一客源地客流方向的完全转移或者造成分流。

旅游地间的互补性与替代性是一种客观存在,然而无论对旅游者还是旅游经营者来讲,这个客观存在都含有内容各异的现实意义。对旅游者来讲,在性质相同的旅游地中选择近处的旅游地可省钱、省时,还可以免受长途旅行之苦。

3. 可进入性

可进入性指的是旅游地具有通达便利的外部交通条件,有游客停留的接待条件,使游客散得开、游得开。可进入性是旅游地的空间相互作用能否实现的决定因素。

第二节 旅游者的旅游活动行为层次

由于人的个性所决定的旅游目的、旅游偏好的不同,造成人们的旅游活动内容、方式及满意程度的衡量标准的差异,这种差异为行为层次的差异。旅游者的旅游行为可以分为三个层次,即基本层次、提高层次和专门层次。

1. 基本层次

旅游活动的最基本层次是对陌生的自然景观和人文景观的游览观光,国外称其为观光旅游。这种旅游活动是对人类最本能的好奇心理的满足。它能使人增长知识、陶冶性情,同时获得美的享受。这个层次是旅游发展史上最原始、最古老的旅游行为。所不同的是,古代观光是对未知世界的感知,因此探险的成分更强,乃至不能使用游览观光来描述。现代的观光则是将已知的理性认识与感性的客观存在相印证的过程,是审美的过程。对现代旅游地来讲,若缺乏观光基础,便谈不上旅游。

2. 提高层次

娱乐旅游和购物旅游是旅游的提高层次。从人类的行为分类来讲,旅游本来就是娱乐行为的一部分,是有时间和地域范围限定的娱乐行为。娱乐旅游则是两个概念的叠加,目的在于更突出这个行为层次的主要内容是参与某些娱乐活动。如到野外去游泳、划艇、钓鱼、打猎、滑冰、滑雪、滑草等。对于这种旅游行为,接待地所提供的服务内容、服务的周到程度都高于观光旅游,因而旅游者的消费水平也高于观光旅游,这种旅游活动在历史上只有中产阶级能够享受。这是地位、身份的一种象征。因此,从事这种曾为高贵人独占的活动,在游客心理上获得了更高层次的需求满足。购物旅游更需要一定的经济基础给以保证,同时旅游经营者从娱乐旅游与购物旅游活动中也可获得更高的经济效益。因此,无论对游客还是旅游企业而言,这种旅游都是一种提高的行为层次。从现代世界旅游业的发展状况来看,各旅游地是否具有接待提高层次旅游行为的功能,直接影响着该地的旅游吸引力与经济效益。

3.专门层次

该层次的旅游行为从属于某一特殊目的。如休养疗养、出席会议、从事商务活动、科学考察、文化交流、大型运动会、登山探险、宗教朝觐等。这种旅游行为不具有普及性。

不同的旅游目的地的旅游行为层次是各有侧重的,这取决于当地旅游资源的性质。不同的旅游行为层次可以同时并存,较高层次的旅游行为,并不一定要在较低旅游活动行为层次的优势出现之后才出现。但一般来讲,较高层次的旅游行为的出现,是在较低层次的活动行为出现之后。了解旅游行为层次的目的在于指导旅游地的开发。

第三节　旅游者的行为规律

本书研究的旅游者行为规律是指旅游者一次旅游过程中的行为规律。即在一次完整的旅游过程中,旅游者都会发生哪些行为,这些行为的内在联系、发生的先后次序、行为内容的必然构成,以及各种行为的内在特征。

一次完整的旅游过程存在着两个基本行为,即决策行为和空间行为。决策过程在前,一般发生在客源地,空间行为在后,发生在接待地,空间行为的效益受决策水平的制约。

➤一、旅游者的决策行为

决策行为是一切实际行为发起和进行的前导行为,是为达到某一特定目的,从两个以上的可替代方案中,选择一个最满意方案的过程。在外出旅游前,人们根据可收集到的有关信息,结合自己的旅游偏好,选择、确定旅游目的地、旅游路线及旅游方式的过程称为旅游决策行为。

在旅游行为的三个层次中,专业层次的旅游行为从属于某一固定的专业活动目的。在目的地的选择中,起决定作用的因素是专业活动的需求。因此,旅游决策行为的研究对象,是主动型的旅游行为者,即进行游览观光活动的旅游者和进行娱乐、购物活动的旅游者。

1.旅游决策的基本原则

最大效益原则,即在资金和闲暇时间确定的条件下去追求最大的旅游效益,是指导旅游者决策行为的基本原则。

旅游既是一种娱乐行为,也是一种经济行为。当人类在长期的经济活动中总结出价值规律后,社会上的一切经济活动便围绕着同一焦点去进行,即追求最大的经济效益。旅游者的特殊性在于,他的投入不是追求经济上的效益,而是精神上的享受和精力上的恢复,这两点构成旅游效益的内涵。

目前研究的结果,最大效益原则主要表现在以下两方面:

(1)最小的旅游空间比。在一个完整的旅游过程中,用于往返客源地与目的地的时间,与在目的地游玩所消耗的时间的比值被称为旅游时间比。现代旅游与古代、近代旅游的最大区别是游大于行。因此,人们在作旅游决策时总是追求最小的旅游时间比。决定旅游时间比大小的主导因素是行的时间,而行的行为又是旅游者有限的资金分配与现有交通条件等变量的函数。因此,最小的旅游时间比因人、因地而异。其只能是旅游者决策方案中的最小值。如何求的最小的旅游时间比,有两种途径:①当地点尚未确定时,在旅游地类型相同、所提供的游玩时间近似的诸旅游地中,选择距离居住地最近的旅游地。②当旅游地确定后,选择最快捷的交通方式。在单程旅游时间超过12小时时,选择晚间发车的车次。

(2)最大的信息获取量或最高的满意度。这方面表现在旅游地环境质量的高低和旅游地活动项目结构的丰富性与合理性两方面。观光游览型旅游是由于环境的时空差异引起的,因此人们力图通过旅游获得最大的环境信息量,以便从感知上扩大和增强对异地环境的了解。娱乐、购物旅游则是在特殊的环境条件下才能开展的各项娱乐与购物活动激发的,故而人们希望在旅游地获得最大的放松与开心,以充分的恢复精力、增进健康,同时买到称心的物品。对于最大信息获取量和最高满意度的追求,使人们在选择旅游地时有以下倾向:

①选择最有名的旅游地旅游。知名度大的旅游地往往比知名度小的旅游地有更大的稀缺性。人们通过旅游消除的稀缺性越大,获得的信息量也越大。

②选择自然环境和文化环境与居住地差异较大的旅游地旅游。如来自欧洲和北美外国旅游者对中国的历史古迹和自然风光普遍感兴趣,对品尝精美可口的食物兴趣亦很浓厚,而对娱乐活动、冬季运动、廉价的度假普遍兴趣不大。

③选择娱乐旅游和购物旅游的典型区。如澳门作为赌城,是亚洲赌博娱乐的最佳地;香港素有购物天堂之城,是我国大陆居民购物旅游的首选。

2.影响旅游决策的主要因素

(1)感知环境。地理环境的地域差异是激发人们外出旅游的根本原因,但不是影响旅游决策的直接原因,直接影响旅游决策行为的因素是感知环境的差异。此差异不是指客观存在的环境差异,而是决策人头脑里感知环境的数量及对环境感知深度的差异。

感知环境即人们通过各种信息渠道所获得的对外界环境的整体印象。根据被感知范围的不同,可分为宏观环境感知和微观环境感知。从目前人类科学技术的发展状况来看,大到对我们居住的星球、星球所在的星系乃至整个宇宙的感知,小到对一个细胞所反映的全息感知。从而可以看出,感知环境的丰富程度不是用数字能计算的。然而人类对外界的感知总是要受到现有条件的局限,所以感知环境源于客观环境但不等于客观环境。人类对外界环境的感知总是为了某种行为的需要,行为性质的不同所需要的环境条件也不同,因此影响不同行为的感知环境的内涵不同。

影响旅游决策行为的感知环境包括两个方面,即旅游地的旅游环境和客源地到旅游地的感知距离。旅游环境包括旅游地的性质、旅游地资源的内容及组合状况、不同逗留时间的活动内容组合、旅游地的环境质量、旅游地的接待条件等。

感知距离与客观距离是距离概念内涵的两个方面。客观距离是地表两点间的实际长度,以里程来衡量。感知距离是一种心理感应距离,使用克服客观距离所消耗的时间、资金和精力给人的感应来衡量的。客观距离是感知距离的基础,感知距离的远近取决于交通便利的程度。现在人们常说地球变小了,这句话形象地描述了,由于航空事业的发达缩短了人们头脑里洲际间往来的感知距离。

在旅游决策过程中旅游地的吸引力起着增强或削弱作用的,是感知距离而不是客观距离。由于感知环境的限制影响,人们在旅游决策中所追求的最大旅游效益,可能是最满意的,但不一定是最佳的。在今天旅游市场竞争激烈的形势下,谁能让旅游者对自己的旅游产品获得深刻的感知,谁能帮助旅游者做出最佳的旅游决策以获得最大的旅游效益,谁就能扩宽并占领客源市场。广泛的促销宣传以扩大自己产品的知名度,是达到此目的的唯一有效方法。否则,你即使有价值极高的旅游地,人们也不可能到那里去旅游。

(2)旅游偏好。人们在进行旅游决策的过程中,不仅要受到共性特征,即感知环境差异的影响,同时要受到个性特征,即各自国情、民俗习惯,以至个人的兴趣、能力、爱好和性格差异的影响。我们称这一个性特征差异为旅游偏好。旅游偏好对决策的影响,可以从居住环境、年龄、职业、学历、性别等方面去分析。

①居住环境。居住环境包括自然环境和社会环境两方面。由于旅游者主要产生于人口集中的城市,故居住环境主要从不同自然环境内的城市角度来分析。

居住环境对旅游偏好的影响首先表现在偏高纬度地区的居民对于阳光的追求。由于纬度偏高和温带气旋的频繁活动,使欧、美这两大传统的客源市场区日照时数偏低。因此,这里的居民对阳光的追求,到了如饥似渴的程度,其程度随着纬度的增高而加强。无论是近地还是远地旅游,人们对旅游地的选择上都表现出对阳光追求的偏好。例如,欧洲人本地旅游的集中地之一是阳光充沛的地中海沿岸地区。北欧四国(芬兰、瑞典、挪威、冰岛)外出旅游人数密度最高,均在80%以上,其主要流向是南欧各国,美洲亦如此。其次是长期生活于其中的自然环境,使人们在潜移默化之中形成一定的审美趣味。在他们选择旅游目的地时,往往自觉不自觉地被自己的文化传统左右,表现出对自己熟悉的自然环境的偏爱。如英国人对海滨有特殊的偏好,外出旅游的人群中63%的人们是奔向海滨;而瑞典、芬兰、俄罗斯的人们则对森林情有独钟。第三是对城市环境的厌倦,致使人们对纯自然性的野营方式的偏好。

②年龄。人的兴趣、爱好、能力乃至性格等个性,随着年龄和生活经历的不断增长而变化。少年儿童天真活泼,对世界感知较少,因此好奇心极强。对自己不知道的新鲜、有趣的事物都充满感知的热情,尤其对游乐设施、各国风味的美食以及小艺术制品最感兴趣。在目前家庭度假旅游日渐兴旺之际,孩子的偏好往往左右着全家的旅游消费方向。青年人精力充沛、兴趣广泛,征服自然,战胜困难的能力强,因此对具有猎奇性、冒险性、刺激性、体能消耗大的旅游活动倍感兴趣。中、老年人阅历丰富,习惯于回顾往事、品味人生。他们厌倦城市的嘈杂和建筑林立的环境,喜欢僻静优雅的海滨、林区或村野田园风光,但活动量有限。因而他们偏好于历史文化内容丰富的旅游地、曾留有深刻印象的故地,或环境优美、安静的度假地。

③职业。不同的职业工作的环境氛围不同,这是影响人的个性形成、发展的一个重要因素。在旅游决策的过程中,个体的旅游偏好与人的职业关系密切。

④学历。不同的学历反映着旅游者所受教育的层次差异,同时也影响到旅游者的感知范围和感知深度。按照一般的规律,旅游愿望与感知环境的范围与深度成正相关,旅游行为的层次与学历的高低成正相关。学历高的人基于理性认识的丰富,对于出游的目的非常明确,其追求的旅游效益,文化的内涵高。而学历低的人则往往受从众心理的影响较大,目的不十分明确,其追求的旅游效益偏重于娱乐与消遣。

3. 旅游决策过程

旅游决策过程通常包括四个步骤,第一步是对旅游需求的确认,第二部是对旅游地信息的收集,第三步是对同类旅游地进行评价对比,第四步为最终决策。

(1)旅游需求的确认。人们有了剩余的钱和闲暇的时间,便会产生外出旅游的愿望,即决策行为过程发生的主、客观条件成熟了。然而此时的愿望是笼统的。旅游需求的确认则是将这种愿望具体化的过程。在旅游需求确认阶段,旅游者要决定三个问题:第一是确定此次旅游的主要目的,是观光游览、探亲访友,还是娱乐、购物;是去领略大自然的风光,还是去观赏先人创造下的业绩,或者去感受现代科技文化的信息。第二是确定此次旅游准备消费的经济限额。第三是确定此次旅游可能使用的时间。

(2)旅游地信息的收集。信息收集(即感知环境的获得)的渠道多种多样,可以通过新闻媒介的报导、旅行社的咨询、导游手册的介绍,也可以通过亲朋好友或有过旅游经历的人讲述,在这些渠道之中,信息含量最丰富的当属旅行社的旅游资源数据库。

(3)评价对比。旅游者将所收集到的各旅游地的有关信息按类归纳,诸项比较,挑出两个或更多的性质近似的旅游地。

(4)决策。在性质相同的若干个旅游地中,最后的决策去哪个旅游地,这种决策是通过旅行距离决策模式来确定的。

在旅游地性质确定的前提下,如何确定旅途的长短?德国经济学者霍斯特·托特将消费者在消费决策中,追求最大满足度的基本分析方法——无差异曲线分析法引进旅游决策研究。

旅游者决定旅程长短的重要依据是时间、费用和旅途的舒适程度。若出行的时间限定,则旅行的距离也就限定了。撇开时间不论,旅行距离就由两个因素决定,即旅途费用和旅途不适的程度。任何一个确定的旅行距离,都存在着一条由旅途费用和与之相应的不适程度组合的轨迹,即旅游无差异曲线(见图2-1)。无差异曲线表示,旅游者对这一距离上的任何一组费用与不适程度的组合的满足程度是一样的。据此我们做出一组不同距离的旅游无差异曲线,离原点越远的无差异曲线代表的旅行距离越长。

在旅游无差异曲线的基础上,旅游距离由旅行消费可能线决定。旅行消费可能线表示,在旅行费用上限和旅行预定时间确定的前提下,费用与不适程度的组合轨迹(见图2-2中的CD线)。此线与任何一条旅游无差异曲线相切,切点A所在曲线代表的距离即是游客所能达到的最大旅程,切点A所代表的费用与不适程度的组合,为最大旅程上的最佳组合方式。

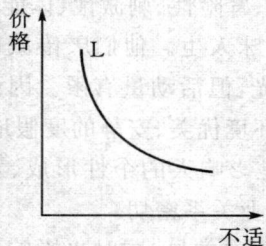

图2-1 旅游无差异曲线

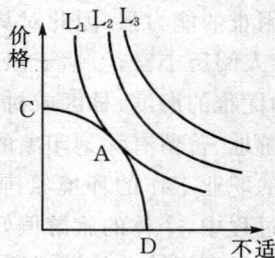

图2-2 旅行距离最佳点

➤ 二、旅游者的空间行为

旅游者的空间行为是旅游者在旅游接待地的一切行为的总和。空间行为是在决策行为的基础上进行的,因此空间行为的许多特征同样是由最大效益原则决定的。根据旅游者空间行为的一般规律和行为特征,可将空间行为分成线状、面状和点状三种类型。

1. 线状旅游空间行为

线状旅游空间行为俗称跑线,即以交通串联若干旅游中心城市或旅游景区,构成一条完整的旅行线路。旅游者照此线路依次在各地按预定的时间旅游。这是大尺度的旅游空间行为。行为结构层次多是以基本层次的观光游览为主,辅以提高层次的购物旅游。整个行为的过程,是空间上的长途跋涉与定点地短暂的停留交替进行过程。因此,游客一般是日游夜宿或夜行。整个行为过程的节奏是比较快的,给人总的感觉是疲惫。仅以对未知环境的感知为目的的观光游览,感知获得便是目的达到。除非某地给游人留下深不可忘的印象,否则游客绝不会再旧地重游。因此,这种类型的游客回头率较低。

在追求最大旅游效益的心理驱使下,旅游者在此种空间行为中表现出如下的行为特征:

(1)到级别较高的旅游地旅游。对观光游览者来讲旅游地级别的高低取决于它在自然发展史或人类社会发展史上的地位和典型的景观。如到欧洲旅游,西方文化的发源地希腊,文艺复兴的发源地意大利、巴洛克式文化精粹汇聚的法国、以惊险的斗牛表演而闻名于世的西班牙,以及在工业革命后荒芜了的土地上重建起来的花园国家瑞士、世界音乐之乡奥地利等,都是观光旅游者必去的地方。在中国,自从改革开放以来,经久不衰的七大旅游热点地区(北京、上海、广州、江苏南部、杭州、西安、桂林),不仅是入境旅游者的必游之地,也是国内旅游者的首选地。

(2)只到高等级旅游地的高级旅游点。旅游者对旅游地内旅游点等级的选择与其一次旅游的行程呈正相关。即空间行为尺度越大的旅游者对旅游点的级别要求越高。例如,境外游客在北京只选五个点,即故宫、天坛、颐和园、长城、十三陵,在桂林也只是"三山两洞一条江",对其他旅游景点不感兴趣。国内旅游者在北京旅游,其选点也具有同样的行为特征。

(3)力图全程不走回头路。当旅程在接待地起始点与终止点同一时,旅游者将力图采用闭环状路线;当起始点与终止点不同一时,则采用最短的线路将各旅游地串联起来。无论哪种形式都力图不走冤枉路。

(4)旅程终止点尽可能选在"购物天堂",如法国的巴黎、日本的东京、中国的香港、上海等城市,这些地方往往也是到各旅游地的离境口岸。

2. 面状空间旅游行为

面状空间旅游行为也是由行和游两种行为所构成的。它与线状空间旅游行为的区别在于,行的轨迹不是一条线,而是以一点为中心向外辐射的一个面。即以常驻地或暂住地为中心,以一日游的可能距离为途径,划定旅游的活动空间。整个空间行为过程在这个特定的区域内,通过数次向不同方向的一日游方式来完成。这种空间范围内的旅游通常称作中尺度旅游空间行为。从旅游行为层次来讲,中尺度的旅游行为既适应各个层次的单向旅游行为,也适应复合的多层次旅游行为。若仅从观光的角度来看,中尺度行为相当于大尺度行为中的每一个停留地的行为。其行为有如下特征:①在旅游目的地和旅游景点的选择上,不排斥等级高的,但也不局限于等级高的,而是追求新颖、奇特的。②旅游线路采用中心放射,往返式节点状线路。③旅行线路影响旅游效果。中尺度的旅游行为保持日游夜宿的正常生活规律。旅游者无论是行还是游都精力旺盛,往往有一定兴趣观看旅行线路附近的景色。因此,旅游效果受旅游线路的影响。

3. 点状旅游空间行为

点状旅游空间行为为小尺度空间行为,小到行的行为可视为忽略不计的程度。因此,吃、住、游、娱、购均在一起,最典型、最集中的是各类度假旅游(包括每年的度假日和周末)和边界购物旅游。小尺度旅游空间行为基本是提高层次与专业层次行为。如现在世界盛行的白色旅游、绿色旅游、海滨度假旅游、研修旅游以及周末野外郊游等。其行为特征不是表现在旅行线路的特殊性,而是集中在游的行为上。此种空间行为表现出以下几个方面的特点:

(1)选择环境质量高的旅游度假地。对于度假旅游来讲,旅游地级别高低的衡量标准,首要的一条就是环境质量,即自然环境的美感程度、原始自然生态环境的保留程度与无污染程度。如世界著名的旅游度假地,地中海沿岸和加勒比海沿岸地带,都被称为"黄金海岸",以及亚太地区的夏威夷(美),巴厘(印尼)、槟榔屿(马来西亚)、普吉(泰国)称为世界上最受欢迎的四大旅游度假地。这个转移的根本原因就在于环境质量。再有,伴随周末双休日而日益兴旺的野外郊游,旅游者追求的也是淳朴、纯净的大自然。同时需要指出是,旅游业本身也会造成环境质量的下降。

(2)选择娱乐性、运动性、直接参与性强的度假地。海滨水上水下运动集参与性、娱乐性强的特点,受到旅游者的普遍认可。同样滑雪旅游作为贵族青睐的重要原因之一就是具有直接的参与性和娱乐性。

(3)同一旅游行为在同一地区发生的重复性。在三种尺度的旅游行为中,小尺度的旅游空间行为是回头率最高的,无论短期的还是长期的均如此。如西欧各国较为普遍的每年冬、夏两次度假,夏季集中在地中海、比斯开湾沿岸,而冬季的白色旅游则集中在阿尔卑斯山脉和比利牛斯山脉的北坡。又如,加拿大每年到美国的旅游者占出国旅游总人次的80%,其中1/3是到美国购物。

三、旅游者行为研究的实践意义

对于旅游者行为研究的意义,不仅局限于从行为理论上揭示旅游行为的规律,更重要的是用以指导旅游经营者的市场开发、旅游地开发、旅游产品设计以及宾馆选址等主要的经济行为。下面从旅游者行为规律的角度来分析市场开发、旅游地开发和宾馆选址中的一些问题。

1.市场开发

任何一种经济行为的生命力,取决于它的市场规模及存在的恒定性。旅游市场的巩固与开拓是保证旅游业持续发展的基础。旅游市场开发的重要手段是旅游产品的宣传促销。从旅游行为的角度来分析,旅游经营者的这一行为是在帮助旅游者决策,能否达到预期的效果,关键在于处理好如下几个问题:

(1)市场定位是否准确。根据旅游者决策行为的基本原则,旅游市场定位应建立在对旅游地产生的地理背景进行周密分析的基础上。这样我们才能做到准确无误地将宣传促销经费、精力花在刀刃上。

(2)宣传内容是否周全。宣传的目的在于扩大旅游者的感知环境,主动为其旅游决策提供应有的信息。从现代信息传递的手段来看,宣传的途径很多。但就促销宣传方式看,主要是图文并茂的文字材料,包括各种规模的旅游交易会、博览会上的旅游产品介绍(这是主要的宣传手段),各旅游区、旅游景点的导游图,以及报刊上的旅游线路、景点介绍,乃至游记文章等。从指导帮助旅游者决策的目的来讲,这些宣传材料中应包括游与行两方面的信息。从目前可见到的宣传品所登载的内容来看,除正规的旅游产品介绍全线报价外,普遍缺少旅游地各种消费标准、旅途所需时间与费用等信息。这种宣传品起不到指导、帮助旅游者决策的作用。面对国内、外散客旅游,自助旅游日益扩大的市场需求,这个问题亟待解决。

2.旅游地开发

旅游地是否具有普遍、持久的吸引力,关键在于开发前对旅游市场需求的正确测算,和对当地旅游资源个体及群体组合状况的正确评价。

3.宾馆选址

从宏观上看,宾馆建在什么地方关系到整个区域的旅游业是否合理布局,关系到是否能综和协调发展的问题。从微观上看,选址不仅影响企业建设的投资和速度,而且还影响饭店建成后的经营成本、利润和服务质量,以及职工的劳动条件和生活条件。倘若宾馆选址不当,会给宾馆长期的经济效益带来不可估量的损失。宾馆选址包括第一选址和第二选址两层含义。第一选址即宾馆建在哪个城市或地区的选址;第二选址即在第一选址确定后的具体位置的选择,属于微观选址。受旅游行为规律影响的是宏观选址。旅游宾馆宏观选址主要考虑的是旅游者的空间行为规律。选址只有符合旅游者的空间行为规律,旅游者才愿意去住,宾馆才会有经济效益。用旅游者的空间行为规律来考虑宾馆宏观选址,有下列几条原则:

(1)在同一旅游区内,不宜在旅游资源级别较低的景区,或不是旅游中心城市(或大居民点)选址。受大尺度的旅游空间行为的影响,旅游者到达目的地后,往往选择该旅游区的中心城市或较高级别的风景区(或附近)暂住。游览完高级别的旅游点或风景区后,旅游者一般不继续在附近的较低级别的旅游点或风景区游览,所以宾馆的选址只宜在旅游中心城市或较高级别的风景区内,不宜在较低级别的风景区或非旅游中心城市选址。

(2)在一日游范围内的旅游风景区(旅游景点)、旅游中心城市(或大居民点)与风景区(旅游景点)之间的小居民点不宜选址。所谓一日游,即旅游者在一天的时间内完成旅游行为返回居住地。正常情况下,进行一日游的旅游者,不在暂住地之外的任何地方居住。因此,在这样的地方不宜选址。

(3)在节点状旅游区,只宜在旅游中心城市选址。在一个旅游区内,如果旅游点分布在旅游中心城市周围一日游的范围内,称之为节点状旅游区。根据中尺度旅游行为的一般规律,旅游者的暂住地基本都选在旅游中心城市。

第四节　旅游客流

➤一、旅游客流概述

旅游者从始发地至目的地所产生的客流,又称为旅游者潮流或旅游人流。根据旅游客流持续力的变化,可以分为稳定性旅游客流和非稳定性旅游客流两类。

稳定性旅游客流(即旅游客流的狭义概念)在相当长的时期内可保持固定不变的流向、均一的客流强度、客流量的变幅小或处于不断增长的趋势。就个别旅游者来说,目的地选择上可能有所变化,但这部分人流的改变,会被另外一部分人流的改变所递补。因此就总体而论其变幅甚微。一般讲,度假、文化渊源、宗教、购物等原因能形成稳定性的旅游客流。

非稳定性旅游客流,往往是由于某一特殊原因所引起的,旅游者到某地的一次性旅游,以后不会有其他旅游者补充。这类旅游客流的特征为突发式、非定向和时间短暂,如大型的各国轮流举办的国际会议或活动。

旅游地理

➤ 二、旅游客流形成的影响因素

综合影响旅游者产生的诸多地理背景的作用,可以归纳出影响旅游客流形成的四组因素:

1.社会—经济因素

社会因素主要有:人口数量及增长率、城市人口比例、人口文化素质的高低、旅游服务队伍素质的高低和社会安定状况等方面。经济因素主要有:经济发达程度、国家、地区间经济贸易的开放程度,以及基础设施的发展水平(交通状况、水电供给状况等)和电信、邮递、信息传递手段的发达程度等。

2.旅游资源因素

旅游资源因素包括自然和人文旅游资源的数量、等级、空间组合状况以及可利用时间状况。

3.国家或地区的地理区位因素

(1)自然区位。旅游地是否位于适于开展旅游的自然地带或地区内,这决定着其有无开展旅游活动的条件及其吸引力的大小。

(2)行政区位。是否临近主要的旅游客源国或旅游接待国。

(3)交通区位。是否位于国际或国内的交通要道上。

上述区位条件的具备与否关系到国家或地区能否形成稳定性的旅游客流。

4.环境质量因素

环境质量因素包括两个方面,其一是选择环境。20 世纪 80 年代以来,环境质量越来越成为旅游者选择旅游地的首要标准。其二是保护环境,这一点是针对旅游业自身而言。从 20 世纪 50 年代以来世界主要旅游接待地的兴衰变化来看,旅游业自身对赖以生存的环境有着直接或间接的破坏影响。因此,选择高质量的环境,处理好利用与保护环境的关系,是稳定性旅游客流形成的重要影响因素。

在以上四组因素的共同作用下,才能形成相对稳定的旅游客流和具有一定旅游客流强度的旅游区。

➤ 三、现代国际旅游客流的空间变化规律

二战后大规模群众性旅游活动的出现,是世界旅游业进入现代旅游阶段的重要标志。纵观 50 年来国际旅游客流的变化状况,可以得出这样的结论,即旅游客流的形成、客流方向和客流强度的变化,是伴随着世界经济中心的转移和地区经济的兴衰而发生的。根据全球主要客源市场、客流方向和客流量的明显变化,可将战后 50 年的世界旅游业划分为四个阶段,即战后欧洲旅游业的恢复阶段,20 世纪 60—80 年代欧洲旅游业迅猛发展和世界各地旅游业广泛普及阶段,90 年代以后到现在亚太旅游业迅速发展阶段,21 世纪世界旅游发展呈现出低迷增长、短期波动、敏感性强的特征。

1.战后欧洲旅游业的恢复阶段

欧洲本是世界旅游业兴起的地区,也是世界近代旅游业最发达的地区。但因二次大战对该地区经济的直接破坏,造成战争期间旅游业的停顿和战后旅游业的萧条。而这个时期,世界经济的中心在美国,世界旅游的主要客源地也在这里。战后汽车业的发展和航空事业由军用到民用的转向,使北美率先进入现代旅游阶段。以经济大国美国最为突出,他不仅有强大的国

内旅游流,同时也出现了相当庞大的出国旅游队伍。国际旅游客流的主要方向是发自美国的三股客流,近距离的两股分别向北、向南到邻国加拿大和墨西哥及拉美各国。远距离旅游的主流为向东到西欧,很小的支流向西去日本。美国客流的输入刺激并推动了欧洲旅游业的恢复。此时欧洲的国际旅游业还是以接待为主。到 1950 年,欧洲接待国际旅游者的人次达 1683.9 万,占国际旅游总人次的 66.6%,外汇收入 8.9 亿美元,占国际旅游业总收入的 42.38%。形成旅游客流的这种空间格局的根本原因,归结于战后世界的经济格局,以及美国所推行的帮助欧洲经济复兴的马歇尔计划。

2.20 世纪 60—80 年代欧洲旅游业迅猛发展和世界各地旅游业广泛普及阶段

在这 30 年内,国际旅游业在全球范围内以惊人的速度发展。这表现在以下两个方面:①国际旅游人次和国际旅游业收入的迅猛增长。据世界旅游组织统计,在 20 世纪 50 年代初期,全世界国际旅游者人数只有 2530 万,国际旅游业收入仅为 21 亿美元。到 1960 年,国际旅游者人数增至 7210 万,国际旅游业收入也增至 68 亿美元。到 1980 年,全世界国际旅游者人数已达到 28484.1 万,国际旅游业收入也已达 1023.63 亿美元,与 1960 年相比,20 年之间国际旅游者总人数翻了两番,国际旅游业收入增长了近 15 倍。到 1989 年,国际旅游者人数达到 4.03 亿,国际旅游业收入达到 2087 亿美元,比 1980 年分别增长 41.4% 和 93.08%。这 30 年间,世界旅游业的发展虽然也曾因 70 年代世界性能源危机、石油价格上涨,80 年代初西方普遍出现的经济危机两次受挫,但总的发展趋势还是在快速增长。②全球形成六大旅游区。根据世界旅游组织旅游统计中通常采用的地区名称,六大旅游区分别是欧洲区(主体是广义的西欧,包括北欧、南欧)、北美区(美国和加拿大)、拉美区(墨西哥以南)、亚太区(东亚、东南亚及大洋洲)、中东区(阿拉伯文化区)和非洲区。

在 20 世纪 50 年代末 60 年代初期,世界旅游市场的客源、流向和旅游经济的分配大势就已形成。欧洲、北美是六区中势力最强大的两个旅游区。世界上 80% 的客源产生于这两个区,80% 的客流又流向这两个区,世界国际旅游收入的 3/4 也集中在这两个区。其他四个区,除个别国家(日本、澳大利亚、沙特阿拉伯、科威特)外,均属于旅游接待区。上述事实不难看出,这个阶段主要客流方向有三个,其一是各区内部的流动,其二是北半球中纬地区的两大旅游区间的对流,即所谓的北—北对流,其三是欧洲、北美两大旅游区向南部四个旅游区的流动,即所谓的北—南流动。而主要的客流量集中在北半球中纬的两大旅游区。北美,加拿大 82% 的旅游者流向美国,美国 1/3 以上的人到加拿大,两国海外旅游的主要客流量是到西欧。欧洲本土旅游占 3/4,其海外旅游的主体是北美。

对比欧洲,北美两区 30 年间旅游业的发展状况,就会发现欧洲旅游业已取代了北美在世界旅游业中的中心位置,成为旅游业最发达地区。

造成这个阶段客流方向、客流量发生变化的根本原因是世界经济中心的变化。二战后到 60 年代初,世界经济中心在美国,60 年代后世界经济中心跨越大西洋转移到西欧。在此基础上欧洲又显示出下列优势:人口密度大、数量多(西欧总人口为 3.479 亿,密度为 96.5 人/平方公里,美、加两国人口共 2.5758 亿,密度为 13.3 人/平方公里);西方文化的发源地,历史悠久、文化旅游资源丰富;对外经济、文化往来历史悠久、遍及全球;地理位置优越,欧洲位于陆半球中心位置,北美位于边缘位置(根据海陆分布相对集中的特点,除南北半球、东西半球外,又分别以西班牙、新西兰为顶划分出陆半球和洋半球)。

3. 亚太旅游业迅速发展阶段

进入 90 年代,世界旅游客流的大势没有发生质的变化,但在客流量的分配上发生了明显的变化,表现为:①欧洲、北美两大旅游区旅游接待人次和旅游外汇收入所占比例的下降;②亚、太地区旅游接待量及外汇收入在六大旅游区中增长最快,达到 9.3%,超过世界的平均增长率 4.3%。亚、太地区旅游接待量及外汇收入占世界总量的份额,仅次于欧洲、北美稳居第三位;③欧洲地区内部流向发生变化。1990 年开始欧洲的旅游中心开始由西欧转向东欧,表现为西欧接待人数平均下降 3%,东欧各国则增加 130%,匈牙利称为世界第五大接待国。

无论是世界范围的还是地区内部的变化,究其原因,居于首位的仍是世界经济中心的变化。进入 90 年代,随着生产中心、国际贸易重心从西方向亚太地区的转移,亚太地区各国经济腾飞,各发展中国家经济政策改变,扩大了与发达国家经济合作的市场,旅游则是合作前考察的最好方式。同时经济已经发达起来的亚太国家,也具备了与欧、美竞争举办各种大型国际会议、活动和展览的实力。其次是亚太地区丰富的旅游资源与高质量的自然旅游环境。

4. 21 世纪,世界旅游发展呈现出低迷增长、短波波动、敏感性强的特征

进入 21 世纪,在世界经济增长,尤其是新兴经济体和发展中国家经济快速增长的拉动下,世界旅游活动总体保持持续增长与发展的态势;但同时由于全球金融危机、局部战事、公共卫生完全等国际重大事件冲击及各种自然灾害等因素的交织叠加影响,又使世界旅游发展呈现出低迷增长、短期波动和敏感性强等特征。

四、中国旅游客流分析

中国大规模的旅游业起步较晚,像所有的发展中国家一样,以国际旅游业为起点。然而,中国旅游业的发展异常迅速,在不到 20 年的时间内就走出了由入境旅游—入境旅游和国内旅游并重—入境旅游、国内旅游、出境旅游三足鼎立的发展道路。目前中国也存在着三股旅游客流,流量最大的是国内旅游客流,其次是入境旅游客流,第三为出境旅游客流。

1. 入境旅游客流

(1)客源市场的地区结构。中国的入境旅游客流主要来自五个方向:西北、正北方向的欧洲客流,东北方向的美国、加拿大客流,正东方向的日本、韩国客流,东南方向的港、澳、台同胞和东南亚各国及澳大利亚客流。其中,来自正北、正东、东南方的客流为近地旅游客流,西北、东北的客流为远地旅游客流。近地客源是入境旅游客流的主体,港、澳、台入境旅游者人次始终居于首位,占入境总人数的 90% 以上(个别年份不足),预计这种现象在今后相当一段时间内不会改变。中国的国际旅游市场主要集中在亚、欧、北美三大区。

①在中国的国际旅游市场的客流量中,来自亚洲的客流量占国外入境客流总量的一半左右,1994 年以后上升到 60% 左右,1980 年到 1987 年,北美客流量略大于欧洲(由于欧洲经济普遍的不景气,出游人数减少),1988 年以后,欧洲客流量为美洲的两倍左右(由于欧洲各国经济的好转以及俄罗斯客流量的猛增)。到 2008 年,亚洲的韩国和日本占全国总量的 30.5%,而俄罗斯占 12.9%,美国占 7.3%,总体来看以亚洲居多,欧洲次之,最后是美洲。

②在中国十大旅游客源国中,1991 年以前,日本、美国一直为最大的两个客源国。1987 年以前,两国客流占外国入境客流总量的一半以上,1988 年以后,虽然两国入境人次绝对数值持续上升,但是所占比例大幅度下降,从 1988 年的 48.4% 到 1993 年的 28.2%,五年下降了 20 个百分点。与之相反的是俄罗斯,其客流量在 1988 年以前一直居第十三位,仅占外国入境客

流总量的 0.55%～1.9%,1989 年猛增为第三位,两年以后成为中国第一大客源国。1994 年以后,日本恢复为第一位,第二位变换在韩国与俄罗斯两国间。在 2008 年,中国旅游客源国中,韩国居第一位,占总量的 16.3%,日本、俄罗斯分居第二、第三位,分别占 14.2%、12.9%,而美国居第四位,马来西亚居第五位。

③入境旅游市场的国别构成以洲内国家和欧美经济发达国家为主,客源市场规模扩大,地区分布加广。从历年前 10 位的旅游客源国来华旅游者所占份额分析,亚洲最多,其次是欧洲、美洲发达国家。值得注意的是,日、美、俄到我国的旅游者人数只占其出游总人数的很小比例,潜力很大。随着全球经济的发展,到我国旅游的客源国也在逐步出现全球化的趋势。

这里有一点值得注意,即中国的国际旅游客源市场尽管在地区结构上是完整的,但在各地区输出的客流量中,只占极其微弱的份额。

(2)客流方向。

①入境口岸。改革开放以来,入境的游客除边境旅游的游客外,都是经北京、上海、广州这三大空港踏入国门,再分散到全国各地。北京是对外往来的重要枢纽,有通往 32 个国家和地区的 40 个城市的空中航线。广州有通向 9 个国家和地区的 10 个城市的空中航线。除此,上海和广州还分别是中国东部、南部两大海港口岸。上述三个城市是传统的入境口岸。进入 90 年代,入境口岸的上述结构没有发生质的改变。但是随着一些城市直接与国外开通航线(据统计,每增开一趟国际航班,每年就可带来一万名乘客),以及游客陌生、紧张心理的减弱,采用直飞通航城市人数的增多,入境口岸在结构上发生了明显的变化。三大城市虽然还是主要的入境口岸,但接待入境游客的比例下降。近些年来我国新开发了昆明、厦门、大连、西安、哈尔滨、成都、重庆、天津、长春、郑州、武汉、长沙、三亚、石家庄、三峡、桂林、景洪、沈阳、福州、黄山等 20 座入境空港口岸。这些口岸的开发极大地推动了我国中东部地区旅游业的发展。

②客流方向。因中国旅游业依托的主题是旅游吸引物,一直是北京的历史古迹(长城、故宫、天坛、颐和园)、上海和广州的城市风光、西安的古墓(秦兵马俑)、杭州的风光(西湖等)、桂林的山水(漓江山水、芦笛岩溶洞等)江苏的古典园林和城市风光(苏州、扬州、无锡的园林、太湖风景、南京风光等),以及上世纪 80—90 年代年推出的长江三峡、丝绸之路、黄山、武陵源、九寨沟、大理、丽江古城和玉龙雪山等。这些旅游吸引物构成中国的旅游热点地区和旅游热线。长期以来,除侨乡探亲以及到东南沿海地区往来经商的港、澳、台同胞外,海外游客的流向基本集中在旅游热点地区和旅游热线途经地区。

若从中国主要客源国的各自游客的流向来分析又不尽相同。日本人主要在北京、上海、广州、南京、西安、桂林以及大连等地流动。1993 年以来,前往云南、天津的游客人次增长较快。美国人喜欢的传统路线是四大黄金城——北京、上海、桂林、西安以及长江三峡、丝绸之路等。上世纪 90 年代除上述地区外,江苏、天津、辽宁、海南是美国游客的新方向。新加坡游客的流向是广州、北京和上海,而广州市的旅客流量相当于北京、上海两地之和;泰国游客的流向是传统的旅游热点区,近年来昆明的流量明显增加。马来西亚的游客传统方向是广州、桂林,近年来上述地区流量下降,北京、福建、云南流量增长较快。韩国游客的流向主要是北京、山东、上海、吉林、内蒙古、广东等,其中山东客流量增长速度最快,成为来山东旅游的第一客源国。西欧德、英、法三国的游客所喜欢的地区与美国游客相似,多走传统热线区。独联体各国 1990 年以来主要赴黑龙江、内蒙古、新疆等边境地区及北京,开展购物、商务旅游。

旅游地理

在国际客源市场竞争日益激烈的情况下,为巩固旧的市场份额、争取新的市场,1991年由黑龙江省联合吉林省、辽宁省、内蒙古自治区,推出跨国旅游的新项目,构成穿越中国的一种新的流向。包括:港陆俄流向,香港—沈阳—长春—哈尔滨—俄罗斯伯利—莫斯科;日中俄流向,日本—中国东北—俄罗斯;跨五国流向,东欧—俄罗斯—蒙古乌兰巴托—中国东北—朝鲜。

到2008年全年入境旅游人数13003万人次。其中,外国人2433万人次;香港、澳门和台湾同胞10570万人次。在入境旅游者中,过夜旅游者5305万人次。国际旅游外汇收入408亿美元。

2.中国的出境旅游客流

(1)中国出境旅游。出境旅游基本包括两种类型:一种是居住在边境地区的人民,到邻国探亲、购物、游览或洽谈生意,彼此往来频繁。这种旅游又称为边境旅游。另一种是到不相邻的国家或地区去旅游。

中国的出境旅游业虽然起步晚,但发展速度快,无论是在出境总人数、境外总消费,还是在各接待国和地区接待中国游客的增长率方面均很突出。

(2)中国出境旅游客流的特点。

①量小流短,但规模却在不断扩大。尽管近几年来出境旅游增长较快,但与国内旅游相比仍显得微不足道。实际上,出境旅游人数还不到国内旅游人数的1%。出境旅游的密度只有1/5000～1/400。但在2008年以后,出境旅游不断升温,规模不断扩大,中国公民出境人数达到4095.40万人次,比上年增长18.6%。据世界旅游组织预测,到2020年,中国将成为世界第四大客源国。

②边境旅游为主,流向集中。边境旅游在出境旅游中占主导地位。随着改革开放的进一步加大,同边境国家关系的改善,边境旅游已成为中国出境旅游的主要形式。当前中国公民出境旅游主要集中在亚大区欧美地区,其中亚洲已占80%左右,以港澳地区为最大,其次是韩国、日本及在盟各国。欧洲占10%,美洲约占5%。近年来赴澳大利亚和新西兰的旅客增长较多。

③出境旅游的客源地集中、数量增长较快。中国出境旅游者大多集中在于周边国家和地区相接壤的省区和北京等大城市。据有关资料显示,中国公民出境旅游的客源省市区中,处于前十位的是广东、云南、广西、辽宁、黑龙江、福建、上海、北京、内蒙古、浙江,且高度集中于北京市及环渤海地区、广东省及珠江三角洲地区、上海市及长江三角洲地区、浙江省与黑龙江省。到2009年,我国公民出境人数达4765.63万人次,比上年增长4.0%。

④出境范围大。截止2010年中国公民出境旅游目的地国家和地区达到141个,其中正式开放实施的达到110个。朝鲜、密克罗尼西亚、乌兹别克斯坦、黎巴嫩、加拿大、塞尔维亚6个国家作为中国公民出境旅游目的地的旅游业务全面启动。从2010年4月12日起,朝鲜民主主义人民共和国和密克罗尼西亚联邦正式成为中国公民组团出境旅游目的地;从2010年5月1日起,又新增黎巴嫩共和国和乌兹别克斯坦共和国。加拿大、塞尔维亚已成为中国公民组团出境旅游目的地,2010年8月15日起可以操作前往这两国的旅游业务。8月份加拿大首发团的推出,使加拿大成为热点。此外,大陆居民赴台旅游第三批开放区域,增加内蒙古自治区、西藏自治区、甘肃省、青海省、宁夏回族自治区、新疆维吾尔自治区等六省、区,并于2010年7月18日起执行。

思考题

1. 为什么旅游者对外地景观和环境很感兴趣？而对所在地兴趣不大？

2. 什么是近邻效应？你认为如何增加正的近邻效应而减少负的近邻效应？

3. 如何根据旅游者空间行为选择酒店的位置？

4. 旅游者空间行为对旅游路线的设计有什么启发？

第三章
中国的旅游资源

学习要点

1. 了解中国旅游资源与地理环境之间的内在联系以及中国旅游景观的基本类型

2. 掌握我国自然景观、人文景观和社会景观的主要类型、旅游特色、基本特征、数量及分布、代表性景观等基础性知识

3. 掌握各类旅游资源中的代表性景点并知道它们的旅游特色和旅游价值

引导案例

传说发生在宋朝时的杭州、苏州及镇江等地。白素贞是千年修炼的蛇妖,为了报答书生许仙前世的救命之恩,化为人形欲报恩,后遇到青蛇精小青,两人结伴。白素贞施展法力,巧施妙计与许仙相识,并嫁给他。婚后金山寺和尚法海对许仙讲白素贞乃蛇妖,许仙将信将疑。后来许仙按法海的办法在端午节让白素贞喝下带有雄黄的酒,白素贞不得不显出原形,却将许仙吓死。白素贞上天庭盗取仙草将许仙救活。在江南一带各地留下美丽的传说,其中杭州西湖最为盛名。

如果西湖断桥和镇江金山寺,缺少白娘子与许仙令人缠绵的爱情故事的烘托,那可能仅仅是一座断桥和一座寺庙,旅游者也不会对其产生浓厚兴趣。正是白娘子与许仙的爱情故事,使桥与寺才有了活的灵魂,吸引大量的旅游者去品味人蛇传奇之恋。

问题:许仙与白娘子的故事是不是旅游资源,是属于哪种旅游资源?

地域性是一切旅游资源最本质的特征,任何国家或地区的旅游资源都是特定地理环境的产物,中国也不例外。中国辽阔的疆域、多样的自然带、复杂的自然结构、突出的地域差异、众多的民族、多彩的民俗风情、悠久的历史、灿烂的文化以及近现代以来巨大的社会变革与新旧对比等,决定了中国旅游资源的多样性和丰富性,从而造就了千姿百态、丰富多彩的自然景色和遍布全国的风景游览胜地,在世界上具有举足轻重的地位,为中国经济的发展作出了突出贡献。

第一节　中国的自然旅游资源

自然旅游资源是在亿万年自然地理环境的演变之中形成的,具有旅游功能的事物和因素。自然环境被称为旅游的第一环境,具有资源和环境双重属性的自然旅游资源是最基本的旅游资源。根据不同自然旅游资源所属的自然环境要素,可将其分地貌景观、水域风光、生物景观和气候气象四类旅游资源。

➤ 一、地貌旅游资源

地貌指的是地表起伏的形态,也称为地形。具有旅游开发价值的各种地表形态,就是地貌旅游资源。地球表面71%的面积被海洋覆盖,只有29%的面积是陆地。因此地球表面的地貌分为海洋地貌和陆地地貌两大类。目前人类开发利用的地貌旅游资源基本上是陆地地貌。中国地貌的分类,根据形态结构,可划分五大地貌类型:即平原、高原、山地、丘陵和盆地;按照地貌的不同成因,又可把地貌分成岩溶地貌、熔岩地貌、丹霞地貌、花岗岩地貌、流纹岩地貌、风沙地貌、海岸地貌、冰川地貌、黄土地貌等。不同成因的地貌具有各自不同的美感,在一定的条件下,都可以被开发成旅游资源。

(一)中国地貌旅游资源的特点

1. 地貌类型复杂多样

陆地上五种基本地貌类型在中国都有分布,而且绝对面积都很大。地貌类型的多种多样,为旅游业的发展提供了多种多样的地貌旅游资源,非常有利于旅游业的发展。

2. 山区面积广大

在中国,人们通常把高原、山脉和丘陵合称为山区。中国山区的面积占国土面积的2/3以上。山区面积广大,虽然给农业和交通运输业带来一定的困难,但是山区的地貌景观丰富多样,自然生态相对良好,给旅游业的发展带来有利的条件。

3. 地势西高东低,呈三级阶梯分布

地势是指地表形态起伏的高低和险峻的态势。中国地势大致是西部高东部低,呈现出三级阶梯分布特征。青藏高原为第一阶梯,平均海拔4000米以上,是世界上海拔最高的地形区,称为"世界屋脊"。在青藏高原以东以北,到大兴安岭、太行山、巫山、雪峰山一线以西,为第二阶梯,平均海拔在1000~2000米之间,主要是一些高原和盆地。此线以东的中国东部地区,为第三阶梯,平均海拔在500米以下,以平原地形为主,并有低山丘陵分布。中国东西部这种巨大的高差,造成中国东西部不同区域之间的巨大自然环境差异,也形成了巨大的人文环境差异。另外,巨大的高差尤其是相邻地区之间高差的悬殊性,使中国的旅游资源多奇景和险景。

(二)中国地貌旅游资源基本概况

1. 中国地貌大势

(1)主要山脉。山是构成地形的骨架,也被称为风景的骨骼。按照海拔高度,中国的山可划分为极高山(>5000米,如珠穆朗玛峰、贡嘎山)、高山(3500~5000米,如台湾玉山、陕西太白山)、中山(1000~3500米,如庐山、泰山)、低山(500~1000米,如浙江莫干山、重庆歌乐山)、丘陵(<500米,如普陀山),山脉是沿一定方向的延伸,往往成为地形区的界线。中国地貌轮廓受地质构造的控制,山脉的排列与走向有一定的规律,在不同的构造体系影响下,中国山脉的走向有四个系列:①东西走向山脉:天山—阴山—燕山;昆仑山—秦岭—大别山;南岭(反映纬向构造体系)。②南北走向山脉:贺兰山;六盘山;横断山脉(反映经向构造体系)。③东北—西南走向山脉:大兴安岭—太行山;长白山;巫山;雪峰山;武夷山;台湾山脉(受华夏构造体系的控制)。④西北—东南走向山脉:阿尔泰山;祁连山;喜马拉雅山(受河西西域式构造体系控制)。在上述四个系列中,以东北—西南和东西走向居多。

(2)三大平原。平原一般是指海拔高度在200米以下,内部相对高差在50米以下的地形

旅游地理

区。平原给人以宽阔畅达的美感，一些河流冲积平原又往往是人类自远古以来的主要栖息地，不仅其自然风光美丽，而且人文景观荟萃，城乡繁荣发展，因此多具较好的旅游价值。中国有著名的三大平原，分别是东北平原、华北平原、长江中下游平原。它们都位于中国地势的第三阶梯，位于亚热带湿润地区，山水秀丽，湖泊众多，河网密布，有"水乡泽国"之称，盛产水稻和淡水鱼类，是中国的鱼米之乡；由于面积广大，开发历史悠久，城乡经济繁荣，是中国自然旅游资源和人文旅游资源最丰富的地区。

①东北平原。东北平原在中国东北，跨辽宁、吉林、黑龙江三省，其主要特征是：中国最大的平原，由三江平原、松嫩平原和辽河平原组成；地处温带地区，冬季有积雪覆盖的北国风光；广泛分布有肥沃的黑土，是中国春小麦、高粱、玉米和大豆的主要产区。

②华北平原。华北平原位于中国华北地区，北邻燕山，南到淮河，西侧是太行山，东邻黄、渤二海，包括冀、鲁、豫三省大部和京津平原地区，苏、皖两省一小部分。其主要特征是：中国第二大平原，由黄河、海河和淮河冲积而成，是中国最重要的棉麦产区。

③长江中下游平原。长江中下游平原位于巫山以东，分布于长江干支流两岸地区，包括鄂、湘、赣、皖、苏、浙的一部分和上海市的全部，主要由长江冲积而成，素有"鱼米之乡"的美誉，河阔密布，水量充足。

（3）四大高原。通常把海拔超过500米（在中国通常超过1000米），面积较大、地面起伏平坦的地区称为高原。高原以其高亢、辽远的空间美感，以及特殊的高原气候、自然环境和民俗特征，给人带来特殊的体验和神秘感，由此具有观光、休养、考察、探险等多种旅游价值。高原与平原的主要区别是海拔较高，它以完整的大面积隆起区别于山地，高原素有"大地的舞台"之称。中国有著名的四大高原，分别是青藏高原、黄土高原、内蒙古高原、云贵高原。

①青藏高原。青藏高原是中国最大、世界海拔最高的高原。位于中国西南部，包括青海和西藏的全部，故名青藏高原，高原还延伸到四川省西部和云南省西北部。其主要特点是：地势高，被誉为"世界屋脊"，平均海拔在4000米以上；雪山冰川广泛分布；冬寒夏凉，昼夜温差大，太阳辐射强，日照长，拉萨是全国有名的日光城；地热资源丰富，有许多温泉和沸泉；高原上还有许多湖泊，较大的有青海湖和纳木错湖；高原的冰雪融水成为许多大河的源头，比如长江、黄河、雅鲁藏布江、南亚的印度河等。这些独特的条件，蕴含着大量特殊的旅游资源。雅鲁藏布江大峡谷的发现；藏族地区独特的宗教与民情，都使青藏高原成为旅游者心中的向往之地。随着青藏铁路的建设，青藏高原的旅游业越来越兴旺。

②黄土高原。黄土高原位于中国中原地区，祁连山以东，太行山以西，长城以南，秦岭以北，包括山西省的全部，陕、甘、宁三省区的一部分。这里是全世界黄土分布最广、最深厚的地方。其主要特点是：地表破碎，沟壑纵横；植被稀少，水土流失严重。尽管从自然生态的角度，黄土高原被破坏的比较严重，但是那粗犷的高原面，古朴的窑洞民居，悠久深厚的民族文化，热情豪放的民风，使黄土高原成为中华民族寻根问祖、探求民族古老文化、体验中原古朴民风的旅游胜地。

③内蒙古高原。内蒙古高原位于中国的北部，是中国的第二大高原。东起大兴安岭，西至马鬃山，南沿长城，北接蒙古，为蒙古高原的一部分。内蒙古高原辽阔坦荡；东部为温带草原，西部荒漠、沙漠、戈壁广布。内蒙古高原天苍苍、野茫茫的大草原，粗犷豪放的蒙古民族风情，成为其主要的旅游吸引因素。

④云贵高原。云贵高原位于中国西南部，云南省的东部和贵州省的大部分，广西西北部和

四川、湖北、湖南等省边境。其主要特点是:地面崎岖不平,多山间小盆地;多深切峡谷,如云南虎跳峡等;石灰岩广泛分布,多典型的岩溶地貌。这些形态各异的岩溶地貌,加之高原上多彩多姿的少数民族风情,形成云贵高原众多的旅游胜地。

(4)丘陵。通常把海拔高度低于500米,相对高度小于200米,坡度较缓的地形称为丘陵。丘陵起伏比山地和缓,但两者难以截然分开。因此丘陵既具有山地的旅游价值,同时又可能具有更丰富的人文景观。丘陵也容易被开发成果园和茶园,发展观光农业条件最好。中国的三大丘陵主要分布在东部阶梯上,分别是东南丘陵、山东丘陵和辽东丘陵。三大丘陵中海拔较高、植被覆盖良好、人文景观丰富的一些山地,往往成为名山。三大丘陵是中国名山最集中的地方,像东南丘陵中的黄山、庐山、九华山、雁荡山、武夷山、衡山、张家界等,山东丘陵中的泰山、崂山等,辽东丘陵中的千山、步云山、黑山、绵羊顶子山等。

(5)盆地。四周高中间低,相对高差一般在500米以上的地貌类型。盆地往往是众水汇集之地,多具有与冲积平原相类似的旅游价值。中国有著名的四大盆地,分别是塔里木盆地、准噶尔盆地、柴达木盆地和四川盆地。

①塔里木盆地。塔里木盆地位于新疆南部,天山和昆仑山之间。这是中国面积最大的盆地。其主要特征是:内部沙漠广布,有中国最大的沙漠——塔克拉玛干大沙漠,面积有50多万平方千米;周边山前地区多绿洲,是重要的农耕区。

②准噶尔盆地。准噶尔盆地位于新疆北部,天山和阿尔泰山之间。这是中国面积第二大的盆地。其主要特征是:有较大面积的沙漠,多为半流动的性质;典型的风蚀地貌广布。北疆的乌尔和因其典型的雅丹地貌,成为远近闻名的"魔鬼城"。

③柴达木盆地。柴达木盆地位于青藏高原北部,青海省境内,是中国海拔最高的盆地。历史上这里曾经是个大咸水湖,后来随着地势的抬升,高原变得越来越干旱,大咸水湖就变成了大干盐湖。柴达木盆地有"聚宝盆"的美称,因为它蕴含有大量的盐类,被称为"万丈盐桥",同时还蕴涵有大量的煤炭、石油、钾盐和铅锌矿等矿产。

④四川盆地。四川盆地位于四川省东部和重庆市的西部。这是中国最大的外流盆地,也是中国最富饶的盆地。其主要特征是:天府之国,物产富饶;长江干流穿过,支流众多,水热资源丰富;名山秀水,加上大量的人文旅游资源。因此四川盆地是中国旅游业最发达的盆地。

以上构造地貌是中国地貌形态的主体骨架。但是,平原仅占中国国土总面积的12%,盆地占19%,高原占26%,山地和丘陵分布最广,约占43%。

2.常见的地质地貌的特征及在中国的分布

(1)花岗岩地貌。花岗岩是地表最常见的酸性侵入岩。中国众多的名山景观中,由花岗岩所构成的景观为数最多。泰山、黄山、华山、衡山、九华山、崂山、千山、天台山等都是由花岗岩构成的名山。花岗岩地貌景观的突出特点表现为:第一,主峰突出。花岗岩地貌节理发育经过抬升作用,可形成高大挺拔的山体,使主峰十分明显。第二,象形石峰。花岗岩因为十分坚硬,在漫长的地质年代中,表面多呈"球状风化",形成浑圆的"石蛋",或其他各种惟妙惟肖的象形石峰。如黄山的怪石就是黄山"四绝"之一。第三,危崖峭壁。花岗岩山地岩体垂直节理发育,经流水切割侵蚀或风化崩塌作用,常出现大面积的危崖峭壁,峰林深堑。第四,雄伟险峻。主峰高大挺拔,周围群峰簇拥,各种奇妙的石蛋和象形石峰,共同构成花岗岩地貌的最直观印象,即它们的雄伟险峻。像中国自古就有"泰山天下雄"、"华山天下险"之说,就是这个道理。

(2)流纹岩地貌。流纹岩是酸性喷出岩。中国流纹岩山地以浙江省为最多,著名的有雁荡山、天台山、会稽山以及西湖附近的宝石山等。流纹岩地貌的特点表现为：第一，流纹状构造。在岩浆流出地表后的冷凝成岩过程中，形成了具有不同颜色流纹状构造。第二，变幻造型。流纹岩岩体多节理和裂隙，经过构造上升，河流下切，重力崩塌，常常造成造型奇特的微地貌。像奇峰、异洞、幽谷、峭壁、石柱和石磴等，这些造型不仅丰富逼真，而且同一景物从不同时间、不同角度观看，还会步移景换，呈现多种不同的形态特征。比如浙江雁荡山的著名造型峰岩灵峰，在不同时间不同角度，可变幻成双手相合、雄鹰展翅、夫妻幽会等形象，因此又有合掌峰、雄鹰峰和夫妻峰等名称。

（3）岩溶地貌。岩溶地貌是指碳酸盐类岩石（主要是石灰岩）为主的可溶性岩石，在以水的溶蚀为主的内外力作用下形成的地貌。岩溶地貌又称喀斯特地貌，因近代岩溶地貌研究始于前南斯拉夫西北的喀斯特高原而得名。中国的岩溶地貌分布很广，是世界上岩溶地貌分布最广、最典型的国家，面积约为100多万平方千米。中国一半以上省区都有岩溶地貌分布，而以广西、贵州和云南东部最为广泛和典型，成为世界上最大的岩溶地貌典型发育地区。其特点表现为：第一，石峰、石林和石芽。石峰有峰丛、峰林及孤峰，石林和石芽也有多种造型。上述景观地貌在中国以广西桂林和云南路南石林最具代表性。第二，岩溶洞穴。中国著名的岩溶洞穴有：广西桂林的芦笛岩、七星岩，南宁的伊岭岩，贵州安顺的织金洞、龙宫洞，江苏宜兴三洞，浙江桐庐的瑶琳仙境，北京石花洞，辽宁本溪水洞，广东肇庆七星岩等。第三，石灰华。四川黄龙是中国最大的石灰华岩溶景观分布区，密布着3000多个石灰华五彩水池，乳黄色的石灰华堆积成的岩溶边坝，犹如梯田，景色异常迷人。

（4）熔岩地貌。熔岩地貌是地下岩浆涌出地表所形成的地貌。因地壳断裂、新构造运动或板块运动，地下岩浆涌出地表而形成熔岩流，同时还伴有大量气体和其他火山物质喷发。火山喷发过后，便会遗留下各种不同类型的熔岩地貌，主要有火山锥、熔岩台地、火口湖、堰塞湖等。全世界约有2000座死火山，500多座活火山，主要分布在环太平洋火山地震带和地中海—喜马拉雅火山地震带，以及东非的火山带。由于中国位于前两大火山地震带之间，因此火山活动也较为频繁，各种类型的火山熔岩景观，已经成为富有吸引力的旅游资源。中国熔岩地貌主要分布在东北地区，如黑龙江省五大连池、黑龙江省镜泊湖、吉林省白头山天池、云南腾冲火山群、台湾大屯火山群等。

（5）丹霞地貌。丹霞地貌是红色砂砾岩在内外应力作用下发育而成的方山、奇峰、赤壁、溶洞等特殊地貌。此种地貌最早发现于广东仁化丹霞山，因此得名。丹霞地貌的主要特点是：碧水丹山，精巧玲珑，方山峭壁，峰奇洞幽。其主要分布在中国长江以南各省区，代表性的名山有广东丹霞山和福建武夷山等。此外，广东坪石的金鸡岭、河北承德的磐锤峰和僧帽山、安徽的齐云山，以及湖南武陵源的大部分景区也属于此种地貌。

（6）海岸地貌。海岸地貌是海岸在地质构造运动、海浪潮汐的冲刷堆积以及生物气候等多种因素共同作用下形成的地貌类型。根据构成海岸的地表形态和组成物质的差异，可以把海岸地貌分成最基本的三大类：山地海岸，又称为岩岸，是山地与海洋直接相接的海岸地貌类型；平原海岸，又称为沙岸，是平原与海洋直接相接的海岸地貌类型；生物海岸，是由生物构成的海岸，基本有红树林海岸和珊瑚海岸两种。海岸地貌主要分布在中国的杭州湾以南的多岩岸、杭州湾以北的多沙岸、福建省福鼎以南的大陆海岸、广东雷州半岛、海南岛沿岸以及南海诸岛。

（7）其他地貌。

①风沙地貌。风沙地貌主要有两种类型：其一是风积地貌，其二是风蚀地貌。其主要分布

在中国西北内陆的干旱地区,形成一系列大沙漠。

②冰川地貌。冰川地貌主要是由冰川的侵蚀和堆积作用形成的地貌。巨厚的冰川在缓慢流动过程中,产生很大的刨蚀作用,从而在山体雪线以上形成角峰、冰斗、刃脊以及宽广的 U 形冰川谷、峡湾和冰蚀湖盆等冰蚀地貌;同时在雪线以下地区,由冰川消融形成各种冰碛物堆积地貌。其主要分布在中国的西部高山和高原地区,如青藏高原、喜马拉雅山、昆仑山、念青唐古拉山、横断山、祁连山、天山和阿尔泰山等。

③黄土地貌。中国黄土高原是世界上最大的黄土分布区,黄土层深厚,各种地貌类型典型。由于黄土垂直节理发育,使黄土高原具有独特的黄土塬、黄土梁、黄土峁、黄土坪等地貌,还有独特的窑洞民居形式,因此黄土地貌也是一种独特的地貌旅游资源。

3.中国的名山概览

名山是山地旅游资源中具有特别重大旅游意义的类型。所谓名山,即指自然风光秀美,景物奇特,可供游人欣赏、游览的山地、丘陵,一般都经过人类长期的宗教、文化等活动的影响而形成了丰富的人文景观。从成因来看,中国的名山主要有两大类:以历史文化为主构成的名山和以自然因素为主构成的名山。这些名山主要有五岳、四大佛山、道教名山、风景名山和极高山等几大类型。

(1)五岳。五岳之制始于汉代,较早的记载见《尔雅·释山》。是以中原为中心,由历代帝王根据封禅祭天、巡幸天下的需要,按地理方位加封的五座山。包括东岳泰山、西岳华山、南岳衡山、北岳恒山、中岳嵩山。在中国,五岳占有显著地位,因为它们不仅自然风景优美,各具特色,而且文化底蕴深厚,是自然景观美和人文景观美有机统一的地域空间综合体。

①泰山。泰山位于山东泰安。泰山又叫岱山、岱宗,为五岳之东岳,是古老的花岗岩和片麻岩构成的断块山,主峰玉皇顶海拔 1545 米。因其位于山东丘陵与华北平原之间,相对高差达 1300 多米,故显得巍峨挺拔,以雄伟著称,有"泰山如坐"之说。作为五岳之首,泰山又有"五岳独尊"之美称。《论语》上记载孔子"登东山而小鲁,登泰山而小天下"。泰山风景名胜很多,有岱庙、红门宫、经石峪、中天门、五大夫松、南天门、岱顶的唐摩崖、碧霞祠等。在岱顶还可以欣赏泰山四大自然奇景:旭日东升、晚霞夕照、黄河金带、云海玉盘。历史上由于历代君主登泰山封禅,泰山庙宇众多,碑刻林立,人文景观异常丰富,被称为"中国历史的立体画卷"。泰山自然风光和人文景观紧密融合,是中国名山之精华,于 1987 年被联合国列为世界自然与文化双重遗产。

②华山。华山位于陕西华阴,为五岳之西岳,山有东、西、南、北、中五峰,又分别名为朝阳峰、莲花峰、落雁峰、云台峰和玉女峰。华山五峰环峙,最高峰南峰海拔 2200 米,为五岳中最高者。北魏地理学家郦道元在《水经注》一书中,有"远而望之若华状"之记载,这可能就是华山之名的来源。华山由花岗岩岩株出露地表而成,山体由平地拔起,四面陡立如削,有"华山如立"之说,"卓杰三峰出,高奇四岳无"被誉为"奇险天下第一山",有西岳庙、玉泉院、毛女洞、玉女祠等道教景观,更有百尺峡、长空栈道、老君犁沟、苍龙岭、擦耳崖等险景。

③衡山。衡山位于湖南衡山县,为五岳之南岳,是五岳中唯一一座位于亚热带湿润地区的山体。72 峰挺拔秀丽,古木参天,终年苍翠,有"五岳独秀"之称。祝融峰之高,方广寺之深,藏经殿之秀,水帘洞之奇合称"衡山四绝"。山上还有著名的南岳大庙、南岳书院等古迹。

④恒山。恒山位于山西浑源县,为五岳之北岳,主峰海拔 2017 米,高居五岳第二;分东西两峰,东为天峰岭,西为翠屏山,两峰对峙,浑水中流,地势险要,自古为兵家必争之地。北岳其

旅游地理

景色在五岳中以幽著称。恒山之翠屏峰上有北魏所建的悬空寺,附近还有应县木塔等著名古迹。

⑤嵩山。嵩山位于河南登封县,为五岳之中岳。山体东西绵亘,嵩顶峻极峰海拔 1440 余米,以峻著称。嵩山古迹众多,主要有汉代三阙、北魏嵩岳寺塔、少林寺、中岳庙、嵩阳书院、元代观星台等。尤其是少林寺,有"天下第一名刹"之名,嵩山的旅游热多因少林寺而兴起。

(2)佛教名山。在中国,有"天下名山僧占多"之说。宗教尤其是佛教,在中国名山发展中起着重要作用。远离尘世、风景优美、环境清幽的山林之所,自东汉佛教传入中土以来,就成为佛寺的主要选址。其中山西的五台山、四川的峨眉山、安徽的九华山、浙江的普陀山,分别被设为佛教四大菩萨文殊、普贤、地藏、观音之道场,历史上兴建寺庙较多,成为地方佛教中心,因此被称为四大佛教名山。明代有"金五台,银普陀,铜峨眉,铁九华"之说,以区别四大佛山在信徒心目中的地位。

①五台山。五台山位于山西省五台县,五台山因山有五峰,顶平如台,故名五台山。五台山最低处海拔仅 624 米,最高处海拔达 3061.1 米,为华北最高峰,有"华北屋脊"之称。2009年被联合国教科文组织以文化景观列入世界遗产名录。山上四月解冻,九月即雪,山中盛夏气候凉爽宜人,又名清凉山。东汉年间始建佛寺大孚灵鹫寺,即今之显通寺。为文殊菩萨的道场,四大佛山之首。现存寺庙 58 座,遍布五台山全境。其中最著名者有塔院寺、显通寺、菩萨顶、殊像寺、罗睺寺,称为五台山"五大禅寺"。唐建南禅寺,为中国现存最早的木构建筑。佛光寺也是唐代建筑,在东南亚一带极负盛名,被称为"亚洲佛光"。

②峨眉山。峨眉山位于四川峨眉县,最高峰万佛顶海拔 3099 米。山体巍峨雄伟,气势磅礴,景色秀丽,向有"峨眉天下秀"之誉。1996 年 12 月 6 日,峨眉山—乐山大佛作为文化与自然双重遗产被联合国教科文组织列入世界遗产名录。峨眉山东汉年间就建有佛寺,是普贤菩萨的道场。其主要寺庙有报国寺、伏虎寺、清音阁、洪椿坪、万年寺、洗象池及金顶正殿等。万年寺中的宋代普贤铜像,是珍贵的历史文物。峨眉山气候暖湿,动植物种类繁多,还有珙桐、小熊猫等珍稀物种,被誉为"自然博物馆"。峨眉山猴子众多,也给游人带来很大乐趣。峨眉山风景秀美,日出、云海、佛光、神灯是其四大奇景。

③九华山。九华山位于安徽青阳,东晋以来始建佛寺,唐末辟为金地藏王道场。山有 99峰,十王峰最高,海拔 1342 米,素有"东南第一山"之称。现为国家 5A 级旅游区、全国文明风景旅游区示范点。千百年来山中古刹林立,香烟缭绕。现存大小寺庙 80 余座,著名的有化城寺、肉身宝殿、百岁宫等。百岁宫内还供奉有明代"无暇禅师"的装金真身佛像,尤为罕见。

④普陀山。普陀山是浙江舟山群岛中的一座岛屿,早在五代后梁时期,佛教开始传入,成为观音菩萨的道场。2007 年 5 月 8 日,经国家旅游局正式批准,为国家 5A 级旅游风景区。最盛时有佛寺 80 余座,古人赞誉其为"海天佛国"、"南海胜境",在东南亚佛教界、华侨和日本人中有深远影响。现存佛寺以普济寺、法雨寺、慧济寺等三大寺最为有名。普陀山海拔只有 290余米,但自然景观奇秀,佛教建筑与奇特的自然景观,构成普陀山"五绝",即寺院、金沙、奇石、潮音、幻景。"海上有仙山,山在虚无缥缈间",普陀山以其神奇、神圣、神秘,成为驰誉中外的旅游胜地。

(3)道教名山。道教是中国土生土长的宗教,是在东汉时期产生的,首创者为张道陵,尊老子为道教教祖,以《道德经》为经典,逐渐发展形成正一和全真两大教派。道教崇尚修仙成道,认为虚无缥缈的高山胜岳、奇峰异洞,是神仙出没之所,在这样的地方修行,更容易成仙得道,于是在中国历史上逐渐形成很多道教的"洞天福地"。在众多的道教名山中,人们又常把武当山、青城山、龙虎山和齐云山称为道教四大名山。

①武当山。武当山位于湖北省丹江口市境内,方圆 400 千米,兼有雄、奇、险、秀、幽等综合优势。72 峰、36 岩、24 涧、11 洞、9 泉、3 潭等景观,构成武当山美不胜收的天然图画。它是中国最大的道教名山,也是中国唯一的一座纯粹的道教名山。历代著名道家如唐代的吕洞宾、明代的张三丰等,有很多曾在此修炼。山上道教建筑众多,有"五里一庵十里宫,丹墙翠瓦望玲珑"的诗句,概括武当山建筑的规模和气势。

②青城山。青城山位于四川成都西北,诸峰环峙,状如城郭,林木青翠,终年常绿,故名青城山。不仅是道教名山,也是避暑旅游胜地,素有"青城天下幽"之誉。曾是道教创始人张道陵修行之所。

③龙虎山。龙虎山位于江西省鹰潭附近贵溪县境内,相传是张道陵炼丹之处。"山不在高,有仙则灵",此地建有天师府,前后有 63 代张天师在此居住,为道教正一派发源地。

④齐云山。齐云山位于安徽修宁县境内,山中有奇峰异洞,道教庙宇宏伟壮观,清乾隆帝曾称之"天下无双胜景,江南第一名山"。自唐朝始建寺观,宋代以来一直是中国道教圣地。著名道观有三清殿、文昌阁等,山上还保存有大量石碑和摩崖石刻。齐云山还以风景奇丽著称。主峰白云岭,海拔 1000 余米,为典型的丹霞地貌。丹崖绝壁,怪石嶙峋,流泉飞瀑,以幽、奇、险、丽著称于世。

此外,四川的鹤鸣山、江西的三清山、江苏的茅山、山东的崂山、陕西的终南山、甘肃的崆峒山等,均为道教名山。这些道教名山共同的特点是山高林密、烟云缭绕、奇峰异洞、飞瀑流泉,而且往往有道教传说,因此现在很多道教名山都成为闻名中外的旅游胜地。

(3)风景名山。风景名山是中国重要的自然和文化遗产。其独特之处就是融入了深厚的历史文化,蕴藏着很深、非常辉煌的历史文化内涵。

①安徽黄山。黄山属黄山市,为花岗岩断块山,原名黟山,后因传说黄帝在此炼丹而改名黄山。全山号称七十二峰,最高峰为莲花峰(1864 米),其次为光明顶(1860 米),最雄峻者为天都峰(1810 米)。黄山奇美景色冠绝海内各山。徐霞客云:"登黄山,天下无山,观止矣",遂有"黄山归来不看岳"之评说。黄山有"奇松、怪石、云海、温泉"四绝,素有"天下第一奇山"的美誉。

②江西庐山。江西庐山位于江西省九江市南,北邻长江,东滨鄱阳湖。相传周时匡氏七兄弟在此结庐隐居,故庐山别称匡山、匡庐。最高峰大汉阳峰,海拔 1474 米。庐山虽地处内陆,但因襟江带湖,水汽丰沛,属亚热带湿润山地气候,冬长夏短,为中国著名的避暑胜地。庐山自然风光以奇峰、劲松、飞瀑、流泉为特色,可谓"匡庐奇秀甲天下"。庐山还是中国著名的文化名山,中国佛教净土宗的发源地,有三大名寺、五大丛林,一度成为南方佛教中心。白鹿洞书院为中国四大书院之一,并一直是中国封建时期文化中心之一。

③雁荡山。雁荡山坐落于浙江温州乐清境内,又名雁岩、雁山,因"山顶有湖,芦苇丛生,秋宿之"而得名,为中国十大名山之一。雁荡山根植于东海、史称"东南第一山",素有"海上名山"的美誉。雁荡山山水形胜,灵峰、灵岩、大龙湫被称为"雁荡三绝"。

➤二、水体水景旅游资源

水体作为重要的构景要素之一,有"风景的血脉"之美誉,水体同时具备普遍吸引力和参与性的康乐型自然旅游资源,中国水域面积广大,构成水体旅游资源的类型时要有河流、湖泊、瀑布、涌泉、冰川等,类型齐全,内涵丰富。

(一)河流

1.中国河流概况

(1)河流数量。中国是一个山高水长、江河众多的国家,流域面积在100平方千米以上的河流有50000多条,流域面积在1000平方千米以上的河流超过1500条。据统计,如果把全国大大小小的河流长度加在一起,总长度达到42万千米。其中长度在1000千米以上的河流有20条。它们是:长江及其支流汉江、嘉陵江、沅江、乌江、黄河、黑龙江及其支流松花江、额尔古纳河、嫩江、珠江及其支流郁江、雅鲁藏布江、澜沧江、怒江、辽河、海河、淮河、额尔齐斯河、塔里木河。

(2)外流河与内流河。直接或间接注入海洋的河流为外流河。不注入海洋,而是注入内陆湖泊或中途消失的河流,则为内流河。外流河的流域为外流区,内流河的流域为内流区。中国内外流区域的界线,大体沿着大兴安岭、阴山、贺兰山、祁连山东端、巴颜喀拉山西端、冈底斯山划一条线,此线东南地区为外流区域,此线西北地区为内流区域。它们的特征主要如下:

①中国外流河的水文特征。秦岭—淮河以南的河流,由于降水丰富,地表植被良好,又处于亚热带和热带地区,河流往往具有水量丰富、汛期长、含沙量小、无结冰期等特征。而秦岭—淮河以北的河流,则往往是水量小、汛期短、含沙量大、有结冰期,而且越往北方,结冰期越长。

②中国内流河的水文特征。内流河大多为季节性河流,一年中大部分时间是干涸的。许多河流因流经沙漠戈壁,河水被大量蒸发、下渗,加上沿途灌溉用水,使水量迅速减少,往往流程不长便在中途消失。如位于新疆南部的塔里木河,是中国最长的内流河,其河水主要来自天山和昆仑山的冰雪融水,每年7—9月为汛期,10月以后,水量大减,中下游河道经常断流。

2.中国综合性大型河流旅游资源

(1)长江。长江是中国第一大河。它发源于青藏高原青海省的唐古拉山的主峰各拉丹冬雪山,流经青、藏、川、滇、渝、鄂、湘、赣、皖、苏、沪11个省级行政区,在上海注入东海。全长达6397千米,仅次于非洲的尼罗河和南美洲的亚马逊河,是世界第三长河。长江分上中下游三个河段。上游从源头—湖北宜昌,落差大,峡谷多。著名峡谷有云南境内的虎跳峡,重庆与湖北交界的长江三峡。中游从湖北宜昌—江西湖口,多支流,多曲流,多湖泊。著名支流有汉江、湘江、赣江等,著名湖泊有洞庭湖、鄱阳湖等。下游从江西湖口到入海口,江阔水浅,两岸名城众多,像著名的南京、镇江、扬州、南通以及上海等。

长江旅游线上最著名的风景区当属长江三峡,也是长江旅游的热点,1985年被选入中国十大风景名胜。它西起重庆奉节县的白帝城,东至湖北宜昌的南津关,全长近200千米。最西面的是瞿塘峡,从白帝城到大溪镇,长8千米,以雄著称,有"夔门天下雄"之说。瞿塘峡雄伟壮观,名胜古迹很多,以粉壁石刻为最,还有古栈道遗迹、古人悬棺、诸葛八阵图、刘备托孤的白帝城等;中间为巫峡,西起巫山大宁河口,东到湖北巴东的官渡口,全长40千米,以秀著称。著名的巫山十二峰屹立在南北两岸,挺拔秀丽,是三峡山水美景最迷人的一段,其中最著名的是神女峰;最东面的是西陵峡,西起香溪河口,东到南津关,全长约70千米,滩多水急,以险著称。著名的葛洲坝水电站和三峡工程,举世瞩目,还有黄陵庙、三游洞等名胜。

在三段峡谷之间,为两段宽谷。瞿塘峡与巫峡之间,是大宁河宽谷。大宁河小三峡,全长有50千米,其形胜如《蜀中名胜记》所描写的"众峰巉绝,如削如画"。有人认为小三峡很多方面可和大三峡相媲美；在巫峡和西陵峡之间，为香溪宽谷。这里有秭归县的屈原故里，兴山县的昭君故里。

（2）黄河。黄河是中国第二长河，全长5464千米，发源于青藏高原青海省巴颜喀拉山北麓，流经青、川、甘、宁、内蒙古、陕、晋、豫、鲁等9个省级行政区，在山东境内入渤海。黄河从源头—内蒙古河口镇为上游，水流清澈，峡谷众多。著名峡谷有龙羊峡、刘家峡、青铜峡等十几个大峡谷，还有被称为"塞上江南"的宁夏平原和河套平原。中游从内蒙古河口—河南孟津，主要奔腾于晋陕峡谷中，因黄土高原土质疏松，地表植被缺乏，水土流失严重，致使黄河形成含沙量高居世界各大河流之首的混浊河水，显出"黄河"之本色。著名的壶口瀑布和三门峡都在这一段。下游从河南孟津—山东入海口，因泥沙沉积，形成"地上河"，有些河段高出平地达10米左右。

黄河的旅游价值主要在于它的人文方面。黄河被称为"母亲河"，黄河流域是中华文明的摇篮，留下大量的文物古迹，咸阳、西安、洛阳、开封等，都是历史古都；兰州、银川、呼和浩特、郑州、济南等则是黄河干流上的省会或首府城市。黄河壶口瀑布是黄河上唯一的瀑布，是中国第二大瀑布，景色壮观，有"黄河之水天上来"之势。近些年，宁夏和内蒙古河段，开展了漂流活动，乘坐羊皮筏与牛皮筏漂流，极富刺激性和吸引力。

（3）三江并流。三江并流是指金沙江、澜沧江和怒江三条发源于青藏高原的大江在云南省境内自北向南并行奔流400千米，穿越横断山脉纵谷地区，形成世界上罕见的"四山加三江"江水并流而不交汇的奇特自然地理景观。三江并流地处东亚、南亚和青藏高原三大地理区域交汇处，是世界上罕见的高山地貌，是中国生物多样性最丰富的区域，同时也是世界上温带生物多样性最丰富的区域。该地区是16个少数民族聚集地，少数民族风情多姿多彩，是世界上罕见的多民族、多语言、多种宗教信仰和风俗习惯并存的地区。

（4）漓江。在中国，有"桂林山水甲天下，阳朔山水甲桂林"之说。美丽的漓江就是连接桂林与阳朔的一条纽带。它位于广西，属珠江水系，北起兴安，南至梧州，全长400余千米。从桂林象鼻山开始，青峰夹岸，绿水萦洄，峡谷峭壁，悬泉飞瀑，绿洲险滩，奇洞美石，景致万千，画卷随着游船顺流而下逐渐展开，尤以草坪、冠岩、杨堤、兴坪为胜，到达阳朔碧莲峰时为佳胜顶点，组成了一幅长达83千米的锦绣画卷。从北向南，沿江著名的景点有：穿山、斗鸡山、父子岩、冠岩、绣山、白虎山、画山等。

（5）京杭大运河。京杭大运河北起北京，南至杭州，全长1794千米。它始凿于春秋时期，后经隋、元两代两次大规模扩展，使运河先后通达洛阳和北京。京杭大运河是世界上最长、最古老的运河，在中国历史上发挥过重要作用。它贯穿京、津、冀、鲁、苏、浙六省市，沟通海河、黄河、淮河、长江和钱塘江五大水系，在南粮北运、北煤南运中，从古至今都在发挥重要作用，极大促进了南北方的政治经济和文化交流。在旅游日益发展的今天，大运河的旅游价值也得到了开发利用。作为水上旅游线，主要是大运河从江苏扬州—浙江杭州之间这一段。在运河上乘坐仿古龙舟，评古论今。沿途可观赏杭州、苏州、无锡、镇江、扬州等旅游名城，美丽的江南园林和水乡风光可尽收眼底。

此外我国主要风景河溪还有浙江省的新安江——富春江、楠溪江；福建武夷山的九曲溪；贵州省的荔波樟江、舞阳河；湖南的湘江、猛峒河；四川的九寨沟、大渡河；湖北的香溪、神龙溪；云南的大盈江、瑞丽江；海南岛的万泉河；东北山区的松花江、乌苏里江、牡丹江、鸭绿江等。

(二)湖泊旅游资源

陆地表面洼地积水形成比较宽广的水域,称为湖泊。中国是世界上湖泊众多的国家,天然湖泊面积在 1 平方千米以上的湖泊就有 2800 多个,总面积达 8 万平方千米。此外还有大量的小型湖泊,众多的人工湖泊即水库。中国的许多湖泊风景秀丽,文物古迹丰富,并且伴随有美丽动人的神话传说,又经过人工改造和装饰,具有自然和人文景观的双重美,成为历史悠久的游览名胜。最具代表性的湖泊旅游资源主要有青海湖、五大淡水湖、杭州西湖、武汉东湖等。

1.青海湖

青海湖古称西海,蒙语叫"库库诺尔",藏语叫"错温布",均表示"蓝色湖泊"之意,是中国最大的湖泊,位于西宁市西 100 多千米处,是中国最大的内陆咸水湖。环湖油菜金黄,绿草如茵,群山环绕。湖中碧波万顷,水天相接,鸥鸟纷飞。许多小岛点缀其间,使人流连忘返。其主要景点有:鸟岛、日月山和倒淌河。鸟岛地处湖的西北,每年冬去春来,各种候鸟来此安家落户,生儿育女,到处是鸟巢、鸟蛋,鸟鸣鼎沸,声扬数里,群鸟飞处铺天盖地,是名副其实的鸟的天堂。日月山位于青海湖东岸,相传唐朝文成公主远嫁吐蕃,路过此地,将所带铜镜摔碎化作日月二山,河神感动,从此倒淌向西流去。

2.鄱阳湖

鄱阳湖位于江西省北部,是中国最大的淡水湖。湖的西北即为中国著名避暑胜地庐山。匡庐奇秀与鄱阳湖水,构成一幅天下最美的山水图画。鄱阳湖还是中国最大的鸟类自然保护区,湖边沼泽地生活着很多种水禽,是观鸟的好去处。

3.洞庭湖

洞庭湖位于湖南省北部,岳阳古城西面,是中国第三大淡水湖。唐朝刘禹锡《望洞庭》诗云:"湖光秋月两相和,潭面无风镜未磨。遥望洞庭山水色,白银盘里一青螺"。湖中君山,山上茂林修竹,尤其是二妃墓和柳毅井,极具神话色彩。传说上古时舜帝南巡,崩于苍梧,帝之二妃在君山得到消息,抚竹痛哭,殉情而死,葬于君山即为二妃墓。二妃眼泪落在竹子上,便成斑竹,也叫湘妃竹。"斑竹一枝千滴泪"就是指此典故。柳毅井则来源于在中国南方家喻户晓的"柳毅传书"的故事。登上岳阳楼,俯瞰洞庭湖,湖光胜景尽收眼底。北宋范仲淹在《岳阳楼记》中,赞美洞庭湖"衔远山,吞长江,浩浩汤汤,横无际涯;朝晖夕阴,气象万千。"

4.太湖

太湖是中国第二大淡水湖,位于苏、浙两省之间。太湖周围是中国最负盛名的鱼米之乡,物产富饶。湖上烟波浩渺,湖岸山峦起伏,湖中岛屿座座,有果树成林的洞庭西山和洞庭东山,有"包孕吴越"的半岛鼋头渚。太湖周围名城环绕,北有太湖明珠无锡,东有水城苏州,西有陶都宜兴,南有嘉兴、湖州等。因此作为旅游资源,太湖是与周围众多名城连为一体,兼有山水之胜与人文之美。

5.滇池、洱海

滇池位于昆明市西南,又名昆明湖。它南北狭长,为一断层湖,两岸金马、碧鸡二山夹峙,大观楼伫立北岸,水天一色,气象万千。洱海位于云南大理之西,苍山东麓,因形状如耳、湖大如海,故名洱海。苍山洱海历来是大理最著名的胜景,素有"银苍玉洱"之誉。

6.千岛湖

千岛湖即新安江水库,位于浙江省西北,原为钱塘江上源新安江,建水库后成为湖泊风景区。湖中有上千个岛屿,故名千岛湖。千岛湖湖水蔚蓝清澈,山岛绿茵苍翠,岛上还放养猕猴、蛇和各种鸟类,已成为著名风景区。

7.杭州西湖

杭州西湖位于杭州城西,因此得名。杭州西湖很小,只有 5.6 平方千米,但在中国众多的湖泊中,却被认为是最美的一个。苏东坡在《饮湖上·初晴后雨》一诗中写道:"水光潋滟晴方好,山色空濛雨亦奇。欲把西湖比西子,淡妆浓抹总相宜。"自南宋开发以来,先后形成西湖十景,即苏堤春晓、平湖秋月、断桥残雪、曲院风荷、花港观鱼、三潭印月、雷峰夕照、南屏晚钟、柳浪闻莺、双峰插云。西湖周围还有岳坟、岳庙、灵隐寺、飞来峰和玉泉、龙井、虎跑三泉,以及钱塘江与六和塔,自然美与人文美完美融合,使西湖不是天堂,却胜似天堂。像杭州西湖这样,虽小巧却美不胜收的湖泊在中国还有许多,较知名的有台湾日月潭、武汉东湖、嘉兴南湖、扬州瘦西湖、绍兴东湖、南京玄武湖、济南大明湖等。

(三)涌泉与瀑布

1.涌泉

地下水的天然露头称为泉。泉的种类很多,分布也很广泛。泉水清澈纯净,可饮可浴,有些还具有保健功能。长流不息的泉水,具有动态美、清纯美、声色美、味觉美,作为一种旅游资源,格外受到人们的青睐。人们常按泉水的温度将其进行分类:将 20℃ 以下称为冷水泉,20℃—30℃ 为温泉,超过 37℃ 称为热泉,超过当地沸点的称为沸泉。按泉水的矿化度,可将泉水分为淡水泉和矿泉两类。所谓矿化度是指地下水中各种元素离子、分子与化合物的含量。矿化度小于 1 克/升为淡水泉,超过 1 克/升则为矿泉。

中国是世界上涌泉最为丰富多样的国家之一,全国有涌泉数万处,其中名泉不下百处。涌泉主要分布在山区,尤其是坡麓和沟谷地带,地表径流丰富的地区,涌泉更多。因此中国的涌泉,南方明显多于北方。温泉的形成与地下热能密切相关,在地壳活跃的地区,受火山岩浆活动影响,常常形成大规模的涌泉,尤其是温泉,以东南沿海的闽、粤、台三省和西南的滇、藏两省区为最多。这些省区共占全国温泉的一半以上,而且泉水的温度普遍偏高。台湾是中国温泉平均密度最大的省份。滇、藏是中国温泉总数最多的两个省区,分别以腾冲和羊八井为代表。尤其是西藏的羊八井,为一水热爆炸泉,在此已经建立了中国第一个地热电站。各地的名泉不胜枚举,现分类择要介绍一些。

(1)冷水泉。冷泉因为水质清醇甘美,常供饮用或作为酿酒的水源。历史上,镇江的中冷泉、北京的玉泉、济南的趵突泉、庐山的谷廉泉、峨眉山的玉液泉等,都曾被评为天下第一泉。无锡的惠山泉,曾被评为天下第二泉,并以一首古曲《二泉映月》名扬天下。杭州西湖附近的玉泉、龙井泉与虎跑泉,也都是著名冷水泉。山东济南泉水众多,是中国的"泉城",有名泉 72 眼,其中最著名的是趵突泉,它与珍珠泉、黑虎泉、五龙潭并称为济南"四大泉群"。清代刘鹗在其名著《老残游记》中,赞美济南城是"家家泉水,户户垂杨"。山东崂山矿泉可说是当今最有名的饮用矿泉,崂山矿泉水和用崂山矿泉水为原料制成的青岛啤酒,远销海内外。

(2)温泉。温泉具有洗浴功能,而且很多还具有显著医疗价值。因此中国温泉疗养胜地很多,有的在历史上久负盛名,有的则是新近开发的。最具代表性的有:北京小汤山温泉、南京汤山温泉、黑龙江五大连池药泉、辽宁鞍山汤岗子温泉、陕西西安骊山温泉、广东从化温泉、云南安宁温泉、重庆南北温泉、福州温泉等。福州市有温泉上百处,向以水质佳、温度高而著称海内,福州也因此成为中国的温泉城。我国的台湾省虽然面积不大,但因其地处环太平洋火山地震带,地壳活跃,有温泉百余处,其中阳明山温泉、北投温泉、关子岭温泉和四重溪温泉,是台湾著名的四大温泉。

（3）观赏泉。中国有一些奇特的泉，极具观赏价值。如云南大理的蝴蝶泉，每年农历4月25日前后，有幸可观赏到蝴蝶盛会，无数色彩斑斓的蝴蝶首尾相接，从树上一直垂到泉水水面。四川广元有一石击水，泉水便悄然而退的含羞泉；安徽寿县有闻人喊声水便涌出的"喊泉"；还有湖南石门县的鱼泉、广西桂平的乳泉、西藏的水热爆炸泉等，都有一定的观赏价值。

2. 瀑布

河流的跌水称为瀑布。它是自然山水结合的产物，具有形声美和动态美。中国名瀑很多，最有名的三大瀑布，分别是贵州黄果树瀑布、黄河壶口瀑布、黑龙江吊水楼瀑布。

（1）黄果树瀑布。黄果树瀑布位于贵州安顺镇宁苗族布依族自治县白水河上，落差达67米，瀑布宽达60余米，是中国第一大瀑布，也是中国风景最优美的大瀑布。以黄果树瀑布为主，在其周围还发现了20余个大小不等的瀑布，被命名为黄果树瀑布群。

（2）壶口瀑布。壶口瀑布位于山西省吉县西面、陕西省宜川县东面的黄河之上，是中国第二大瀑布。这里两岸山势陡峭，黄河在此切穿吕梁山，河床由300米宽骤然收缩为50米左右，像一把巨大的壶口，黄河之水被尽数收进，河水跌入20多米深的河槽中，形成巨大的壶口瀑布，固有"天下黄河一壶收"之说。

（3）吊水楼瀑布。吊水楼瀑布在黑龙江省宁安市牡丹江上，是中国第三大瀑布。由于历史上此地长白山火山喷发，熔岩流堵塞了河道，形成一个堰塞湖即镜泊湖。湖水从其北面的熔岩裂口溢出，流入牡丹江，因而形成一个大瀑布。平时瀑布宽约40余米，洪水时节湖水水位抬高，水量大增，使瀑布宽可达200余米，落差达到20多米。每到寒冬，东北长白山区成为林海雪原，吊水楼瀑布也由水瀑凝成冰帘，别有一番景色。

（4）庐山瀑布。香炉峰瀑布也叫开先瀑布。庐山上还有三叠泉、玉帘瀑、黄龙潭和乌龙潭瀑布、石门涧瀑布、谷廉泉瀑布以及王家坡双瀑等。其中三叠泉瀑布是庐山第一大瀑布，它位于庐山五老峰下，总落差达600多米，受地形变化而形成三叠，如一条银链当空飞舞，美不胜收。

（5）黄山瀑布。黄山有三大名瀑，分别是九龙瀑、百丈瀑和人字瀑。其中九龙瀑在罗汉峰与香炉峰之间，飞流九折而下，每一折冲成一潭，共九折九潭。每当大雨之后，飞瀑像九条白龙飞舞，气势磅礴，可与庐山瀑布相媲美。人字瀑造型奇特，水流从天飞泻而下，受地形影响而一分为二，把一个大大的人字写在天地之间，顶天立地，令人叹绝。

（6）雁荡山瀑布。雁荡山瀑布位于浙江南部的雁荡山，飞瀑流泉无数，其风景名瀑合称"雁荡十三瀑"，为首的大龙湫瀑布被誉为雁荡风景三绝之一。它从绝壁悬崖直泻而下，落差达190多米。清代诗人袁枚曾有《咏大龙湫》一诗，"龙湫山高势绝天，一线瀑走兜罗棉。五丈以上尚是水，十丈以下全是烟。况复百丈至千丈，水云烟雾难分焉。"

（7）九寨沟瀑布。九寨沟瀑布位于四川北部的九寨沟，是一个童话般的明净世界。这里的瀑布群另有一番绚丽景色，其中诺日朗瀑布是其最大的瀑布，瀑布宽约140余米，落差约30~40米，无数股细流织成一道白绢似的水帘，堪称中国最秀丽的瀑布。

（8）台湾瀑布。台湾山地是中国瀑布最多的地方之一，嘉义县的蛟龙瀑布高约千米，分为四级跌下，是中国落差最大的瀑布。台湾南投县的合欢瀑布也是名瀑之一。

此外，云南腾冲的大叠水瀑布、河南云台山瀑布、吉林的长白瀑布等，也都是中国较有名的山岳瀑布。

(三)海洋海滨名景

中国大陆海岸线北起鸭绿江口,南至北仑河口,全长 18000 公里。海岸线纵跨温带、亚热带、热带三个气候带,海岸类型错综复杂,一般以钱塘江口为界,其北以沙质海岸为主,个别地区如山东半岛、辽东半岛等地为基岩海岸;钱塘江口以南以基岩海岸为主,只有珠江口等少数地区为平原海岸。

三、气候、气象旅游资源

(一)气候景观

舒适的气候有利于外出旅游,可以使旅游者进行疗养、避寒、避暑,某些特殊的气候能产生特殊的环境效应,对某些旅游者可产生强烈的吸引力。中国幅员辽阔,南北跨将近 50 个纬度(北纬4°~北纬53°),各地所获热量不同,有热带、亚热带、暖温带、中温带和寒温带五个温度带。由于距海远近不同,各地降水量差异大,又分成湿润地区、半湿润地区、半干旱地区和干旱地区等四个干湿区。再加上约占全国面积1/4的青藏高原,是世界上海拔最高的高原,平均海拔超过 4000 米,成为"世界屋脊",形成典型的高山气候,更加剧了中国气候的复杂多样性。这种气候的地域分异现象,是引发旅游者出游动机和开发旅游项目的自然基础。

1.康乐气候旅游

康乐气候是指人体感觉舒适的气候条件,一般指气温在 10~22℃之间。在气候分明的中部地区,春秋气温适中,不冷不热,最适于春游和秋游活动。虽然内陆干旱地区风沙大,但秋季有一定的降水,气温适中,也是旅游的最佳季节。山地气温随高度上升而递减,空气中含有大量的负氧离子,具有疗养、避暑的康乐气候环境。海滨空气清新,尘埃少,也同样具有避暑、避寒和疗养的气候条件。

2.避暑旅游

中国的东北地区,夏无酷暑,已成为理想的避暑旅游胜地。山地海拔高,气温相对低,而在盛夏也成为避暑的好地方,如庐山、黄山等。高原因海拔高,很多地方现在也成为避暑旅游的好去处,如青藏高原的青海湖、西宁、拉萨、灵芝、云贵高原、陕北黄土高原等。还有新疆、宁夏的天山、伊犁、银川等地方,夏季凉爽,空气洁净,也成为大中型避暑旅游的好去处。

3.避寒旅游

闽粤南部、海南岛、台湾及南海诸岛等地,长夏无冬,春秋相连,气温年较差小,降雨量多,生物繁茂,四季常青,适于冬季避寒旅游,已成为著名的避寒胜地。

4.观赏冰雪旅游

冰雪可以形成壮观的冰雪景观,中国东北地区冬季漫长而严寒,千里冰封,万里雪飘,是观赏冰雪,开展冰上活动的旅游胜地。

很多地方的美景与气候有关,如冰城哈尔滨、花城广州、春城昆明、椰城海口、极光城漠河、林城伊春、瓜果城吐鲁番、日光城拉萨、牡丹城洛阳等。

(二)气象景观

气象是指大气中风、云、雨、雪、霜、雾、雷电等各种物理现象和物理过程的统称。这些气象因素常常与其他自然或人文景观相融合,形成奇妙的气象景观。常见的气象景观类型很多,主要有:云雨雾景、冰雪凇景、日月霞光景和佛光蜃景。

旅游地理

1.云雨雾景

（1）云。中国很多山地是欣赏云海的佳境。黄山的云海是其"四绝"之一。庐山、峨眉山、阿里山、泰山等山地的云海也是远近闻名。古诗云"曾经沧海难为水，除却巫山不是云"，这只是诗人的偏爱，其实中国湿润、半湿润地区的山地，甚至是一些海拔较高的丘陵，都可以欣赏到云海奇观，只是云海的气势、形态、浓淡等有差别。

（2）雾。中国雾日较多的，如关中平原、四川盆地和长江中下游平原。"草堂烟雾"为陕西关中八景之一。四川盆地的重庆，就是中国有名的"雾都"。雨季时的江南水乡，常常烟云笼罩，迷蒙一片，给人朦胧的美感。正像王维诗中所云："江流天地外，山色有无中。"

（3）雨。雨景在中国不同的地方、不同的季节，给人的感觉是不同的。有"大雨落幽燕，白浪滔天"的大雨，有"斜风细雨不须归"的小雨，有"巴山夜雨涨秋池"的秋雨，有"清明时节雨纷纷"的春雨。在古今诗人的笔下，不管是哪一种雨，都有它不同的美感。在中国各地的雨景中，江南春雨、巴山夜雨、潇湘烟雨、峨眉山的洪椿晓雨等，都是著名的雨景，极为国内外游人所称道。

2.冰雪凇景

（1）冰雪。"北国风光，千里冰封，万里雪飘。"冰雪在中国北方，尤其是东北地区，冬季极为常见。在其他地区较高的山地中，也有雪景出现。在中国，著名的雪景有东北的林海雪原，还有"太白积雪"、"西山晴雪"、"玉山积雪"等，甚至在中国亚热带的杭州，还有"断桥残雪"，为"西湖十景"之一。

（2）凇。凇分雨凇和雾凇，也是中国北方和各地山地冬季常见的一种美景。雨凇是寒冷过冷却的雨滴或毛毛雨碰到任何物体上很快就冻结起来的冰层。雨凇常见于冬季南方湿润的山区，如峨眉山、九华山、衡山、庐山、黄山等都是雨凇的多发地。雾凇又名树挂，是在潮湿低温条件下，雾气遇到寒冷的物体直接凝华而成。雾凇可分为两类，一类是雪似的粒状冻结物，一类是霜似的晶状冻结物。"吉林树挂"是中国最著名的雾凇奇景，它属于晶状凝结物，多在每年1—2月份出现。

3.日月霞光景

日、月、霞光属于天象景观，但由于对它们的观赏常常不是单独进行的，而是和气候、气象、地理环境等因素结合在一起，尤其是气象因素，直接决定日、月、霞光的观赏条件和观赏效果，因此在这里也把它们列入气象景观。

（1）日。观日出是中国一项传统的旅游活动。最美丽的日出景观，一是海上日出，一是山地日出。中国最有名的观日出景点大多位于东侧山崖上，远近无高山遮挡，眼界开阔。如泰山的日观峰、荣成的成山角、蓬莱的丹崖山、北戴河的鹰角石、庐山五老峰、华山朝阳峰、衡山祝融峰等。

（2）月。在中国各地景观中，以月景著称的，也如月的诗句，不胜枚举。如泰山的"云海玉盘"，西湖的"平湖秋月"，桂林的"象山夜月"，峨眉山的"象池夜月"，北京的"卢沟晓月"等。中国三大传统节日之一的中秋节，就是观月赏月的节日。

（3）霞光。霞光多出现在日出与日落时分。无论朝霞还是晚霞，都是色彩艳丽，常呈红、黄、橙等颜色，而且随日出或日落变幻无穷。霞光与周围其他景致交相辉映，常常构成一幅幅绚丽壮美的画卷。像"落霞与孤鹜齐飞，秋水共长天一色"，既是千古名句，又是天下绝景。而在泰山四大自然美景中，就有"旭日东升"和"晚霞夕照"。

4. 佛光蜃景

(1)佛光。佛光和蜃景都是气象中最神奇的景观,都是阳光在一定的地形和湿度条件下,经过大气折射而产生的自然现象。佛光又称为宝光,以峨眉山的金顶佛光最为有名,又称为峨眉宝光。每年可出现几十次,以12月—次年2月的冬季为多。此景常发生在下午三、四点钟时,风静云平,阳光斜射,人站峰顶,可见道道光环,浮在白云下面,光环色彩缤纷,中有人影浮动,人动环移,互不相失。

(2)蜃景。蜃景是在晴空条件下,阳光穿透不同密度的大气层,在远距离折射和全反射时,将远处景物显示在空中或地面而产生的一种幻景。蜃景以海面上多见,称"海市"或"海市蜃楼"。在干旱的内陆沙漠荒原上,也常会出现。中国山东蓬莱和浙江普陀山是此景出现几率较多的两个地方。庐山的五老峰,因东邻鄱阳湖,也会出现海市蜃楼。海上蜃景奇观古人早有觉察,因做不出解释,便附会出蛟龙一类的"蜃",吐气为楼构成海上神仙住所的传说。因此,这种奇观就得名为"海市蜃楼"。

➤ 四、动植物旅游资源

(一)植物旅游资源

中国是世界植物宝库,植物种类数目仅次于马来西亚和巴西居世界第三位,共计有高等植物20000余种,其中很多种属于我国所特有。在植被类型上,除了极地苔原外,几乎所有的类型都有,还有独特的高寒草原植被。其中森林和草原是人类最基本、最宝贵的生物资源和植物旅游资源。

1. 中国的森林旅游资源

中国的森林面积居世界第六位,但森林覆盖率居世界后列。在中国主要有三大林区:东北林区、东南林区和西南林区。东北林区和西南林区主要是原始林区,而东南林区主要为次生林,其中东北林区面积最大,冬季有林海雪原景观,还开发了许多滑雪场、狩猎场等,旅游价值从目前来看,是最高的,也是开发最好的。东北林区还出产"东北三宝",颇受游客们的青睐;西南林区地形复杂,交通不便,动植物种类保存较完好,在科学考察、探险寻奇及狩猎采集方面的旅游价值较高;东南林区交通便利,则更适合开展大众观光、康乐度假及科普求知性旅游活动。

2. 中国的草原旅游资源

中国世界级天然大草原的面积仅次于澳大利亚、俄罗斯和美国,居世界第四位。主要有内蒙古草原、新疆高山草地、青藏高寒草原以及南方山地丘陵草地,类型多样,适宜开展不同类型的旅游活动,其中以内蒙古草原最具代表性。

3. 中国的名木古树与奇花异卉

中国被世界公认为"世界树木宝库"。银杏、水杉、银杉、金钱松、台湾松、珙桐、香果树、鹅掌楸等,都是中国特有的珍稀树种。尤其是水杉、银杏、鹅掌楸,被列为世界"三大活化石植物"。具有特殊观赏价值和历史价值的个体名木古花卉也繁多,由此而产生的以植物著名的旅游地很多,如台湾的"阿里山神木"古红桧树、北京香山的红叶、洛阳与菏泽的牡丹、昆明的山茶、漳州的水仙、杭州和无锡以及南京等地的梅花、杭州西湖的"曲院风荷"、四川的"蜀南竹海"、广东小榄的菊花、泰山的五大夫松、陕西黄陵县黄帝陵前的轩辕柏、山西晋祠的周柏、河南嵩山嵩阳书院的大将军柏与二将军柏等都享誉海内外。全国各地举办的"牡丹节"、"菊花会"、"荔枝节"、"槐花节"等节日盛会此起彼伏,盛况空前。牡丹和菊花,还被选为中国的国花,备受中国人民的喜爱。

在中国传统文化中,很多植物也被赋予了文化内涵,如:松柏——长寿、坚贞不屈,梅——独傲霜雪,竹——虚心有节,菊——谦谦君子,荷——洁身自好,桂——才华冠群,兰——隐逸君子,牡丹——富贵荣华,水仙——凌波仙子,柳——柔弱轻浮,菟丝——趋炎附势,昙花——好景不长。一些文化内涵相近的花木,还形成固定的组合。如:"岁寒三友"——松、竹、梅,"花中四君子"——梅、兰、竹、菊,"园中三杰"——玫瑰、蔷薇、月季,"花草四雅"——兰、菊、水仙、菖蒲等。

(二)动物旅游资源

1.珍禽异兽及分布

中国动物种类繁多,约占世界总数 10% 左右。除此之外,还有许多特有动物,如大熊猫、金丝猴、白鳍豚、褐马鸡、扬子鳄、白唇鹿、朱鹮等均为中国所独有。其中大熊猫、金丝猴、白鳍豚和白唇鹿被称为中国的四大国宝动物,"国宝"中的大熊猫堪称世界上最珍贵的动物,其形象已经成为世界野生生物基金会标志,还成为中国进行国际交往的友好使者。为保护中国珍贵的动物资源,国家将一些特有物种和珍稀濒危物种列为国家保护动物,通过立法等形式加以重点保护。中国珍禽异兽比较集中的地区为:以小兴安岭和长白山为主的东北地区,青藏高原东面以川西为主的山区,云南西双版纳地区和华南地区。

2.著名野生动物栖息地

中国有很多以动物而著名的旅游区,其中以鸟类著名的有:鄱阳湖鸟类自然保护区,青海湖鸟岛,大连老铁山"鸟站",黑龙江扎龙自然保护区,江苏盐城自然保护区,新疆南疆的巴音布鲁克草原等;以猴类著名的有:峨眉山的猴群,湖北神农架与贵州梵净山的金丝猴,海南南湾的猴岛等;以蛇类著名的有:大连的"蛇岛",福建武夷山的蛇园,浙江千岛湖的蛇岛等。

在中国传统文化中,一些动物还被赋予了鲜明的人文含义,如:虎——百兽之王,狮——勇猛无畏,象——憨厚善良,马——龙马精神,鸽——和平象征,雁——爱情专一,鸳鸯——夫妻恩爱,喜鹊——吉祥之兆,龟、鹤——延年益寿,鹰——鹏程万里,狐——阴险狡诈,蛇、蝎——狠毒至极,豺、狼——恶毒凶残,乌鸦——不祥之兆等。

第二节 中国人文旅游资源

人文旅游资源是人类创造的,反映各时代、各民族政治、经济、文化和社会风俗民情状况,具有旅游功能的事物和因素。可将其分为:古遗迹,城市、建筑与工程,古园林,古陵墓,文学艺术,民俗民风,名食佳肴和特产八类。

➤一、古遗址

1.古人类遗址

古人类遗址(古遗址)是指从人类产生到有文字记载以前的人类历史遗迹,也可称为史前文化遗址。古人类遗址包含旧石器时代、新石器时代和传说中的三皇五帝时期,主要指与古人类生产和生活、物质与精神等方面相关的内容,如原始的聚落、生产和生活工具(劳动工具、饮食器具)、原始艺术和墓葬、早期的文化等。作为一种旅游资源,古遗址对大多数旅游者来说,也是增长知识的理想场所。尤其中国的古遗址分布广、历史久、类型多、旅游价值高,是世界上保存完整的古人类遗址较多的国家,成为其人文旅游资源不可或缺的组成部分。例如旧石器时的云南"元谋人"、陕西西安附近的"蓝田人"、北京周口店"北京人"等遗址,其中周口店北京猿人遗址,以其发掘化石之多、头盖骨之完整以及猿人在此生活时间之长而为世界所罕见,已被联合国教科文组织列入《世界文化和自然遗产名录》,北京周口店龙骨山的山顶洞人(距今1.8万年),已懂得吃熟食,制造骨针缝制兽皮衣服,学会打孔技术、捕鱼和使用弓箭;新石器时的河南裴李岗和河北磁山文化遗址、河南渑池县仰韶村和西安半坡的仰韶文化、山东章丘龙山镇城子崖龙山文化、山东大汶口文化、浙江余姚河姆渡文化和余杭县的"良渚文化"等遗址,三皇五帝时期的陕西黄陵县黄帝庙、河北涿鹿县的黄帝城、临汾尧庙和尧陵等,都是著名的古人类遗址。

2. 古文化遗址

古文化遗址是指人类有文字记载以来的,古代人类从事政治、经济、文化等活动的场所遗址,包括古城池、古战场、古道路等。这类遗址往往给人以古代社会发展和各地历史兴衰更丰富的畅想空间。如殷商遗址、丰镐遗址、咸阳遗址、楼兰遗址等都是著名的古城遗址;三国赤壁之战遗址、楚汉鸿沟之战遗址、合川钓鱼城之战遗址均为著名的古战场遗址;而丝绸之路、剑门蜀道遗址则是具有代表性的古道路遗址。

二、城市、建筑与工程类旅游资源

(一)中国的城市

中国有五千年源远流长的文明发展史,古都、古城、古镇不仅在年代和数量上,而且在规模与特色上都是世界所罕见的,不仅是宝贵的历史文化遗产,而且也是重要的旅游资源。

1. 中国古城构建

中国是最早对城市进行统一规划的国家,在《周礼·考工记》《木经》《鲁班经》等著作中均有明确的记载,而且对城市的选址条件有一定的要求。这些不仅反映了当时的社会经济条件和科技水平,也体现了一定的构建艺术和审美观点。

(1)规模。中国的城市多为方形的,周长多少、城门多少要根据城市的等级而定。例如城市按礼制规定,天子之城方九里(1里=1800尺,合现在412.5米),公爵之城方七里,侯爵、伯爵之城方五里,子爵之城方三里。在诸侯国中,卿大夫的都邑不得超过国都的1/3,小的仅为1/9。但是,限于自然环境优劣和国力强弱,规模也不一定要拘于规定。如唐长安城东西长9721米,南北宽651米,面积达84平方千米,相当于明长安城规模的10倍。

(2)格局。中国历史上城市大量出现始于春秋,多以宫室为中心布局,而且这种布局一直贯穿整个封建社会。国都总体布局按《考工记》载:"匠人营国方九里,旁三门,国中九经、九纬,经途九轨,左祖右社,面朝后市",即城市布局可归纳为:方正严肃、左右对称、井然有序;皇室居中、远离市尘;民居小巷,分区宜治;商贸集中、祭祀方便。

(3)选址。中国古代建筑选址特别讲究风水和方位,一般都要考虑三个条件,即供水条件、军事"地利"条件、交通经济条件,多选临河的平原或盆地。古城建筑因地制宜、因材致用。方位上充分考虑气候因素,一般取坐北朝南。被尊为中国七大古都的西安、洛阳、开封、北京、南京、杭州、安阳,都是中国都城选址的典型代表。

(4)模式。城市是一个小社会,是整个社会的缩影,国都尤其如此。其建筑模式则是民族文化的集中体现。与外国城市建筑模式比较,中国模式大多出于政治和军事的需要,在短期内修建而成。一般有城墙和护城河,城市又称城郭,在旧时其实指的就是都邑四周用作防御的城垣,一般有两重,里面的一重称为"城",外面的一重称为"郭",一般先筑城墙,再布局城内建筑;先设计布局政治机构及附属礼制建筑,再考虑市场和居民住宅。城市轮廓多为方形或矩形,街巷垂直交错,排列整齐,中轴左右对称。筑有围墙,形成一个封闭的空间。建筑多为砖木结构,尤其以木结构为主,难存久远。斗拱是中国古代建筑物最明显的标志之一。

2. 中国历史文化名城

中国历史文化名城是指具有悠久的历史,在政治、经济、文化、科技等某一方面具有独特地位,有丰富历史文化遗存或兼有风景名胜的城市。这些城市因为其丰厚的文化底蕴,或在某些方面独特的风格特征,因而具有较强的旅游吸引力,某些历史文化名城长期以来一直是旅游热点城市。作为旅游资源,有如下几类:

(1)七大古都:洛阳、西安、开封、北京、南京、杭州、安阳,是中国著名的七大古都。

(2)文化名城:指人杰地灵、环境优雅、具有特色文化景观的历史名城。如以"三孔"著称的山东曲阜,以鲁迅故居著称的浙江绍兴等;有文化景观和山水景观相得益彰的苏州、杭州、济南、桂林、岳阳、昆明等;有以古城风貌或特色民居著称的如山西平遥、祁县、云南丽江等。

(3)革命纪念地:包括自鸦片战争以来具有突出革命历史意义的历史名城。如贵州遵义、陕西延安、上海、武汉、南昌、广州等。

(4)少数民族文化名城:历史上或现代的少数民族聚居地,以独具特色的少数民族文化著称,如新疆乌鲁木齐、西藏拉萨、日喀则、内蒙古呼和浩特、云南大理等。

(二)古建筑

建筑是人类历史文化遗产中极为重要的一个组成部分。建筑被誉为"凝固的音乐"、"石头的史书",以其独特的魅力吸引旅游者。中国古建筑是世界建筑史上的奇葩,以其独特的结构、优美的造型、丰富的艺术装饰及典雅的内外陈设闻名于世。

1. 宫廷与礼制建筑

(1)宫殿。宫,在秦以前是居住建筑的通用名;殿,原指大房屋。秦汉以后宫殿成为帝王居所中重要建筑的专用名,是帝王居住和处理朝政的地方。几千年来,历代皇帝不惜人力、物力和财力,为自己建造规模巨大、气势宏伟的宫殿。这不仅能突出皇权的威严,同时也能满足其奢靡的生活享受。由于宫殿建筑往往汇聚了全国的能工巧匠,因而它们最能反映当时建筑水准和建筑艺术。所以是中国古代中最高级、最豪华和最有艺术价值的一种类型。

宫殿早在商代就已出现,呈院落式布局。周和春秋战国时分外朝、内廷和"三朝五门"制。秦汉以来,宫殿规模宏大,建筑物布局稀疏,秦有咸阳旧宫、甘泉宫和阿房宫,西汉有未央、长乐和建章诸宫,唐代有大明宫、兴庆宫等。明清宫殿建筑以北京故宫和沈阳故宫为代表。

宫殿建筑完全按照封建传统的礼制来设置的。即布局上表现为严格的中轴对称,左祖右社以及前朝后寝。中轴线上的建筑高大豪华,两侧则低小简单,鲜明的对比体现了皇上的至高无上的权力和尊严。左祖右社是指宫殿左前方设祖庙,供皇帝祭祀本朝先皇用,在宫殿的后面设有社稷坛,供皇帝祭祀土地神和粮食神。前朝后寝也叫外朝内廷,前朝是皇帝处理朝政、举行大典的地方,后寝则是皇帝和后妃们生活的寓所。除了主要的建筑外,宫殿有华表、石狮、日晷、嘉量、吉祥缸、香炉、铜龟、铜鹤等陈设与建筑物相配合,使宫殿建筑更显辉煌。现保存完好的著名宫殿有北京明清故宫、沈阳故宫和西藏的布达拉宫,都已成为当地的旅游名片,每年吸引大量的游客前来观光游览。

(2)坛庙建筑。中国古代宗法礼制思想中,人们相信"天"是至高无上的主宰,自然各界也都有神灵,支配着农作物的丰欠和人间的祸福。为了表示对祖先的尊敬,对土地、粮食、天地、日月和各种文武神的尊敬,人们修建了许多坛庙等祭祀性的建筑,用来祭祀天地神灵、山川河岳、祖先圣贤等,也称为礼制建筑。

坛是古代用于祭祀天、地、社稷等活动的台形建筑,此类祭祀活动也是历代皇帝登基后的重要政治活动。由于祭祀天地日月等活动都在郊外进行,故又称为郊祭。按照礼制关于郊祭的原则:祭天于南、祭地于北、祭日于东、祭月于西。中国著名的祭祀坛有北京天坛、地坛、月坛、日坛和社稷坛。

庙是古代又一类祭祀性的礼制建筑,大致有三类。第一类是祭祀祖先的宗庙,帝王宗庙又称为太庙,例如北京太庙。贵族、大臣、世家大族等一族一姓祭祀祖先的建筑成为宗祠和家庙,一般设于宅第东侧,规模不一。目前规模较大、建筑较精美的有两处,即安徽绩溪县的龙川胡氏宗祠和广州的陈家祠堂。第二类是祭祀圣贤的庙,祭祀圣贤先哲的庙遍及全国,而以祭祀孔子和关羽的武庙最多。其中山东曲阜孔庙是孔庙中最大、历史最久、规制最高的中国大型祠庙的典型,被称为"天下第一庙",保存着宋金以来的总体布局和金元以来的10座古建筑,孔庙中的大成殿与故宫的太和殿、岱庙天贶殿并称"中国三大殿"。而祭祀武圣人关羽的庙以山西运城解州的关帝庙规模最大,保存最完好。此外,成都杜工部祠、眉山三苏祠、北京文天祥祠、扬州史可法祠等虽不甚华丽,但纪念性较强,建筑布局亦有独到之处。第三类是祭祀山川神灵的庙,例如中国五岳都有祭祀庙宇,规模最大为岱庙,是历代帝王祭祀封禅的理想地方。

2.宗教建筑

由于人们对宗教的崇拜,中国宗教建筑在古建筑旅游资源中亦占有重要地位,尤以佛教建筑和道教建筑最为突出。西藏的布达拉宫是当今世界上海拔最高、规模最大的宫堡式宗教与文物建筑群,也是中国规模最大、最完善的石作喇嘛寺和宫殿。而道教宫观中又以武当山道观建筑群规模最为宏伟。佛塔为寺庵的标志性附属建筑,随寺庙修建。中国现存古塔三千多座,著名的如山西佛宫寺释迦塔(应县木塔)、大理崇圣寺三塔、河北定县开元寺塔、西安大雁塔、河南少林寺塔林、山西恒山悬空寺塔等宗教建筑,代表了中国古代建筑技术的较高水平。

3.景观建筑

景观建筑主要指园林区内外独立存在并有实用和装饰等各项功能的游乐性建筑物,包括亭、台、楼、榭、舫、阁等。例如中国的四大名亭,安徽滁县醉翁亭、北京陶然亭、长沙爱晚亭、杭州西湖湖心亭。中国江南三大名楼,武汉黄鹤楼、岳阳岳阳楼、南昌滕王阁,均以诗、文、赋而闻名。还有《红楼梦》中藕香榭,北京颐和园中的清宴舫、长廊、佛香阁和滇池大观楼等。

4.居民建筑

居民建筑是除宫殿、官署和寺观以外的居住建筑。中国民族众多,因此古代的民居建筑可谓丰富多彩,现保存较好的代表性居民建筑有安徽黄山的屯溪老街、北京四合院、北京琉璃厂、西安北院门老街、山西平遥古城、云南丽江大研古城、闽西客家大土楼、木构塔式侗寨鼓楼等,这些都是中国具有特色的杰出古老民居特色的代表。

(三)中国古代伟大的工程

1.长城

长城是中华民族勤劳、智慧、坚强和勇敢的象征,在中国人的心目中有着崇高的地位;在很多外国人眼里和心中,也把长城作为中国的代表。中国长城以其悠久的历史、宏大的规模、艰

旅游地理

巨的工程难度、周密的结构设计赢得了"世界八大奇迹"之一的美誉。据说当代宇航员在太空中所能辨认的地球上两项人类伟大工程中,万里长城属其一。1987被联合国教科文组织列入《世界文化和自然遗产名录》。

长城是中国古代修建的军事防御工程,它不仅是中国最大的古代工程,也是世界上极其伟大的古代工程。长城修建历史悠久,前后历经十余个朝代,延续了2700多年,分布在17个省市自治区,总长度有50000余千米。其修筑历史之长,工程量之大,建筑之宏伟,影响之深远,举世罕见。一般认为,中国长城的修建始于西周,先后有西周、春秋、战国、秦、汉直到明朝,前后有14个朝代有过筑城之举,其中秦、汉、明是历史上三个筑城的高峰。

1985年,中国举办十大风景评选,万里长城以最多票数当选,并成为十大风景之冠。长城的旅游价值首先体现为美感价值。万里长城像一条巨龙,它蜿蜒起伏,气势磅礴,或盘踞在重峦叠嶂之间,或蜿蜒于大漠荒丘之上,"上临星斗三千丈,下看燕云十六州"。长城就像一幅壮丽的长卷,成为人们心中最美的风景。其次,长城具有较高的历史价值。从秦始皇修长城至今,2000余年过去了,长城仍雄峙在中国北方大地,充满顽强的生命力。它阅尽人间春色,是中国历史的见证人和博物馆。它见证过"秦时明月汉时关",也见证过大漠孤烟长河落日,听过燕赵悲歌,也见过抗日烽火。第三,长城还具有较高的科学价值。长城的选址、走向的设计、建材的使用、烽燧制度、防御结构等各方面,充分反映了古代劳动人民的聪明智慧,许多方面至今仍具有重大研究意义与价值。第四,长城的文化价值也极高,是人文与自然景观完美结合的产物。从古至今,描写长城的诗文不胜枚举,关于长城的传说代代流传,长城的形象已经成为中国的象征。

长城有许多著名游览点,如北京八达岭长城、北京怀柔慕田峪长城、河北山海关老龙头及"天下第一关"关城、河北滦平县金山岭长城、天津蓟县黄崖关长城、山西雁门关长城、甘肃嘉峪关长城等,其中北京八达岭长城是接待游人最多的景点。

2. 古代水利工程

(1)都江堰。都江堰水利枢纽是岷江上的大型水利工程,也是世界上最古老的无坝引水工程,始建于秦昭王末年,秦蜀守李冰父子主持兴建。工程以灌溉为主,兼有防洪、水运、城市供水等多种效益,成都平原因此富庶、有了"天府之国"的美称。早期的都江堰有堤、堰等工程设施,经后代不断完善,成为由鱼嘴、分沙堰和宝瓶口三大主体工程组成的无坝引水枢纽。此外,还有内外金刚堤、人字堤及控制水量和泥沙的建筑物等,新中国成立以后又增建了外江闸、沙黑河闸和工业取水等工程。2000多年来,该水利枢纽工程一直在发挥引水、防沙和排洪等重要综合作用。

(2)灵渠。灵渠也称湘桂运河,位于广西壮族自治区兴安县内,是秦始皇为发兵岭南运输兵员粮饷,命史禄主持兴建的。灵渠全长34千米,将湘江上游河水三七开,"三分漓水七分湘",分南北两渠分别注入漓江和湘江。整个工程由铧嘴、分水坝(大、小天平)、南渠、北渠、秦堤、泄水坝(泄水天平)和陡门(船闸的先导,是世界上最早的通航设施)组成,此工程连通了长江和珠江两大水系,而且解决了在水程30千米、落差达32米的河道中航运的问题。设计之高超,为世人所惊叹,吸引了许多游人前往观看,而且灵渠临近桂林(仅66千米),是漓江风景线上不可多得的旅游资源。

(3)京杭大运河。京杭大运河南起杭州,北至北京,全长1794千米,贯穿了京、津、冀、鲁、苏、浙六省、市,沟通了海河、黄河、淮河、长江、钱塘江五大水系,是世界上最长的人工运河。京杭大运河始凿于春秋末期(公元前 486 年)。到了元朝,历时 1700 多年(从公元前 486 年到公元 1292 年)的京杭大运河宣告完工。京杭大运河是中国历史上重要的一条南北水上通道,是重要的南北物资贸易通道,是南北文化、经济的交流通道。《清明上河图》真实地再现了当年运河(汴河)上繁忙的交通状况。

(4)坎儿井。坎儿井是与万里长城、京杭大运河齐名的中国古代三大工程之一,是伟大的地下水利灌溉工程。在中国新疆吐鲁番盆地四周,大部分是戈壁滩,但是干燥的地下却蕴藏着丰富的水资源。人们在山脚下按一定间隔挖一排深达十几米,甚至几十米的竖井,然后在井底开挖暗渠,联通竖井,利用地势的自然倾斜,把水引出地面,灌溉农田。据统计,吐鲁番盆地有坎儿井 1237 条,实际使用的 853 条,总长度超过 5000 千米,总出水量每秒约 10 立方米。坎儿井由竖井、地下暗渠、地面明渠、涝坝四个部分组成。年灌溉 300 亩,最好的年灌溉可达 500 亩。

3.道路与桥梁

(1)著名古道。中国历史上曾修建过多种道路,按类型大致可分为驰道、驿道、栈道三类。其规模和工程的难度不仅在当时堪称壮举,即使在今天也令人叹为观止。

①驰道是天子专用之道路。史载秦始皇修驰道,“东穷燕齐,南极吴楚,江湖之上,滨海之观毕至。道广五十步,三丈而树。”秦之驰道不仅平坦宽阔,而且通达全国各地。现在陕北榆林地区发现的 120 余千米秦驰道遗址,宽达百米,可并行六、七辆卡车。道两侧还分布有兵城、烽火台、馆驿、行宫等遗址,极适于开展访古旅游。

②驿道是供邮传和民间之用的道路。其规格较低,但长度远在驰道之上。中国汉代时驿道已通达西南少数民族地区,总长度在几十万千米,沿途设有邮亭。现存古驿道以四川境内最著名,为秦汉时所凿蜀道之遗存,在四川北部从剑阁至阆中,绵延 150 余千米;绝危岩,度崇岭,形如鸟道;行道两旁,广植松柏,夏日不知炎暑,故名“翠云廊”,是古时沟通秦蜀之咽喉。蜀道自古有名,唐朝大诗人李白曾有《蜀道难》一诗,惊叹“蜀道难,难于上青天”。现在以剑门关为中心的蜀道已成为独具特色的旅游路线,有“剑门天下险”之说。

③栈道是在悬崖绝壁上凿孔支架木桩,铺上木板而形成的窄道。在中国古代《三十六计》中,有一计为“明修栈道,暗度陈仓”,是汉代大将军韩信所创,是古代战争史上著名的成功战例。至今在中国一些陡峭的山崖上,还保存有古老的栈道,其特点不在长,而在险。如长江三峡栈道,在三峡南岸,栈道临空,与高峡江流蜿蜒并行,景象奇绝;陕西华山的长空栈道,高悬千仞,令人望而生畏;四川峨眉山的黑龙江栈道,则陡壁夹峙,下临清溪,幽曲可爱。

(2)著名古桥。

①赵州桥:位于河北赵州洨河之上,又名安济桥,当地俗称大石桥。此桥为隋代工匠李春设计建造,至今已有 1300 余年,在中国古代桥梁中最为驰名。赵州桥是一座单曲敞肩石拱桥,长为 50.82 米,跨度 37 米,在桥梁两端石拱上,各开有两个小孔券,成为“敞肩拱”,比欧洲同类桥梁早 700 余年。

②洛阳桥:位于福建泉州东北的洛阳江入海处,又称万安桥;这是中国第一座海港大石桥,建于北宋。全长 1200 余米,宽约 5 米。当年造桥工匠首创“筏型基础”式桥墩,并采取“养蛎固基”法保护桥基。桥南有“蔡忠惠工祠”,以纪念主修桥人北宋官员蔡襄。

③安平桥:位于福建泉州晋江,俗称五里桥,建于南宋,全长 2200 余米,有“天下无桥长此桥”之说,是中国现存古代第一长桥,也是中国古代最大的梁式石桥。此桥结构严谨,工程浩大,雄伟壮观,驰名中外。

④卢沟桥:位于北京西南永定河上,永定河原称卢沟河,故名卢沟桥。建于金代,距今已有800余年的历史。卢沟桥为一大型联拱石桥,长266米,宽7.5米,桥身共有11孔,由建筑、雕刻、绘画、文学相结合构成艺术美。桥两边桥栏望柱上,雕刻有各种姿态的石狮子,达485个之多。

⑤程阳风雨桥:位于广西三江侗族自治县程阳村林溪河上,为具有浓郁侗族建筑风格的桥梁,建于1916年;长约76米,有五孔四墩,桥上建有避风遮雨的长廊,故名"风雨桥"。五个桥墩上各建有楼亭一座,塔式飞檐,层层翘起,活泼轻盈,风格独特。程阳风雨桥不仅有交通之用,而且遮风避雨,也是当地群众贸易集会的场所。

➤ 三、古园林

中国的园林艺术历史悠久,风格独特。它融建筑、绘画、雕塑、书法、金石艺术于一炉,包含着深刻而丰富的美学思想;它以创造境界为上乘,以富有诗情画意为追求目标,具有很高的游览和观赏价值,是"中国文化四绝(园林、饮食、中医、京剧)"之一,在世界园林艺术中享有盛名,被誉为"世界园林之母",欧洲(西方)园林、日本园林等大多数国外园林都受到中国园林艺术的影响。

(一)中国园林的发展简史

中国园林发展历史悠久,上溯已有3000多年的历史。从相传黄帝建"圃"供狩猎开始,到公元前11世纪周文王经营灵台、灵沼、灵囿,拉开了古典园林建设的序幕。秦汉时期是中国园林发展的奠基时期,当时皇室大筑宫苑,秦始皇在渭南建造东西长达200里的上林苑,汉武帝在长安附近建方圆540里的甘泉苑;魏晋南北朝时期,社会动乱,玄学受崇,士大夫阶层逃避现实,寄情于山水之间,使得山水诗画发展的同时,园林艺术也从单纯的模仿自然进入到注重艺术创造的大发展时期。由于佛事兴盛,大兴寺院,营造许多寺院园林,是中国园林艺术转变期;隋唐宋时期是中国封建社会发展的鼎盛时期,也是园林艺术发展成熟阶段。帝王园林规模极其宏大,如隋炀帝在洛阳建的西苑。私家园林更加追求自然山水的诗情画意,如白居易设计的庐山草堂,反映了中国园林艺术注重自然美与人文美的巧妙结合。宋朝在都城汴梁郊外,人工叠石建筑了一座大的假山园林,周长5000米,最高峰达90米,上建亭阁,下有楼馆,是园林叠石之最。明清时期是中国园林发展的高峰期,以圆明园、避暑山庄为代表的北方园林和以苏州、杭州、无锡、扬州等地的私家园林为代表的南方园林都发展起来。明清园林,从布局到构景,在理论和实践上都达到了很高的境界。这一时期造园理论已成熟,明末吴江人计成是中国杰出的造园艺术家,他著的《园冶》一书,是中国最杰出的一部造园艺术专著,从相地、立基、屋宇、装拆、门窗、墙垣、铺地、掇山、叠石、借景等十个部分,全面评述造园手法艺术和经验技巧。

(二)中国园林的特点

中国园林的特点概括起来主要为三大方面:第一,崇尚自然。中国园林艺术的灵感来源于自然山水,以"虽由人做,宛自天开"式造园艺术作为基本准则。其次,追求三境。造园三境是指生境、画境与意境。所谓生境,是要求园林体现自然之美,符合自然之趣,有大自然的勃勃生机;所谓画境,是要求园林要有诗情画意,要像绘画一样反映自然又高于自然,使游人感到身在园中,宛在画中;所谓意境,是指情景交融,园林的客观形象(境)要能表达出人的主观情感(意)。第三,构景手法多样。中国园林的构景手法很多,在宏观与微观上,在各个环节上都采用各种巧妙的手段表现自然,极力取得自然、淡泊、恬静、含蓄的艺术效果。其主要构景手法有抑景、对景、框景、漏景、借景、移景等。

(三)中国园林的类型

中国古代园林,从不同角度可以有不同的分类方法,一般有以下两种分类法。

1. 按占有者身份划分

(1)皇家园林。皇家园林是专供帝王休憩享乐的园林。古人讲"普天之下莫非王土",在统治阶级看来,国家的山河都是属于皇家所有的。所以皇家园林的特点是规模宏大,真山真水较多,园中建筑色彩富丽堂皇,建筑体型高大。现存的著名皇家园林有北京的颐和园、北京的北海公园、河北承德的避暑山庄。

(2)私家园林。私家园林是供皇家的宗室外戚、王公官吏、富商大贾等休闲的园林。其特点是规模较小,所以常用假山假水,建筑小巧玲珑,表现淡雅素净的色彩。现存的私家园林,有北京的恭王府,苏州的拙政园、留园、沧浪亭、网师园,扬州的个园、何园,无锡的寄畅园,上海的豫园等。

2. 按园林所处地理位置划分

(1)北方类型。因北方地域宽广,所以北方园林范围较大,又因大多位于古都之中,所以其建筑富丽堂皇。因自然气象条件所局限,北方园林中河川湖泊和常绿树木较少。由于风格粗犷,所以秀丽美则显得不足。北方园林的代表多集中于北京、西安、洛阳、开封,其中尤以北京为代表。

(2)江南类型。南方人口较密集,所以园林地域范围小,又因河湖、常绿较多,所以园林景致较细腻精美。其特点为明媚秀丽、淡雅朴素、曲折幽深,但因面积小,略感局促。南方园林的代表大多集中于南京、上海、无锡、苏州、杭州、扬州等地,其中尤以苏州为代表。

(3)岭南类型。因为地处亚热带,树木终年常绿,又多河川,所以岭南地区造园条件比北方、江南都好。其明显的特点是具有热带风光,建筑物都较高而宽敞。现存岭南类型园林有著名的广东顺德的清晖园、东莞的可园、番禺的余荫山房等。

(四)中国现存的名园

(1)中国四大名园:北京颐和园、承德避暑山庄、苏州拙政园和留园。

(2)苏州四大园林:苏州的沧浪亭、狮子林、拙政园、留园,其分别建于宋、元、明、清四个朝代,代表了不同时期苏州的园林建筑特色。

(3)岭南四大园林:珠江三角洲地区顺德的清晖园、东莞的可园、番禺的余荫山房和佛山的十二石斋(已不存),是岭南园林中最具代表性的佳作,它们都建于清代,被并称为"岭南四大园林"。

➤ 四、古陵墓

帝王陵寝是中国人文旅游资源的重要组成部分。古人相信人死后灵魂不死,要到另一个世界去生活。帝王对自己的陵墓建设十分重视,其豪华程度不亚于宫殿,希望死后在另一个世界继续享受荣华富贵,同时祈求祖宗的保佑,社稷能得以永存,中国帝王陵寝的演变形式多样,陵园建筑十分完整,珍藏着许多历史文物,已经成为著名的旅游目的地。

(一)帝王陵墓的形制

(1)在原始社会,葬仪极简。《礼记·檀弓》中曰:"古也,墓而不坟"。

(2)奴隶社会,厚葬盛行。到了奴隶社会,则厚葬盛行,而且出现了残酷的人殉制度,车马也是常见的殉葬之物。大约从周代开始,出现"封土为坟"的做法。根据《周礼》记载,当时"以爵为封丘之度",即按照官吏级别大小决定封土大小,当然天子、诸侯陵墓的封土无疑是最大的。周代陵墓集中分布于陕西咸阳以北,封土多为平顶方锥体,故名"方上"。

(3)秦汉两代的高冢大墓。秦汉时期,帝王陵墓依然都取"方上"形式,尤以秦始皇陵最为典型。但不管是地面的封土还是地下的建筑,秦汉皇陵都规模宏大,随葬品也极为空前。如秦始皇陵兵马俑。西汉帝陵中的"黄肠题凑"木棺椁(椁:棺材外面套着的大棺材)。以及汉代开始出现的砖石墓室,都是中国古代墓葬制度划时代的大变化,对后代产生深远影响。

(4)唐代"因山为陵"。到唐代,唐太宗李世民认为平地筑高坟太劳民伤财,改为"因山为陵",就是利用天然山丘作为陵墓,把地宫掘进山里去。这样既能体现帝王的尊严,又能防止盗墓和水土流失。李世民的昭陵和李治、武则天的合葬墓乾陵都是这种形式。

(5)宋代恢复"方上"形式。宋代陵墓规模较小,但设集中陵区。北宋陵集中在河南巩县,南宋陵集中在浙江绍兴。宋陵虽然恢复了秦汉时期的"方上"形式,但不是简单重复,在陵园布局和地形选址等方面也有其自身特点,而且"方上"的规模要比秦汉时小得多。

(6)明清两代的"宝城宝顶"。明清两代陵寝制度大致相同,都选址于"风水宝地",设集中陵区。每一陵墓都由宝顶、方城、明楼、祭殿组成。在地宫上砌筑高大的圆形砖城,砖城内填上土,使其高出城墙成一圆顶,即为宝顶;宝顶围以城墙,上设垛口和女儿墙,犹如一座小城,即为宝城。宝城前建方城明楼,结构复杂而豪华。

(二)中国著名的陵寝

1. 秦始皇陵

秦始皇陵位于陕西临潼骊山北麓,是中国古代最大的一座帝王陵墓。据史料记载,公元前246年,年仅13岁的秦始皇嬴政继位后就开始给自己修陵墓,直到公元前210年去世,前后历经37年。就单一陵墓而言,秦始皇陵是中国历史上最大的。1974年,在其附近发现兵马俑随葬坑,目前已挖出俑坑三个。一号坑最大,挖掘出与真人真马同样大小的武士俑和陶马6000余个,神态逼真,栩栩如生,再现了2000多年前的战阵军容。这一发现引起世界性轰动,被誉为"二十世纪最壮观的考古发现",兵马俑也被誉为"世界第八奇迹"。

2. 汉帝陵

西汉帝王及重臣陵墓多在咸阳北塬及长安附近。西汉也和秦代一样,大规模的修建陵墓。汉制以每年赋税的1/3用于修陵。西汉帝陵创"陵邑"制度,迁天下富豪居之,为帝王守陵,并首开石像生之先河,即在神道两侧置石人、石兽。汉代帝陵中以汉武帝茂陵规模最大,位于兴平县境内。霍去病墓作为茂陵的陪葬墓,在茂陵东面,墓冢以岩石砌成祁连山的形状,以纪念霍去病征战匈奴、屡建奇功。墓前有一组大型纪念性的雕刻,包括"马踏匈奴"、石人、卧马、卧牛、伏虎等14件。采用圆雕手法,雄浑古朴,是中国古代石刻艺术的珍品。东汉帝陵集中于洛阳北面的邙山,规模较小,取消了陵邑制度,墓前立墓表,设石像生,墓室内墙壁多有画像或雕像。

3. 唐朝帝陵

唐朝国力强盛,重新开始修建巨大的陵墓。唐陵分布在陕西礼泉、三原、乾县一带。唐陵不再采用堆土为陵的办法,而改用"因山为陵",陵前的神道石刻有了很大的发展,大型的石像生仪仗队石刻已经基本形成。此外还有众多的碑石,成为中国唐朝书法艺术的荟萃之地。唐朝帝王陵墓也如汉代,以"功臣密戚、德业佐时者陪葬",形成庞大的陵园。唐陵中以唐太宗李世民的昭陵规模最大,位于陕西礼泉县境内的九嵕山。昭陵原有辉煌的地面建筑,还有著名的"昭陵六骏"石浮雕,以纪念李世民南北征战的开国功业。六匹骏马都是李世民生前征战时的坐骑,六骏浮雕造型极为生动传神,姿态矫健,在中国美术史上久负盛名,可惜已被毁坏。唐高宗李治与武则天的合葬墓乾陵,位于陕西乾县梁山北峰,是唐代关中十八陵中最有代表性和迄今为止保存最好的一座陵墓。陵前神道除有华表和石像生之外,还有石碑两方,其一为《述圣记》碑,由武则天撰文,唐中宗李显书写,是歌颂唐高宗文治武功的。另一方为无字碑,按武则天遗言"己之功过由后人来评不看文字"之意而立。

4. 宋代帝陵和西夏王陵

宋代包括北宋和南宋两个时期。北宋帝王陵集中在河南巩义洛河南岸台地上,葬有北宋七帝及太祖之父赵弘殷之墓,故为七帝八陵,每座帝陵的周围还有皇后陵和一些王公、大臣的陵墓。南宋陵位于浙江绍兴,葬有宋高宗、宋孝宗、宋光宗、宋宁宗、宋理宗、宋度宗等六帝,称宋六陵。与宋代约同时代,在中国西北宁夏一带,有一个党项羌族建立的大夏政权,宋称之为"西夏"。西夏王陵有8座帝王陵园和70余座陪葬墓,分布在今银川市西贺兰山东麓。这些陵墓的封土呈圆锥形,故有"中国金字塔"之称,在中国帝王陵墓中别具一格。

5. 元代帝陵

成吉思汗陵只是一座纪念性的陵墓,位于内蒙古鄂尔多斯高原上的伊金霍洛旗。1227年,成吉思汗病死于清水行宫,按其生前所嘱,遗体葬于鄂尔多斯。但其真正的陵墓原址,一直是历史疑案。今存之成吉思汗陵建于1954年,由三座蒙古包式的大殿和廊庑相连而成,具有鲜明的蒙古民族风格。

6. 明代帝陵

明代帝陵分为三处:一为明孝陵,为明代开国皇帝朱元璋的陵墓,位于南京东郊紫金山南麓。二为明十三陵,位于北京昌平天寿山南麓,是明成祖朱棣迁都北京后除代宗朱祁钰以外十三帝的陵墓。三是景泰陵,明代宗朱祁钰的陵墓景泰陵,在北京西郊海淀区玉泉山北麓。

7. 清代皇家陵寝

清朝是中国封建社会最后一个王朝。清代皇家陵寝主要有关外三陵、清东陵和清西陵。关外三陵是清王朝入关之前的皇家陵寝,指新宾的永陵、沈阳的福陵和昭陵。永陵是清太祖努尔哈赤父亲和祖辈的陵墓,又名兴京陵;福陵是努尔哈赤和孝慈皇后叶赫那拉氏的陵墓,因在沈阳东郊,又称东陵;昭陵是清太宗皇太极和孝端文皇后博尔济吉特氏的陵墓,因在沈阳北郊,又称北陵。清东陵在河北遵化马兰峪,距北京约125千米,因在北京以东,故名东陵。东陵有帝陵五座、后陵四座、妃陵五座、公主陵一座。五座帝陵分别是孝陵(顺治)、景陵(康熙)、裕陵(乾隆)、定陵(咸丰)、惠陵(同治)。诸陵中孝陵为主陵,地面建筑以慈禧的定东陵最为考究,地下建筑以乾隆的裕陵较为壮观。清西陵在河北易县,距北京约120千米,因在北京西南,故名西陵。清西陵中有四座帝陵,即泰陵(雍正)、昌陵(嘉庆)、慕陵(道光)、崇陵(光绪)。西陵四帝中,以雍正的泰陵规模最大,嘉庆的昌陵建筑尤为富丽堂皇。此外还有一些王公、皇后、公主等陵寝。

➤五、文学艺术

中国的文化源远流长,文学艺术作为以非物质表现形式为主的审美性文化产品,对旅游资源的开发具有重要的意义。由于人们可借助文学艺术的生动形式与感染力、想象力,实现情与景、意与景的交融和统一,挖掘自然山水和名胜古迹,甚至可以演绎和创造新的旅游景观,从而使文学艺术成为一种具有隐形特征的旅游资源,中国文学艺术作为旅游资源的意义主要表现在以下三个方面:

(1)直接构成丰富多彩的文化艺术旅游景观。中国独特精湛的传统书画、戏曲杂技、武术表演、遗迹碑刻、壁画和石刻、工艺品等有形的文化景观,都可以直接构成旅游资源。中国有"戏剧王国"之称,如北京的京剧、河北等地的评剧、河北梆子、浙江越剧、苏州评弹、陕西的秦腔、山西的晋剧、河南的豫剧、四川的川剧、上海的沪剧、安徽的黄梅戏、西藏的藏戏等,成为当地旅游环境的特色,是一种独具地方特色的旅游资源。其中京剧被称为中国的"国粹"。书法是中国特有的艺术瑰宝,主要有篆、隶、楷、行、草五种,代表的有《兰亭集序》、《张迁碑》、《九成宫礼泉铭》、《祭侄文稿》、《古诗四帖》等,书法人才辈出,如王羲之、颜真卿、张旭、柳公权等。还有中国画以形写神、以线造型、随类赋彩、虚实相生、散点透视等绘画特点,与西洋绘画形成鲜明的差异,在世界绘画艺术中独树一帜。山水画尤其是水墨山水,最能代表中国画的文人气质和写意手法,是中国文化四绝之一,如《洛神赋图》、《送子天王图》、《清明上河图》等。广泛流传于民间的少林、武当、峨眉等武术流派,吸引了不少海外游客来此旅游。戏剧、书法、画、武术等都成了吸引游客的旅游资源。

(2)无形包装强化各种自然与人文旅游资源。不少形象面大、艺术感染力强的文学艺术作品,其对象与背景地都可以成为旅游资源,甚至旅游热点。位于湖南岳阳楼因北宋范仲淹的《岳阳楼记》而家喻户晓,一提起湖北省武汉市黄鹤楼,人们马上就会想到唐朝诗人崔颢的《黄鹤楼》,张继的《枫桥夜泊》使寒山寺的钟声随着诗情远播各地;一曲《二泉映月》、一部电影《少林寺》以及不少神话传说都使其对家或背景地成了旅游资源。

(3)凭借名作演绎创造各种主题人文旅游资源。凭借名作在有关地点创造旅游资源之风,在当今也愈演愈烈。如依《桃花源记》建"桃花源",依《红楼梦》建"大观园",依《清明上河图》建"宋城",依《三国演义》开发三国旅游线路等,不一而足。

➤ 六、民俗民风

民俗即民间的风俗。一般由自然环境的差异而形成的社会习惯叫"风",由于社会环境不同而形成的习惯称"俗"。中国地域辽阔,民族众多,早在汉代就有"千里不同风,百里不同俗"的说法,因此民俗风情是中国人文旅游资源中最生动、最活泼、最丰富的组成部分。其主要的表现形式有以下几方面:

1.服饰

服饰反映出一个民族传统的审美观和复杂的社会意识,为民族最基本的形象符号特征之一。中国56个民族的服饰和身体修饰千姿百态,各具特色。如苗族妇女喜欢穿"锁噜"绣花衣,傣族姑娘爱穿鲜艳漂亮的短衫筒裙,景颇族男子有佩带长刀的习惯,赫哲族人常穿鲜艳古朴的鱼皮衣,高山族有纹身的习俗,满族人爱穿旗袍等。

2.居住

民间居住是民俗文化最主要的物质表现形式。中国的居民建筑可谓丰富多彩,大体上可分为三类:第一类是帐篷和蒙古包型民居,这是游牧民族居住方式;第二类是干栏式民居,多见于中国南方少数民族地区,其中的纯木结构建筑又以西双版纳傣族竹楼最为典型;第三类是上栋下字式,为中国南、北方各族居民普通样式,其中应用最为广泛的单层四合院住宅,以北京最典型。中国的民居还有客家的大土楼、西部的黄土窑洞等类型。

3.饮食

中国各民族的饮食习惯因所从事的生产内容和所处的地理环境而异。如以畜牧业和狩猎为主的少数民族肉食比重大,蒙古族、回族喜欢吃牛羊肉;南方的侗族、苗族、瑶族,都有腌制酸鱼、酸肉的习俗等。中国居民在饮食口味上的地域分布还有"南甜北咸,东酸西辣"之说。

4.礼仪礼节

经过五千年的文明发展,中国已经形成整套具有东方文明色彩的礼仪礼节,享有"文明古国,礼仪之邦"的美誉。尤其在待人接物方面,各民族也形成了具有本民族特色的好客形式和内容。如壮族迎客设鸡宴,敬交杯酒;苗族迎客穿节日盛装,敬牛角酒;藏族接待客人最高贵的礼物是献哈达、敬青稞酒和酥油茶等。

5.婚丧嫁娶

婚丧嫁娶为人生大事,历来为社会所重视,其仪式、程序和内容因各地各民族的差异性和奇特性吸引了众多游客。如婚恋方面,壮族的歌圩、苗族的芦笙会等青年男女通过对歌寻偶的大型聚会,非常富有民族特色。在丧葬方面,除了火葬和土葬,中国传统的丧葬还有流行于西藏及沿海之地的水葬,流行于西藏、内蒙古等干寒地区的天葬等奇异葬礼。

6.传统节日

中国各种传统时令节日不少于350个,其中少数民族多达280余个。如各族共有的"年节"(春节),汉族的端午节、中秋节、元宵节,藏族的浴佛节、雪顿节,苗族的赶秋,傣族的泼水节,维吾尔族的古尔邦节,彝族的火把节等均是中国的民族节日。

➢七、美食佳肴

中国烹饪是中国对人类饮食文明的巨大贡献。当今世界上中国烹饪、法国烹饪和土耳其烹饪,被誉为东方、西方和阿拉伯三大烹饪流派的代表,而中国烹饪由于具有历史最悠久、特色最丰富、文化内涵博大精深,使用人口最多等特点而首屈一指。

1.地方菜

中国地方菜最初有粤菜、川菜、淮扬菜和鲁菜四大菜系,后来逐渐发展成八大、十大、十二大菜系。现在可以说凡是一个省(区)、市,都有一个菜系。很多省区还可以在其区域内划分出若干子系统的菜肴系列。

2.宫廷菜

宫廷菜历史上专供帝王享用的菜肴,具有花色品种多、制作手艺精、用料考究、色香味形兼备、名目寓意吉祥、讲究依次序上菜等特点。现在西安唐菜、北京清菜、曲阜孔膳等为最具代表性。

3.素菜

历史悠久,流传广泛,经长期发展已形成寺院素食、宫廷素食和民间素食三大派系。虽风格各异,但仍具有选用素菜原料、模仿荤菜式样、制作精细、风味独特的共同特点。目前在中国的一些寺院和城镇出现了不少专供旅游者享用的素食馆。

4.风味小吃

中国地方风味小吃更负盛名,深受广大旅游者的青睐。如北京的烤鸭、天津的狗不理包子、新疆的烤羊肉串、西安的羊肉泡馍、云南的过桥米线等。

➤ 八、特产

(一)工艺美术品

中国的工艺美术品繁多。北京景泰蓝、江西景德镇瓷器和福建的脱胎漆器并称中国传统工艺三绝;江苏宜兴有"陶都"之称;宣纸、端砚、湖笔、徽墨为"文房四宝"之首;苏绣、湘绣、蜀绣、粤绣为中国的四大名绣;南京云锦、苏州宋锦、四川蜀锦为中国的三大名锦;北京漆器、江西景德镇瓷器和湖南长沙的湘绣,合称为中国工艺美术三长;浙江昌化鸡血石、福建寿山田黄石和浙江青田冻石并称为中国印石三宝。此外,北京牙雕、无锡泥雕、安顺蜡染青、宁夏鼻烟壶等均是富有地方特色的著名传统工艺品。

(二)中国土特产

1.名茶

中国是茶叶的原产地,又是最早发现茶叶的功效、栽培茶树和制成茶叶的国家。茶叶自古以来就是中国三大特产(丝绸、瓷器、茶叶)之一,也是世界三大饮料(茶叶、咖啡、可可)之一。唐代茶圣陆羽的《茶经》是中国也是世界第一部关于茶叶专著。茶叶分绿茶、红茶、乌龙茶、白茶、紧压茶和花茶六大类。其中绿茶以西湖龙井、太湖碧螺春和黄山毛峰最为著名;红茶以安徽祁红、云南滇红尤为出众;乌龙茶的名品有福建武夷茶、安溪铁观音、台湾冻顶乌龙等;紧压茶中以砖茶最为多见,白茶中的白毫银针等。

2.名酒

中国据记载五千年以前就已经开始酿酒,美酒之多,更是世界首屈一指。现代根据商业习惯,可把酒分为白酒、黄酒、葡萄酒、啤酒、果酒、露酒和药酒等。其中白酒类名酒最多,以茅台酒、五粮液酒、剑南春酒、汾酒、董酒、泸州老窖特曲等为代表;黄酒类则有加饭酒、沉缸酒等;啤酒类有青岛啤酒、汉斯啤酒等;葡萄酒类有玫瑰香葡萄酒、中国红葡萄酒、味美思、金奖白兰地等;配制酒有竹叶青。

3.中药

中药指中医用以治病防病和保健养生的药物。按加工工艺分为中药材和中成药。中药材是指经加工炮制可直接供药房配剂及药厂制剂使用的半成品药。名贵的中药材有人参、三七、冬虫夏草、鹿茸和阿胶;中成药是指经过精加工可直接使用的成品药,著名的中成药有大活络丹、山西定坤丸、漳州片仔癀、安宫牛黄丸、山西龟龄集和云南白药等。

第三节　中国社会旅游资源

社会旅游资源是以一定的空间和时间为载体,旅游目的地在发展过程中产生的、不以旅游为主体功能的、与旅游目的地居民的生产生活密切相关的现代社会现象和事物的总和。它的特征有:动态发展性、旅游功能隐蔽性、范畴的广泛性、载体的人类性等。社会旅游资源可分为设施、事件、人物、活动、环境和其他六类。

➤ 一、设施

设施是指当代的工程,例如水利、交通、电力和其他社会公共服务设施,以及当代建筑,如展馆高楼和雕塑等。具有代表性的设施有：

1. 三峡工程

三峡工程全称为长江三峡水利枢纽工程。整个工程包括一座混凝重力式大坝、泄水闸、一座堤后式水电站、一座永久性通航船闸和一架升船机。三峡工程建筑由大坝、水电站厂房和通航建筑物三大部分组成。大坝坝顶总长 3035 米,坝高 185 米,水电站左岸设 14 台,右岸 12 台,共装机 26 台,前排容量为 70 万千瓦的小轮发电机组,总装机容量为 1820 万千瓦,年发电量 847 亿千瓦时。通航建筑物位于左岸,永久通航建筑物为双线五包连续级船闸及早线一级垂直升船机。举世瞩目的三峡工程,是迄今世界上最大的水利水电枢纽工程,具有防洪、发电、航运、供水、旅游等综合效益,2006 年已全面完成了大坝的施工建设。截至 2009 年 8 月底,三峡工程已累计完成投资约 1514.68 亿元。自 2003 年实现 135 米水位运行之后,三峡工程已累计发电 3500 多亿千瓦时,三峡船闸累计通过货运量已突破 3 亿吨,超过三峡蓄水前葛洲坝船闸运行 22 年的总和,初步实现了发电和航运效益。三峡工程历经 17 年的建设,已取得决定性的胜利,初步设计任务基本完成。随着 175 米试验性蓄水的顺利推进,三峡枢纽工程进入全面运行期,三峡工程建设已步入全面收尾阶段。2010 年 10 月 26 日,三峡水库水位涨至 175 米,首次达到工程设计的最高蓄水位,标志着这一世界最大水利枢纽工程的各项功能都可达到设计要求。

2. 秦山核电站

秦山核电站是中国自行设计、建造和运营管理的第一座 30 万千瓦压水堆核电站,地处浙江省海盐县,由中国核工业集团公司 100% 控股,秦山核电公司负责运行管理。电站 1984 年开工,一期工程 1991 年建成投入运行;二期工程的两台机组分别于 2002 年 4 月 15 日、2004 年 5 月 3 日投入商业运行;三期工程由中国和加拿大政府合作,于 2003 年建成。二期扩建工程的两台机组于 2012 年正式投入商业运行。秦山核电站的建成发电,结束了中国大陆无核电的历史,实现了零的突破,标志着"中国核电从这里起步",同时被誉为"国之光荣"。秦山核电站的建成,标志着中国核工业的发展上了一个新台阶,成为中国军转民、和平利用核能的典范,使中国成为继美、英、法、俄、加拿大、瑞典之后世界上第七个能够自行设计、建造核电站的国家。

3. 太湖大桥

太湖大桥东起胥口渔洋山,西至西洞庭山,途经长沙、叶山两岛,由各具特色的三座特大桥组成,全长 4308 米,181 孔,桥面宽 12 米。一号桥最长,1768 米;二号桥最高,中心孔高 22.5 米;三号桥最精致,贴水而浮。桥体简洁明快,轻巧新颖,富有时代感,桥岛绵绵十余里,直抵太湖湖心。与太湖山水相得益彰,如一条飞舞的银链,飘落在太湖群岛之间,蜿蜒起伏。这项浩大的工程,1992 年 10 月 27 日动工,是江苏省吴县自筹资金 1 亿多元,经过近千名建设大军两年奋战完成的,国务院总理李鹏题写桥名,于 1994 年 10 月 25 日上午 10 时举行盛大通车典礼。大桥的建成,不仅从根本上解决了太湖西山诸岛的交通,实现了当地人民世世代代架桥的夙愿,而且将为开发和利用太湖自然资源和地理优势,加快苏州太湖国家旅游度假区和环太湖旅游经济区的建设,发挥积极作用。

4. 上海东方明珠塔

上海东方明珠广播电视塔坐落于上海黄浦江畔、浦东陆家嘴嘴尖,以其 468 米的绝对高度成为亚洲第二、世界第四之高塔。1994 年 2 月,国家主席江泽民题写了"东方明珠广播电视塔"的塔名。东方明珠塔上11个大小不一、错落有致的球体晶莹夺目,从蔚蓝的天空串联到如茵的草地,描绘出一幅"大珠小珠落玉盘"的如梦画卷。东方明珠塔凭借其穿梭于三根直径9米的擎天立柱之中的高速电梯,以及悬空于立柱之间的世界首部360度全透明三轨观光电梯,让每一位游客充分领略现代技术带来的无限风光。享誉中外的东方明珠空中旋转餐厅位于东方明珠塔267米上的球体,以其得天独厚的景观优势、不同凡响的饮食文化、宾至如归的温馨服务,傲立于上海之巅,作为亚洲最高的旋转餐厅,其营业面积达到1500平方米,可容纳350位来宾用餐。餐厅同时提供多款豪华套餐和中西结合自助餐,百余种美味佳肴不间断供应,让游客美食与美景共享。东方明珠塔各观光层柜台里1000多款造型独特、制作精美的各式旅游纪念品琳琅满目,令人目不暇接、流连忘返。每年接待来自于五湖四海中外宾客280多万人次,是集观光、餐饮、购物、娱乐、游船、会展、历史陈列、广播电视发射等多功能于一体的综合性旅游文化景点。东方明珠塔业已成为上海的标志性建筑,荣列上海十大新景观之一。作为全国旅游热点之一,东方明珠塔又以其优质服务,在2001年初被国家旅游局评为全国首批AAAA级旅游景点。

5. 北京天安门广场

天安门广场位于北京市中心,南北长880米,东西宽500米,面积达44万平方米,可容纳100万人举行盛大集会,是当今世界上最大的城中广场。天安门城楼坐落在广场的北端,五星红旗在广场上空高高飘扬;人民英雄纪念碑屹立在广场的中央;人民大会堂和中国国家博物馆在广场的东西两侧遥遥相对;毛主席纪念堂和正阳门城楼矗立在广场的南部。现在,每天有成千上万的人到这里参观、游览。天安门广场,被评为新北京十六景之首。

6. 北京奥林匹克公园

奥林匹克公园位于北四环中路的北部。具体的范围是,北至清河南岸,南至北四环中路,东至安立路、北辰东路,西至林翠路与北辰西路。森林公园占地680公顷,国家体育中心占地405公顷,两者相加1085公顷,在行政区划上归属于北京朝阳区的大屯乡与洼里乡。奥林匹克公园依托亚运会场馆和各项配套设施,交通便捷,人口集中,市政基础条件较好,商业、文化等配套服务设施齐备,其规划将着眼于城市的长远发展和市民物质文化生活的需要,使之成为一个集体育竞赛、会议展览、文化娱乐和休闲购物于一体的多功能旅游资源,是一个空间开敞、绿地环绕、环境优美,能够提供多功能服务的市民公共活动中心。奥林匹克公园中心区是举办北京2008年奥运会的主要场地,容纳了44%的奥运会比赛场馆和为奥运会服务的绝大多数设施,拥有亚洲最大的城区人工水系、亚洲最大的城市绿化景观、世界最开阔的步行广场、亚洲最长的地下交通环廊。其经典场馆鸟巢、水立方等已成为吸引游客的新景点。

➢ 二、事件

现代社会不仅将丰富的传统节庆活动加以充分的利用来发展旅游业和商贸活动,而且还不断设计和利用新的现代节庆与商贸活动及博览会之类的事件来发展旅游业,如节庆会展、轰动事件及体育赛事。具有代表性的事件有:

1. 上海世博会

从2010年5月1日到2010年10月31日期间举行的上海世博会是中国第一次举办的综合类世界博览会,会场位于上海市南浦大桥和卢浦大桥之间,沿黄浦江两岸布局,规划用地5.28平方公里,围栏区域(收取门票)3.28平方公里。会场建设有世博轴、中国馆、主题馆、世博中心等 100 多个场馆,其中外国自建馆 40 个、企业馆 17 个、租赁馆 40 个,还有各省(市、区)的展区,展馆建筑面积达 74 万平方米,总建筑面积 230 万平方米,均刷新世博会历史记录。博览会主题是"城市,让生活更美好",世博会活动主要分三类:第一类是博览会展示,第二类是文化演艺活动,第三类是世博论坛。参加的国家和组织有 246 个,参观人数 7308 万人,举办活动 22900 余场,创造了世博会历史上的新纪录,许多经典场馆和成果将长期保留,供游客参观。

2. 广州交易会

广州交易会是中国进出口商品交易会,又称广交会,创办于 1957 年春季,每年春秋两季在广州举办,迄今已有 55 年历史,是中国目前历史最久、层次最高、规模最大、商品种类最全、到会客商最多且分布地区最广、成交效果最好、信誉最佳的综合性国际贸易盛会。广交会出口展区由 48 个交易团组成,来自全国两万多家资信良好、实力雄厚的外贸公司、生产企业、科研院所、外商投资、独资企业、私营企业参展。广交会以进出口贸易为主,贸易方式灵活多样,除传统的看样成交外,还举办网上交易会,开展多种形式的经济技术合作与交流,以及商检、保险、运输、广告、咨询等业务活动。来自世界各地的客商云集广州,互通商情,增进友谊。

3. 四川的汶川大地震

2008 年 5 月 12 日 14 时 28 分 04 秒,四川汶川、北川,八级强震猝然袭来,大地颤抖,山河移位,满目疮痍,生离死别……西南处,国有殇。这是新中国成立以来破坏性最强、波及范围最大的一次地震。此次地震重创约 50 万平方公里的中国大地,为表达全国各族人民对四川汶川大地震遇难同胞的深切哀悼,国务院决定,2008 年 5 月 19 日至 21 日为全国哀悼日。自 2009 年起,每年 5 月 12 日为全国防灾减灾日。在四川也有许多地震后的遗址,供后人缅怀。

➤ 三、人物

当代有很多具有吸引性和影响性的名物、名人和名城。

1. 青岛海尔电器

海尔是世界白色家电第一品牌,1984 年创立于青岛。创业以来,海尔坚持以用户需求为中心的创新体系驱动企业持续健康发展,从一家资不抵债、濒临倒闭的集体小厂发展成为全球最大的家用电器制造商之一。2011 年,海尔集团全球营业额 1509 亿元,在全球 17 个国家拥有 8 万多名员工,海尔的用户遍布世界 100 多个国家和地区。品牌价值 812 亿元,连续八年蝉联中国最有价值品牌榜首。海尔集团制作 212 集科教动画片《海尔兄弟》,成为了小朋友最喜爱节目。除此之外,海尔集团还是 2008 年北京奥运会全球唯一白色家电赞助商。海尔集团还积极履行社会责任,截止 2011 年 5 月,海尔集团已累计援建希望学校 145 所。在 2012 年由中国国际消费电子博览会(SINOCES)组委会和中国机电产品进出口商会联合主办的首届"中国国际消费电子 Leader 创新奖"颁奖典礼上,海尔集团独揽七项行业大奖,是本次评选活动中获奖最多的企业。这释放出一个信号:海尔已经成为家电业产业创新与发展趋势的引领者。海尔已跻身世界级品牌行列,其影响力正随着全球市场的扩张而快速上升。海尔精神已成为很多人和企业学习的榜样,海尔企业也成了许多人和企业参观和学习的场所。

2. 深圳

深圳市,又称为"鹏城",位于中国南方珠江三角洲东岸,隶属中华人民共和国广东省,是中国第一个经济特区,经国务院批准于 1980 年 8 月 26 日正式设立。全市土地总面积为 1953 平方公里,其中,经济特区面积为 395.81 平方公里。在短短的 30 年里,深圳从一个小渔村发展

旅游地理

成为现代化国际化城市,创造了世界城市化、工业化和现代化的奇迹。深圳是中国口岸最多和唯一拥有海陆空口岸的城市,是中国与世界交往的主要门户之一,有着强劲的经济支撑与现代化的城市基础设施。深圳的城市综合竞争力也位列内地城市第一。深圳已经建设成为中国的高新技术产业基地和区域性金融中心、信息中心、商贸中心、运输中心及旅游胜地。

四、活动

活动力是指把人们息息相关的生产生活活动和当代艺术创造(舞蹈、影视和音乐)等当代社会中具有吸引性因素结合起来,使之为旅游业所利用,带来经济、社会和环境效益的活动,并且吸引游客前来观赏、游览、品尝、休闲、体验和购物。

1.工业旅游

工业旅游是以现有工厂、企业、公司及在建工程等工业场所作为旅游客体的一种专项旅游。游客通过了解工业生产与工程操作等过程,获取科学知识、满足求知、购物、观赏等需要。现在的工业旅游发展已经基本成熟,形成的相关景点也很多,如上海宝钢集团、上海大众汽车厂、上海印钞厂、北京中关村、上海的八号桥、创意仓库、时尚产业园、美特斯邦威博物馆、中国航空博物馆等。

2.农业旅游

农业旅游是以当代农村的自然风光、民俗风情、农业生产、农民生活及农村环境为吸引物,满足游客休闲、体验、观光、娱乐等需要的旅游活动。具有代表性的如成都"五朵金花"农家乐、江西婺源、皖南西递、中国画里的乡村——宏村、诸葛八卦村等。

3.高校旅游

高校旅游是以高等院校独特的建筑风格、清雅而宁静的校园环境、悠久而深厚的历史文化和大学校园特有的书香氛围等为依托,能够带来一定的经济效益、社会效益和环境效益的旅游活动。例如中国北京大学、清华大学、上海复旦、浙江大学、南开大学等。

4.当代的艺术创造

中国作为历史悠久的文明古国,具有十分丰富的文化艺术底蕴。在现代人们的物质生活和受教育程度都在不断地提高,对于精神生活的追求也是越来越高。因此,当代的艺术创造发展速度突飞猛进,以其精湛的造型、生动的气韵,展现出东方文化的风姿,吸引中外的游客前来进行旅游活动。例如舞蹈《千手观音》、《长恨歌》,电影《红楼梦》、《三国演义》,歌曲《康定情歌》、《太阳岛上》等。

五、环境

景点以其独特、优美、恬静、自然和谐的环境特色满足游客追求健康、休闲、求新、购物、娱乐等的需求。当代中国的特色大街、特色社区和特色民风也成为一种新的旅游资源。

1.江苏华西村

华西村位于江苏省江阴市华士镇,1996年被农业部评定为全国大型一档乡镇企业,全村共有380户,1520人,面积0.96平方公里。2009年,华西村入选中国世界纪录协会中国第一村,华西村创造了中国世界纪录协会多项世界之最、中国之最,是中国目前最富有的村子。吴仁宝从20世纪六十年代担任华西村的党支部书记,带领全村人走上了共同富裕的道路,2006年全村实现销售超300亿,2010年实现销售收入512亿元,可用资金35亿元,人均纯收入8.5

万元。华西村自 1974 年经国家批准对外开放以来,已成为江南田园旅游中心,共接待 160 多个国家和地区的宾客来华西考察、访问。

2. 重庆解放碑步行街

1997 年,重庆市、渝中区政府投资 3000 万元,以解放碑(抗战胜利记功碑)为中心将解放碑大十字地区(民权路、民族路和邹容路的共 2.24 万平方米面积)改造成中国第一条商业步行街——解放碑中心购物广场。2000 年和 2001 年,渝中区相继投入 1600 万元,将步行街拓展至八一路中段和民族路,解放碑步行街的面积增至 3.6 万平方米。解放碑中心购物广场汇集了世界顶级品牌和很多大众化的商品,荟萃了时尚与流行,是人们逛街购物的第一选择,解放碑商贸中心区(CBD)有望跻身中国第三大商圈。一到周末,更是人山人海,是集购物、休闲、旅游、商务、餐饮、娱乐等综合功能于一体的现代商贸区,有"西南第一街"、"美女街"的美称。

3. 河南南街村

南街村位于河南省临颖县城南隅,紧靠 107 国道,西临京广铁路,东临京珠高速公路。全村有回、汉两个民族,共 848 户,3180 口人,1000 亩耕地,总面积 1.78 平方公里。村里有 26 家村营企业,诸如拉面工厂等。1984 年,村办企业的总产值只有 70 万元,到 1995 年已经达到 12 亿,实现了飞跃发展。它是集体主义经济的代名词,改革开放以来,南街村遵循党的"一个中心,两个基本点"的基本路线,因地制宜,大力发展集体经济,走集体共同富裕道路,实现了物质文明和精神文明建设的飞速发展。在坚持集体主义的原则下,南街村几近实现了共同富裕,经济平稳发展,社会和谐,人们安居乐业,有"全国文明村"、"中国十大名村"、"国家级生态村"、"全国优秀乡镇企业"美誉。南街村现系国家 4A 级景区,每年接待游客 50 多万人次。对于南街村两个文明建设取得的显著成绩,人们纷纷给予高度评价和赞扬。南街人正以豪迈的热情,与时俱进,开拓创新,在建设共产主义小社区的征程上奋勇前进。

思考题

1. 中国地貌旅游资源的特点是什么?
2. 中国的四大佛教名山和四大道教名山分别是哪些,简要阐述其旅游特色。
3. 试对比分析长江与黄河旅游价值的异同。
4. 长江三峡分布在哪里? 是哪三个峡谷的总称? 它是如何形成的?
5. 中国古代宫殿建筑的布局有何特点?
6. 试分析中国佛教建筑艺术的主要表现形式、代表性景观及旅游价值。
7. 试分析对比中国江南园林与北方园林的基本特征与旅游功能。
8. 如何认识和处理好中国自然保护区保护与旅游利用的关系?
9. 中国自然旅游资源具有哪些特点和类型? 试举例说明。
10. 中国人文旅游资源具有哪些特点和类型? 试举例说明。
11. 我国古代建筑旅游资源都有哪些?
12. 宗教旅游资源都有哪些类型?
13. 试述我国海岸带旅游资源的特点及分布情况。
14. 举例说明自然地理背景和文化地理背景的三级差异。
15. 为什么经济发达的国家或地区既是主要的旅游客源地又是主要的旅游接待地?
16. 对旅游环境的感知深度包括哪些方面? 它对旅游者的决策行为和旅游经营者经营行

旅游地理

为有哪些直接的影响?

17.举例说明感知距离对旅游地吸引强度的影响。

18.如何理解旅游资源的概念,简述旅游资源与其他资源有哪些异同点。

19.如何判断一个人是不是旅游者?是国际旅游者还是国内旅游者?

20.简述中国旅游资源的特点及分布规律。

21.案例分析:泰山与曲阜三孔同为世界遗产,相距74千米,高速相连,游客两地一起游特别划算,但邹城的三孟,同样为文化价值极高的旅游资源,却因与三孔只相距23公里,与三孔资源相同,客源方向也都是从北面的济南而来,先三孔、后三孟,这样三孟在三孔的阴影中,所以旅游市场一直不景气。对其如何进行开发与规划来提高旅游市场影响?

22.什么是地质地貌?

23.简要分析地质地貌旅游资源的吸引因素和旅游功能。

24.地质地貌旅游资源的基本类型有哪些?试举例说明。

第四章
世界旅游资源

学习要点

1. 了解世界旅游资源分布情况,了解世界旅游客流分布规律
2. 理解各旅游大区旅游业发展的基本特征及其与自然、社会环境之间的关系
3. 掌握南欧、西欧、北欧、东欧旅游资源的类型、特点、差异
4. 掌握东亚、南亚、东南亚、西亚旅游资源的特征、类型、异同
5. 掌握南北美洲旅游资源的类型
6. 掌握非洲旅游资源的特征

引导案例

有人说土耳其是地中海文明碰撞下的绚烂火花,这里有人类千年文明的遗迹,有蔚蓝洁净的海滩,有地中海明媚艳丽的阳光,在我们盛世的王朝里,这里曾经是"丝绸之路"的终点……凭这些,难道还不值得你去探寻这个星月童话中的传奇国度么?

你了解土耳其这个国家吗? 你是否有了到土耳其旅游的冲动? 你是否想了解其他国家的旅游资源? 通过本章的学习,你就会对世界旅游资源会有较多的了解和认识,为你以后出境旅游提供较大的帮助。

第一节　世界旅游地理概论

➤一、世界旅游资源的分布与开发利用

(一)世界旅游资源的分布

1.自然旅游资源

(1)山地旅游地:地表形态依照其高度和起伏分为山地、高原、平原。高原和平原是人类的聚居地,人类长期活动已不同程度地改变了高原和平原的原来面貌,因而其人文旅游资源更为突出。山地则相对受人类影响较少,而较多地保留了原始的自然面貌,其景色千差万别。

世界各地的山地旅游区可分为以下几种:

①登山基地。登山基地可作为夏季旅游地。登山运动与旅游结合近年来颇受人们喜爱。日本的富士山、欧洲的阿尔卑斯山、非洲的乞力马扎罗山等都是著名的登山地。山地要发展成为登山基地,关键是营地建设、物资供应等设备条件。

②滑雪山地。滑雪山地可作为冬季旅游地。挪威的斯堪的纳维亚山地是欧洲著名的滑雪度假地,这里有长达5公里的霍尔门科伦滑雪道和2000多个滑冰场。瑞士境内的阿尔卑斯

山,有400多条专供登山的齿轮铁路和电动缆车线,以及1200多个滑雪吊车,游人可随时登上各个山峰。

③观光山地。观光山地是冬可滑雪、夏可避暑的娱乐旅游地。朝鲜的金刚山随季节不同而景色各异;罗马尼亚喀尔巴干山麓的布拉索夫,不仅夏避暑冬滑雪,而且还有古城墙、古教堂等文化遗址;厄瓜多尔的安第斯赤道雪奇景、哥斯达黎加博阿斯火山喷泉等都是世界著名的观光山地。

总之,在地表晚近地质历史时期形成的两大褶皱带上,都有许多世界山地旅游地,只是目前开发程度不同而已。

(2)海滨旅游地。虽然海洋占地表总面积的71%,但海滨旅游地仅仅限于近海的大陆架范围内,面积约占海洋总面积的7%,各种美丽的海岸、堡礁、三角洲、海岛(包括人工岛)和多姿多彩的海洋生物,均可供旅游观览。

①达尔马提亚型海岸:纵向海岸的一种,为山地海岸中海水淹没与海岸平行的脊与谷地而形成的海岸,以南斯拉夫的达尔马提亚最为典型,其岛屿、半岛与海湾平行于海岸线。在2000多公里的海岸线上,四季花翠的地中海式植被,点缀在中世纪建筑群之中,构成一幅天然美景。

②土耳其沿爱琴海的里亚斯式海岸:属于横海岸的一种。由于陆地下沉(或因海平面上升),沿海山脉与谷地分别成为与海岸正相交或近似正相交的漏斗状和海湾与岛屿。土耳其古文明的发祥地伊兹密尔即位于岸边,依山傍水,树木青翠,地中海式气候下众多的瓜果和海滨浴场,颇受游人喜爱。

③挪威西部的峡湾式海岸:海滨地区冰川作用所形成的槽谷,因海水侵入而成狭长的港湾,海岸曲折,景色幽美。奥斯陆有海盗博物馆,展示的是8—10世纪出没在这个海域的海盗船只。

④海滩:是指位于海岸地带的平均高潮面与平均低潮面之间的海边沙滩,其中有不少是世界著名的海滨游览地,如美国的长岛海滩、罗马尼亚的康斯坦察海岸、越南的海防滩、日本的镰仓、法国的尼斯等地。

⑤堡礁:是指有泻湖与陆地隔开的珊瑚礁,一般在海面以下,退潮时呈链状列岛露出海面。最著名的是澳大利亚东海岸的大堡礁,可谓世界上最大的海洋动物园,这里有400多种珊瑚礁,栖息着1500多种鱼类,并有稀奇的海鱼、海豚和成千上万的软体动物。

⑥三角洲:是指在河口区流速减缓的流水所携带的泥沙堆积而成的冲积平原。因地势低平,河网密集多岔道,自然景色旖旎。如泰国的湄南河三角洲,其上的曼谷被誉为"东方威尼斯",这里除了名胜古迹和热带风光吸引游客外,曼谷还有供游客吃、住、用的各种豪华设施,每年招揽大批游客。多瑙河三角洲位于罗马尼亚东部的黑海入海口处,此处陆地、溪流、湖沼交织,芦苇丛生,鸟兽栖息,有"地质生物大实验室"之称。

⑦海岛:有着平展的沙滩、蓝色的海水和灿烂的阳光以及茂密的森林、奇特的海洋生物,备受人们青睐。如有"六月岛"之称的巴哈马联邦、"西印度群岛的疗养院"——巴巴多斯等海岛国家,每年接待游客常常超过本国人口的十几倍。美国的加弗纳斯岛、加拿大的爱德华太子岛等也是世界著名游览地。

⑧人工岛:近年来,日本凭借岛国的优势,修建了海滨人工岛,以发展旅游业。目前已经建成的有神户人工岛,同时建有饭店和游艇基地,形成了全新的旅游区,每年接待游人逾千万。

(3)温泉旅游地。世界各国温泉旅游地发展较早,多具疗养与观光双重作用。美国黄石公园拥有世界上最多的温泉和间隙喷泉,多达 3000 多孔。被称为黄石公园一颗"宝石"的老忠实间隙泉,每隔几十分钟喷出一次高达 40 多米的热水柱,十分壮观。法国温泉资源也很丰富,有1200 多处;日本也是温泉最多的国家之一;匈牙利布达佩斯温泉是欧洲最著名的疗养中心。

(4)峡谷旅游地。世界著名的大峡谷有以下几处:

①美国科罗拉多大峡谷:位于美国西南部亚利桑那州西北部的凯巴布高原上,全长 446 公里,平均谷深 1600 米。它不仅以宏伟壮观的景色成为世界旅游胜地,更以其丰富的内涵吸引着许多地质学、古生物学和考古学工作者。

②东非大裂谷:东非是非洲大陆上最高的部分,但其间却有一条纵贯南北的地陷地带,即东非大裂谷。它包括一系列由块状断裂所形成的谷底地和湖盆,两壁怪石峥嵘,森林浓郁,谷底有草地牧场,内陆湖泊有的盐分富集,有的鱼虾众多,游人可泛湖捕鱼。尼拉贡戈山顶的岩浆湖,是裂谷中的胜景。

(5)野生动植物保护区的旅游地。据统计,世界自然保护区面积平均占国土面积 10%,有些国家如美国、日本、德国、肯尼亚等国家自然保护区的面积所占比例更高。

①肯尼亚的察沃国家公园:位于肯尼亚东南部,是世界最大的野生动物国家公园,占地 2万多平方公里。肯尼亚受高原地形的影响,为热带草原气候,在这种自然环境中生活着众多的热带珍禽异兽。肯尼亚拥有全国建设立 30 多处天然动物园和动物自然保护区,约占国土总面积的 15%。

②坦桑尼亚的塞卢斯野生动物保护区:占地 5.6 万平方公里,是世界上面积最大、野生动物种类最多的野生动物保护区之一,也是蜚声世界的著名旅游胜地。

③美国的黄石国家公园:是世界上第一座国家公园,占地面积 8956 平方公里。它是以保护自然生态系统的平衡为首要任务,园内划分成三大区域:第一块区域内是完全保持原始状态森林,也有荒凉不毛之地,甚至发生雷电引起的自然火灾,人们也不予干预,认为这样生态平衡对森林整体及发展有利;第二块区域为游人集中的娱乐区;第三块为介于上述两者之间的半原野区。

2. 人文旅游资源

各国的人文旅游资源主要有几种:

(1)皇家建筑游览地。历代统治者都不吝资财、人力修造宏伟堂皇的建筑,保存至今成为著名的游览地。

①法国的凡尔赛宫:现为法国的国家历史博物馆,人称"西洋古典建筑的瑰宝",位于巴黎西南 18 公里的凡尔赛镇,占地 111 万平方米。它于 1661 年路易十四时开始兴建,1689 年竣工。宫前有法兰西式大花园、宫殿和放射形大道。宫内有著名的镜廊和众多的铜雕、大理石雕等艺术珍品。

②英国的白金汉宫:位于伦敦市中心,从 1837 年至今一直是英国的王宫。白金汉宫在每年的 8—9 月对外开放,开放参观的部分为王座室、音乐厅、国家餐厅等。

③俄罗斯的冬宫:位于圣彼得堡宫殿广场上,建于 1754—1762 年间,为历代沙皇的府邸;共有客厅和大小房间 1057 间,设计精巧别致,造型妩媚多姿,建筑富丽堂皇;从 1922 年改为国家博物馆。

(2)古代陵墓游览地。古代不少国家都曾为国王、皇亲国戚修建了工程浩大、建筑宏丽的陵墓。这些陵墓不仅建筑气势雄伟,而且有雕刻、绘画、装饰等许多精美的殉葬品,艺术和考古

旅游地理

价值巨大。世界著名的古陵墓游览有以下几处：

①埃及的金字塔：是古代埃及国王的陵寝，在尼罗河下游两岸的沙漠中有四五千年前建成的大小金字塔 70 多座，其中最著名的是胡夫金字塔，底边长 220 米，塔高 136.5 米，用 230 万块石头砌成，石块重量从 2.5 吨到 50 吨不等，石块间接缝严密。金字塔已经成为埃及的象征。

②柬埔寨的吴哥石窟：位于金边西北 240 公里处。这里既是国王陵寝，又是王室宫廷；既是宗教圣地，又是文化中心。它由一组宏伟的石造建筑群和精美的石刻浮雕所组成，共有各式建筑物 600 多座，散布在大约 45 平方公里的茂密森林中，石壁上刻着各种形态的佛像，最负盛名的是建于 1112—1201 年间的苏利耶跋摩二世的陵墓。

③印度的泰姬陵：位于北方邦阿格拉城郊，距首都新德里 195 多公里；始建于公元 1632 年，是印度莫卧儿王朝第五代帝王沙·贾汗为其宠妃所建，占地 17 万平方米，为一座白色大理石圆顶寝宫，四周耸立着四座白色大理石组成的伊斯兰建筑特有的白楼，东西两侧各有一座红砂岩建造的清真寺翼殿，用红色砂岩，色彩对比鲜明，互相辉映。

（3）宗教旅游地。宗教作为旅游资源，主要包括两个方面：一为宗教活动，二为宗教建筑和艺术，例如许多教堂和古塔已成为该地的标志。世界著名的宗教圣地有以下几处：

①"宗教之都"——麦加。麦加位于沙特阿拉伯西边，是穆斯林每天朝拜的方向，也是 570 年，伊斯兰教先知穆罕默德的出生地。麦加是伊斯兰教石造圣堂的所在地，传统认为是亚伯拉罕所建造的。麦加是每个穆斯林在一生中必须试图朝圣的宗教中心。

②"寺庙之城"——加德满都。尼泊尔历代王朝在加德满都修建了数目众多的宫殿、庙宇、宝塔、殿堂和寺院等，在面积不到 7 平方公里的市中心有佛塔、庙宇 250 多座，全市有大小寺庙 2700 多座，真可谓"五步一庙、十步一庵"，因此，有人把这座城市称为"寺庙之城"、"露天博物馆"。

③欧、美城市，甚至村镇，多有基督教（或其不同的教派）教堂，多者可达数十座。著名的教堂有：德国的科隆大教堂（欧洲最大的哥特式教堂）、意大利的罗马教堂（曾是天主教的中心）和米兰的杜奥莫教堂（欧洲三大教堂之一）、法国巴黎圣母院（被誉为"一座由巨大的石头组成的交响乐"）、奥地利维也纳的斯蒂芬大教堂、希腊阿索斯山半岛上的东正教修道院、梵蒂冈的圣彼得大教堂、西班牙塞维利亚的希拉尔达大教堂等，都拥有许多珍贵的雕塑和绘画，有的改为博物馆，有的成了城市的标志性建筑。

（4）风土民情游览地。世界各民族都有其丰富多彩的风土民情，其中有的极具特色并发展成为旅游地。

①美洲印第安人聚居地。印第安人是美洲最古老的居民，创造过灿烂的文化。美国独立战争后，印第安人被驱居于所谓"印第安人保留地"，过着与世隔绝的原始生活，他们的服式和生活习俗特异，无文字，信宗教和巫医，氏族观念深。

②吉卜赛人的风土民情。吉卜赛人原居于印度北部与伊朗交界的地区，后来散居在叙利亚、埃及、希腊、意大利、法国等地。他们性格热情奔放，能歌善舞，是世界上唯一保持传统习俗的流浪民族，用大篷车作为主要交通工具（在中亚骑骆驼，在西班牙、希腊骑毛驴，在印度坐牛车，在美国也有坐卡迪亚克牌轿车的），带着饮具，弹着吉他，卖艺弹唱，保持着类似氏族组织的制度，用血缘关系维系着他们的社会。

③不同民族的不同节庆活动，有的也对游人具有强烈的吸引力。如信仰基督教各国的圣诞节和复活节、信奉佛教国家的浴佛节、德国的啤酒节、伊斯兰教的朝觐、西班牙的斗牛表演、

法国的葡萄节、保加利亚的玫瑰节、柬埔寨的送水节等,均已形成国际旅游高潮。

(5)城市游览地:大小城镇、各具特色,与地域风光和人文景观结合,风貌各异。一些大城市的吸引力更强,各国的首都,往往是各国人民向往的中心和本国对内、对外交往的枢纽。一般来说,城市愈大,历史愈久,古迹愈多,作为游览观光的作用也就愈大。同时各国为了展现各自的历史和成就,还在城市游览地设有许多不同类型的博物馆、纪念馆、特种工艺展览。近年来各国在城市游览地又纷纷建造了人工乐园,运用现代化的技术来丰富旅游项目。

(二)世界旅游资源开发的重点区域

旅游者的共同心理是求新、求知、求乐,因此为了满足广大旅游者知识性、娱乐性和猎奇性的愿望,各地在开发旅游资源时,都十分重视以按照区域特征、发挥优势的原则进行重新建设。

1.中、低纬度的阳光海岸

就世界范围来看,目前的发达国家大部分所处纬度较高,阳光期短,气候偏冷,而且由于工业化程度高,自然景观、生态环境受到工业严重污染,环境条件恶化,并且由于经济发展使脑力劳动越来越多,形成了精神疲劳,人们热切希望寻求阳光和煦、空气新鲜和环境幽静的地方休息度假以消除精神疲劳。在地球表面中、低纬度的海滩,阳光充足、海滩平缓、港湾交错,热带或亚热带丛林风景秀丽,保持着一种自然的、原始的生态,其间更建有别墅宾馆、海水浴场,这些就构成了强大的旅游吸引力,如西班牙的地中海沿岸旅游区、意大利和希腊的南部海滨、中美洲的巴哈马群岛、太平洋中的夏威夷群岛等。

2.文明古国

世界的许多文明古国是人类文明的发祥地。例如印度、埃及、中国及非洲、拉丁美洲的一些文明古国都具有独特的文化遗产、民俗风情,运用古老的文化、艺术去触动游客的"思古之幽情",也可以构成强大的旅游吸引力。

3.大城市

世界各国的首都和大城市,多位于自然条件优越、地理位置适宜、经济文化发达、空交通方便、风光明媚宜人的地方,而且往往也是许多重大历史事件的策源地和发生地,文物古迹遗存丰富。因此,大城市也是当今旅游业发展的重点地区之一。大城市按其职能可分为以下几种类型:

(1)政治型:如美国的华盛顿、澳大利亚的堪培拉、巴西的巴西利亚等。

(2)商业型:如日本的大阪、美国的纽约、英国的伦敦等。

(3)工业型:如英国的曼彻斯特、日本的丰田、德国的埃森等。

(4)交通型:巴基斯坦的卡拉奇、新加坡等。

(5)科技文化型:美国的休斯敦、日本的筑波等。

(6)古都型:如埃及的开罗、法国的巴黎、美国的波士顿等。

(7)名品型:如捷克的哥特瓦尔德夫、美国洛杉矶、德国的科隆等。

(8)风景型:如意大利的威尼斯、巴哈马联邦的拿骚等。

(9)宗教型:如麦加、梵蒂冈、耶路撒冷等。

(10)特色型:如奥地利的维也纳、芬兰的奥卢等。

(11)综合型:如俄罗斯的莫斯科、日本的东京、墨西哥的墨西哥城等。

旅游地理

➤ 二、世界旅游客流的分布规律

1. 世界旅游客源概况

据联合国世界旅游组织的统计报告,2011年全球国际旅游人数达到9.8亿人次,同比增长4.4%。该机构的报告说,面对2011年全球经济停滞、中东和北非政局动荡以及日本遭受地震灾害等不利因素的影响,世界旅游业仍然实现了超过4%的增幅。其中增幅居首位的是南美洲,达10%,其次是欧洲,达6%。与以往不同的是,2011年发达经济体增幅超过了新兴市场,分别为5%和3.8%。

报告指出,在经济形势不稳定的情况下,2011年欧洲仍接待超过5亿人次的国际旅游者,其中中东欧和南地中海地区增幅最大,达8%;亚太地区增长6%,达2.16亿人次;东北亚地区增长4%;受日本出境旅游人数下降的影响,大洋洲增幅只有0.3%;美洲地区增长4%,达1.56亿人次,其中,南美洲增幅为10%,中美洲和加勒比地区增幅均为4%,北美地区增长3%;非洲接待国际旅游者5000万人次,其中,撒哈拉沙漠以南地区增长7%,北非地区下降了12%。

在旅游收入方面,增幅居前几位的是美国、西班牙、中国香港地区和英国。旅游消费最多的是中国、俄罗斯、巴西和印度。

审视世界旅游业,虽然在许多国家已具有一定的规模,但经济发达国家仍主导重要地位。全世界90%以上的国际旅游者来自发达国家,它们是主要的旅游客源国,同时它们又接待了世界80%的国际旅游者,即也是主要的旅游接待国。

导致上述现象的主要原因是:

(1)经济发达国家,居民收入较高,人们有精力、财力外出旅游。一些新兴的工业化国家,也是重要的客源国,如东欧、西班牙、巴西以及亚洲"四小龙",也在逐步改善经济条件,人们闲暇时间增多,交通工具进步,导致出游人数增加和其他国家及其旅游的高潮。

(2)从地理位置看,全球的工业发达国家,大多集中于北美和欧洲,他们之间除了洲际要依靠航空运输外,美国与加拿大之间、中西欧诸国之间,则主要靠发达的公路和铁路系统来相互交往。发达国家私家车普及程度较高,形成大众性的自驾旅游。加之欧洲的地中海沿岸,又是历史悠久的旅游胜地,欧美的文化和风俗有着历史的联系,现代生活水准相近,这些优势也促进了它们之间的密切联系与频繁的旅游活动。

2. 世界客流分布规律

由上述客流分布概况可知,世界客流的分布规律如下:

(1)近距离间流动的多,远距离间流动的少。除了在地理位置上发达国家比较集中外,近年来,一些国家群众可支配的收入有限以及一些地区临时性因素的影响(如国际恐怖暴力事件等)导致短途临近区域性旅游增加。如美国80%的出国者到加拿大、墨西哥以及中、南美洲国家旅游;西欧各国旅游选择地中海沿岸地区;日本人多选择亚太地区国家。

(2)邻近的国家和地区间流动的多,远隔重洋的国家间流动的少。旅游者都希望花费少又玩得好,香港人很多到邻近的泰国等地游览,因为泰国旅游收费低廉,颇具诱惑力。意大利、葡萄牙等之国间则可组织驾车旅行等。

(3)流向风景名胜区和古老文明国家及地区的多,流向其他地区的少。旅游不仅是观光游乐,而且也是增长知识的良机。当今,人们对现代生活的呆板、喧闹和紧张感到厌倦,希望返回大自然或寻幽探古,以丰富自己的精神生活。一些文明古国,大多工业化程度较低,许多自然景观、生态环境保持着一种自然的、原始的状态,又具有举世闻名的古代文明和文化遗产,对旅游者颇具吸引力。

(4)流向经济发达的国家和地区的多,流向发展中国家和地区的少。旅游业的发展与社会的整体经济环境密切相关,发展中国家的国力不足,而经济发达的国家和地区人民生活水平高,因此,发达国家之间和发展中国家向发达国家的客流远远要多于发达国家向发展中国家或发展中国家之间的客流。

(5)流向温暖国家和地区的多,流向寒冷国家和地区的少。地表中、低纬度的"阳光充足"地带,拥有优美的海滩和热带丛林,动植物种类丰富,古老而独特的民俗风情,有力地吸引着工业发达国家的游人。因为大多数发达国家地处较高纬度,阳光期相对较短,气候偏冷,所以欧洲游人多流向地中海滨,北美洲游人多流向墨西哥和加勒比海地区。

第二节 世界旅游地理分区

一、亚大旅游地区

(一)概述

亚洲、大洋洲旅游区,是世界面积最大、人口数量和民族种类最多的地区,区域旅游业的发展具有以下特征:

(1)拥有最为丰富多彩的旅游资源。亚洲开发历史悠久,黄河流域(中国)、印度河流域(巴基斯坦、印度)、两河(幼发拉底河和底格里斯河)流域,均为人类文明的摇篮。加上亚大地区规模巨大、种类齐全的自然资源,使亚洲旅游资源的开发具有明显的优势和巨大的潜力。

(2)亚大地区普遍遭受过西方殖民主义的入侵,现代旅游业的发展迟于欧美国家,而且许多国家尚处于起步阶段。

(3)亚大地区旅游业发展不平衡,可分为三种类型:第一类是日本、澳大利亚、新西兰等国,国际旅游业发达,又是客源输出国;第二类,诸如新加坡、韩国和我国的台湾省、香港等,国际旅游业随着经济的发展而兴旺,入境游客量大;第三类是其余国家,限于收入水平,都在积极发展接待国际游客的事业,普遍面临缺乏资金和设施的问题。

(4)亚大地区距离欧美客源发达市场普遍较远,要经过长距离旅行,这属于不利因素。

(5)南亚、西亚的宗教朝觐旅游占有显著地位。

(二)东亚

1. 日本

日本有丰富的旅游资源,是多山的岛国,海岛线曲折漫长,居环太平洋火山带的一部分,有火山270座,被称为世界火山博物馆。温泉多达2600处,每年温泉旅游疗养者达2亿人次以上,神社、佛寺、殿宇及祭庆活动遍布各地。但以新干线两侧的旅游资源分布最为密集。

(1)京都。京都与公元794至1868年为日本首都,是日本人的精神故乡,是日本文化的源点,是日本的文化象征之地。古都京都是根据历来王朝文化中盛行的日本式唯美意识所构建的。以神社、佛阁等历史建筑物、庭院、绘画、传统活动、京都料理为代表,被称为"千年古都"。

京都的城市格局仿建于中国唐代长安和洛阳,1950年被宣布为国际文化观光城市。京都是日本佛教中心和神道教圣地,因全年月月有节庆,又被称为祭之都。

(2)奈良。自710年至784年奈良县曾是日本的首都,称为"平城京",是日本文化、艺术和工艺的摇篮。在佛教传入日本的公元6世纪至8世纪期间,奈良一直作为日本的政治、文化中心而繁荣。公元710年,仿效中国唐代的长安城而创建的大规模国际首都"平城京",作为历史性的遗产已列入世界遗产之中。西方的文化、艺术、建筑技术等透过古代通商道路——丝绸之路传入日本,存有以东大寺、法隆寺为首的世界文化遗产、佛教建筑、佛像雕刻等许多国宝和重要文化遗产。

(3)东京。东京,是日本国的首都,东京仅次于纽约、伦敦,和巴黎并列,并称"世界四大城市"。东京是亚洲乃至世界上最大的都市,为全球最大的经济中心之一,是一座国际化大都市。东京在明治维新后即成为日本首都所在地,同时也是日本文化、经济、教育、商业、时尚与交通等领域的枢纽中心。东京还有日本最大的国会图书馆和东京国家博物馆、科学博物馆以及众多的专业博物馆。现代化的建筑与皇城、神社等古文化遗迹,繁华商业区与迪斯尼乐园等人造景点共同将东京构筑成一个享誉世界的旅游城市。著名的旅游景点有国会议事堂、皇宫、赤坂离宫、明治神宫、新宿御苑、东京铁塔,以及东京迪斯尼乐园、上野公园、上野动物园、浅草寺、银座等。

(4)大阪。大阪不仅为日本第二大城市,也是世界前十大都市经济体之一。市内河道纵横,水域面积占城市面积的1/10以上,河上1400多座造型别致的大小桥梁将整个市区连为一体,既有"水都"之称,又有"大阪八百八桥"的说法。市区以通天阁为中心,主要有大阪古城、天王寺、天满宫、万国博览会纪念公园、梅田繁华街、"虹街"地下城和新世界大街等游览景区。

2. 朝鲜

朝鲜半岛从南到北长约1144公里,按照朝鲜里来计算,1朝鲜里等于0.4公里,大约有3000朝鲜里,所以自古以来朝鲜被称作"三千里锦绣江山"。朝鲜分南北两部分,北部以山川景观见长,南部多人文景观。朝鲜主要的名山有金刚山、妙香山、七宝山、九月山等,金刚山雄伟壮丽,显阳刚之气;妙香山山势奇妙,呈阴柔之美。名江有中朝界河鸭绿江、大同江、清川江。2008年9月2日,中国政府决定朝鲜民主主义人民共和国为开放中国公民出境旅游目的地国家。朝鲜对外国游客开放的地区有平壤市、南浦市、开城市、妙香山、七宝山、九月山、元山、白头山等地区。

金刚山是朝鲜的名山,分为内金刚、外金刚、海金刚。但是金刚山很多旅游区交通不便,所以中国游客一般只去平壤、开城和妙香山地区旅游。朝鲜金刚山国际旅游特区指导局发言人2012年4月1日表示,朝鲜将向所有游客开放金刚山,朝方将对所有游客表示欢迎,并将尽一切诚意和努力让游客享受金刚山美丽风景。

3. 韩国

韩国自然风光秀丽,现代娱乐设施颇具规模,其各类节庆活动与传统仪式也十分引人注目。韩国的七大观光旅游区分别为汉城区、济州区、江原区、大田、大邱—庆北区、釜山—庆南区和罗南区。截至2011年10月,韩国拥有9处世界文化遗产和1处世界自然遗产,其中济州火山岛和熔岩洞窟于2007年被登载入世界自然遗产名录。

首尔是韩国最大的城市,也是一座国际化大都市。正式名称为首尔特别市,前称为汉城。首尔位于韩国西北部的汉江流域,朝鲜半岛的中部,是韩国的首都和政治、经济、科技、文化中心,首尔城市圈包括仁川、水原等城市,首尔四季分明,每年的境外游客非常多。首尔市内的建筑古老和现代共存,既有景福宫等朝鲜时代的古宫,也有最尖端的综合文化设施。此外,明洞、狎鸥亭洞等购物街道和丰富多彩的演出设施也是世界闻名的。首尔市内的观光景点主要有朝鲜时期的五大古宫和宗庙,以及首尔世界杯体育场、63大厦、汉江、南山、北汉山国立公园、大学路、仁寺洞等,著名购物场所则有梨泰院、明洞、狎欧亭、南大门、东大门等。市内保留着许多名胜古迹,主要景福宫、昌德宫、昌庆宫、德寿宫和秘苑(御花园)等。

(三)东南亚

1.新加坡

新加坡共和国,是一个城市国家,属于英联邦成员国之一,位于马来半岛南端,马六甲海峡北岸,北隔1.2公里宽的柔佛海峡,凭借1056米的海堤与半岛相连,扼守着太平洋和印度洋航运要道马六甲海峡的咽喉要地,地理位置十分优越,为亚洲与欧洲、太平洋和印度洋之间的交通枢纽,享有"东方直布罗陀"、"远东十字街头"之称。优美清洁、花园般的城市景观,便利的国际交通和免税自由贸易港口的优越条件,舒适的现代化旅馆和低廉的收费,优质的服务和良好的社会风尚等,使新加坡赢得了"旅游王国"的美誉。其主要的旅游胜地有"花园城市"新加坡市,裕廊飞禽公园和鳄鱼乐园、圣陶沙岛等。

新加坡市是全国政治、经济、文化中心,有"花园城市"之称,是世界上最大港口之一和重要的国际金融中心。市内有天福宫、星和园、裕华园、苏丹伊斯兰教堂、双林寺和供奉有18手观音菩萨像的龙山寺等名胜,还建有植物园、动物园、国家博物馆、范克利夫水族馆、新加坡战争纪念塔等。

裕廊飞禽公园位于裕廊,占地约20公顷。园内建有95个鸟舍、10个活动场所和6个池塘,养有380多种飞鸟,约4600只,其中有29种受威胁鸟类。园内广泛搜罗了东南亚及世界各地的鸟类,有来自西班牙的红鹤、来自几内亚的食火鸡、还有羽毛绚丽的热带鸟和来自冰天雪地的南极企鹅等,是个"花木四时茂,人来鸟不惊"的"鸟类王国"。

2.泰国

泰国全称泰王国,属于热带季风气候,全年分为热、雨、凉三季,年均气温24～30℃。绮丽的热带风光,广博的佛教文化,独特的民族风情,悠久的历史古迹,有妩媚妖娆的"人妖歌舞"表演,使泰国蜚声全球,被誉为"亚洲最具异国风情的国家"。泰国旅游业十分发达,堪称是东南亚首屈一指的旅游大国。旅游线路分北线和南线,南线以曼谷为中心,北线以清迈为中心;客源构成中以马拉西亚、日本、美国、新加坡、中东等国家游客最多。泰国主要的旅游胜地有"天使之城"曼谷、"佛教圣地"清迈、"东方夏威夷"芭提雅、"泰国明珠"普吉岛、"椰林海岛"苏梅岛、"历史名城"佛统、"三不管"金三角以及"金汤城池"大城等。

曼谷,泰国首都,泰国最大城市,为泰国政治、经济、贸易、交通、文化、科技、教育等各方面中心。泰国人称曼谷为"军贴",意思是"天使之城"。曼谷市内繁忙的水上交通使曼谷又有"东方威尼斯"的美称。曼谷佛教历史悠久,东方色彩浓厚,佛寺庙宇林立,建筑精致美观,以金碧辉煌的大王宫、流金溢彩的玉佛寺、庄严肃穆的卧佛寺、充满神奇传说的金佛寺、雄伟壮观的郑王庙最为著名。曼谷是世界上佛寺最多的地方,有大小400多个佛教寺院。

清迈,泰国第二大城市,是清迈府的首府,也是泰国北部政治、经济、文化的中心,其发达程度仅次于首都曼谷。市内风景秀丽,遍植花草,尤以玫瑰花最为著名,有"北国玫瑰"的雅称。清迈的天然环境优美,平均海拔300米,处于高原盆地之中,四周群山环抱,气候凉爽,是著名

旅游地理

的避暑胜地。清迈曾长期作为泰王国的首都，至今仍保留着很多珍贵的历史和文化遗迹。

3.马来西亚

马来西亚由马来亚、沙捞越、沙巴组成，属于热带海洋性气候。森林面积占 52%，部分为原始森林。盛产橡胶和锡。马来西亚民族众多，虽然伊斯兰教是其国教，但佛教、道教、基督教都有一定地位。马来西亚的旅游资源也十分丰富，拥有许多迷人的海滩、奇特的海岛、原始的热带丛林、珍贵的动植物、千姿百态的洞穴、古老的民俗民风、悠久的历史文化遗迹以及现代化的都市。马来西亚有四大旅游区，即吉隆坡—马六甲、东海岸、槟榔屿—兰卡威、沙巴—沙捞越等，在各景区中，山峰、瀑布、石洞、海峡等自然景观均占重要地位。马来西亚还保留着许多庙宇以及如中国明朝郑和下西洋的纪念物等古迹，马来西亚人及一些土著民族的生活习惯也颇具旅游观赏价值。

吉隆坡，马来西亚的首都，兼第一大城市，也是马来西亚政治、经济、金融、商业和文化中心，也是全国交通和电信枢纽。市内风光秀丽，具有观光和通讯两大功能的吉隆坡石油双塔，高达 466 米，是亚洲最高塔之一，如两柄银色利剑直插云端。吉隆坡还是这个多民族、多宗教国家的缩影，市内清真寺以及佛教、印度教的寺庙随处可见，基督教的教堂也有 20 多座。

槟榔屿，马来西亚重要港口，是续首都吉隆坡和南方贸易门户新山市之后的全国第三大城市，也是马来西亚第二小的州属槟城州（但是华人人口最大的州属）的首府。槟榔屿以槟榔树而得名，并有"印度洋绿宝石"之称，既有美丽的海滩与原野风光，又有众多的名胜古迹。槟榔屿也被称为美食天堂。

4.印度尼西亚

印度尼西亚是世界上岛屿最多的国家，称"千岛之国"。由于地处太平洋西岸火山地震带中，各岛几乎都有火山活动，据统计印度尼西亚有火山 400 座，其中活火山 120 多座，有喷气溢浆，无论从地表还是空中观看都十分壮观。印尼境内大部分地区属热带雨林气候，高温、多雨、微风、潮湿。其境内有：被称为"诗之岛"、"天堂之岛"、宗教艺术奇特、歌舞迷人的巴厘岛，世界最大的千年古佛塔婆罗浮屠，首都雅加达的展示各民族传统文化的露天博物馆——印尼缩影公园等。

巴厘岛，爪哇岛以东的一个岛屿，面积约 5500 平方公里。岛上有火山和石林地貌，风景如画，富有诗意，誉为"诗之岛"。因气候影响，岛上终年繁华璀璨，又名"花之岛"。岛上居民大多信奉印度巴哩教，村村有庙，又换"千庙之岛"。居民们能歌善舞，在世界舞坛上有独特的地位，有宗教舞、民间舞、古典舞、现代舞等二百多种，加之精湛的绘画和雕刻工艺，又称"艺术之岛"。巴里王朝的宫殿建筑雄伟，居民吉庆活动甚多，每年举行的宗教日近 200 个，又享有"神明之岛"、"恶魔之岛"、"天堂之岛"的誉称。

雅加达，又名椰城，是印度尼西亚最大的城市和首都。印尼缩影公园把印尼全国岛屿山川、都市港口、名胜古迹、风土人情按照印尼全国的地理位置，以缩影的形势艺术地展现在游人面前。公园坐落在雅加达以南 10 公里处，占地 120 公顷，于 1972 年破土动工，1975 年 4 月 20 日落成。在"印尼缩影"公园的大门口，登高望远，鸟瞰全景，"千岛之国"尽收眼底。

5.菲律宾

菲律宾，是由西太平洋的菲律宾群岛（7107 个岛屿）所组成的国家。它是一个热带海洋岛国，有着绮丽的热带风光，阳光、椰林、海滩、火山、瀑布，海水云天，湖光山色，景色迷人，尤以闻名全球的活火山马荣火山、古代奇迹巴纳韦高山水稻梯田及百胜滩的急流飞瀑等最享盛誉。

菲律宾,它又是一个丰富多彩的国家,钢筋玻璃的摩天大厦和历史英雄的塑像并肩而立,古老的教堂和现代化的大商厦比邻而居。主要旅游城市有马尼拉(以热带花园著称,落日美景醉人)、宿务(历史名城)、碧瑶(避暑"夏都",常年如秋)等。

(四)南亚

南亚范围指喜马拉雅山脉以南的印度半岛和印度洋中的部分岛屿,因特征上构成明显的地域单元,故又称南亚次大陆。大部分属大陆性热带季风气候,干、湿季明显。南亚是世界古文明地区之一,文物资源丰厚。

1.印度

印度,南亚次大陆最大的国家,古印度人创造了光辉灿烂的古代文明,作为最悠久的文明古国之一,印度具有绚丽的自然风光和丰富的文化遗产和旅游资源。印度也是世界三大宗教之一——佛教的发源地。印度的旅游业和服务业也比较发达,在国民经济中占有相当的比例。旅游业是印度政府重点发展产业,也是重要就业部门,提供两千多万个岗位。印度入境旅游人数近年来逐年递增,旅游收入不断增加。印度的世界遗产以石窟、神庙、古遗址、古堡和国家公园为特色,最享盛誉的是古堡陵园,著名的如:代表印度建筑艺术最高水准的泰姬陵、红堡、胡马雍陵、阿格拉古堡,以及印度国父"圣雄"甘地陵等。印度最著名的城市有加尔各答、孟买等,两者都是独具风格的热带海滨城市。此外,阿格拉、德里、斋浦尔、昌迪加尔、那烂陀、迈索尔、果阿、海德拉巴、特里凡特琅等,也是名胜古迹的集中地。

德里,印度前首都德里分为旧德里和新德里两部分。旧城区目前仍保有许多重要古迹,新城区部分则是印度现代化的象征。作为古印度历代首都和自北印度到恒河平原古老贸易路线的主要城市,德里在历史的长河中留下了众多的古迹、遗迹和遗址。旧城区曾在相当长的时间内为莫卧儿帝国的首都,街道曲折,小店林立,多古代宗教建筑,有莫卧儿王朝皇宫红堡,有公元前200年的阿育王柱,有印度最大的清真寺贾玛寺和最早的伊斯兰建筑库特卜塔。还有锡克教庙和耆老教庙,均吸引千万游客。南部新德里多现代建筑,新德里以姆拉斯广场为中心,街道成辐射状、蛛网式伸向四面八方。宏伟的建筑群大多集中于市中心。在新德里,寺院神庙随处可见,最有名的一座神庙是比拉财团出资修建的拉希米—纳拉因庙。城市西端的康瑙特市场建筑新巧,呈圆盘形,是新德里的最大商业中心。

2.斯里兰卡

斯里兰卡,曾名锡兰,是一个热带岛国,形如印度半岛的一滴眼泪,镶嵌在广阔的印度洋海面上。中国古代曾经称其为狮子国、僧伽罗。"斯里兰卡"在僧伽罗语中意为"乐土"或"光明富庶的土地",有"宝石王国"、"印度洋上的明珠"的美称,被马可波罗认为是最美丽的岛屿。它有美丽绝伦的海滨,神秘莫测的古城,丰富的自然遗产,以及独特迷人的历史与文化。斯里兰卡的经济以农业为主,而该国最重要的出口产品是锡兰红茶。该国亦为世界三大产茶国之一,因此国内经济深受产茶情况的影响。阿努拉德普勒是斯里兰卡最古老的城市,拥有2500年历史,在公元前380年成为斯里兰卡首都,并且在之后的一千年,都是斯里兰卡王权所在地。其古皇城的遗址在十九世纪被发现,并且修缮至今。

3.尼泊尔

尼泊尔为内陆山国,有"神秘山国"、"高山王国"之称。其宏大庄严、浪漫优雅的帕坦王家广场,佛教圣地蓝毗尼,亚洲最古老的佛教圣地斯瓦扬布佛寺等,享誉世界。从海拔70米的南部热带草原到北部海拔超过8000米的高山雪峰,尼泊尔拥有世界最多姿、最奇伟的地形雨自然景观,加之河流湍急,森林茂密,山花烂漫,雪峰林立,其秀丽的自然风光也为尼泊尔发展旅游业提供了十分有利的条件。远足登山、徒步旅行、热带丛林探险等特色旅游项目丰富多彩。作为世界著名的高山之国,全世界海拔 8000 米以上的 10 座高峰中,有 8 座位于尼泊尔境内和尼中、尼锡边界上,使尼泊尔的登山旅游可谓魅力独具。

(五)西亚

西亚指巴基斯坦以西德亚洲地区,又称"中东"。本区的幼发拉底河和底格里斯河流域,又称"两河平原",曾是世界古代文明的发祥地之一。另外,本区也是基督教、伊斯兰教和犹太教的发源地和圣地,特别是麦加、麦地那、耶路撒冷为世界性的朝圣地。几千年的文明史,为本区留下了众多的文化古迹,但因历代战争不断,名胜古迹大多不同程度地受到了破坏,完整保留至今的不多。当然,本区的沙漠瀚海美景、虔诚神秘的宗教氛围以及沙漠中的奇特风土人情等,还是吸引了众多世界各地的游人。

1. 土耳其

土耳其,在欧洲国土面积仅次于俄罗斯,位居第二。土耳其大陆长达 5000 英里的海岸线点缀着数处保存完好的爱琴海和地中海海滩。土耳其的气候类型变化很大。东南部较干旱,黑海被薄雾笼罩;地中海和爱琴海地区冬季温和,而多山的东部地区积雪期长达数月,异常严寒。土耳其拥有世界七大奇迹中的两个:阿尔忒弥斯神庙和摩索拉斯王陵墓。此外东罗马帝国和奥斯曼帝国时代留下的建筑遗迹也是世界建筑艺术的珍品。亚洛瓦温泉和库什湖也是世界著名的旅游胜地。

2. 沙特阿拉伯

沙特阿拉伯,"石油王国",石油储量和产量均居世界首位,使其成为世界上最富裕的国家之一。沙特在全球穆斯林的心目中有着特殊的地位。因此,其旅游业主要以宗教朝觐旅游为主。麦加,伊斯兰教的圣地,位于沙特阿拉伯西边,是穆斯林每天朝拜的方向,也是 570 年伊斯兰教先知穆罕默德的出生地。麦加是伊斯兰教石造圣堂的所在地,传统认为是亚伯拉罕所建造的。麦加是每个穆斯林在一生中必须试图朝圣的宗教中心,被誉为"诸城之母"。部分宗教圣地非穆斯林不得进入。城中心的麦加大清真寺是伊斯兰教著名圣寺,是世界各国穆斯林去麦加朝觐礼拜的主要圣地。据《古兰经》经文,在此禁止凶杀、抢劫、械斗,因此这里也称禁寺。

3. 以色列

以色列,主要来自犹太人族群,也是世界上唯一以犹太人为主体的国家。以色列是中东地区最为强大、现代化、经济发展最高的国家,属于发达国家。以色列,被《圣经》称为"流着奶和蜜的地方",有着独特的历史宗教遗迹,不仅有世界宗教圣地之一的耶路撒冷,还有圣经上提到的许多重要史迹城市。耶路撒冷,是犹太教、基督教、伊斯兰教共同崇敬的圣城。自从公元前10 世纪,所罗门圣殿在耶路撒冷建成,耶路撒冷一直是犹太教信仰的中心和最神圣的城市,昔日圣殿的遗迹西墙,仍是犹太教最神圣的地方所在。基督教徒也相当重视耶路撒冷,因为根据《圣经》记载,这里是耶稣受难、埋葬、复活、升天的地点。伊斯兰教也将耶路撒冷列为麦加、麦地那之后的第三圣地,以纪念穆罕默德的夜行登霄,并在圣殿山上建造了两座清真寺——阿克萨清真寺和圆顶清真寺来纪念这一圣事。

(六)大洋洲

大洋洲一般包括澳大利亚大陆、塔斯马尼亚岛、新西兰南北二岛、新几内亚岛,以及波利尼西亚、密克罗尼西亚、美拉尼西亚三大群岛,共有一万多个岛屿;面积897万平方公里,是世界上面积最小的大洲。

1.澳大利亚

澳大利亚,是一个移民国家,面积居世界第六,占大洋洲的绝大部分,虽四面环水,可沙漠和半沙漠却占全国面积的70%。澳大利亚是世界上唯一一个独占一个大陆的国家,在其东部沿海有全世界最大的珊瑚礁群——大堡礁。众多的珍禽异兽如鸭嘴兽、袋鼠、树袋熊、琴鸟等,都为澳大利亚所独有,也使其成为一种独特的旅游景观。澳大利亚的名城有“万花之都”堪培拉、“文化中心”悉尼、“新金山”墨尔本、“艺术之城”阿德莱德、“光明城市”佩思等,大多依托自然景观,并结合现代文化艺术而成为旅游胜地,其现代气息非常浓郁。

澳大利亚的首都堪培拉,其城市设计十分新颖,环形及放射状道路将行政、商业、住宅区分开。城市中心的格里芬湖喷泉,即为纪念库克船长上岸200周年而建的“库克船长纪念喷泉”,其水柱高达140米,极为壮观。全城树木苍翠,鲜花四季,每年九月,堪培拉都举办花节,以数十万株花迎接春天的到来,被誉为“大洋洲的花园城市”。

悉尼,澳大利亚最大城市和港口,是一座国际化大都市,是澳大利亚最大的金融中心,也是亚太地区的重要金融中心,是国际主要旅游胜地,以海滩、歌剧院和港湾大桥等闻名。悉尼旅游观光的地方很多,比较著名的有悉尼歌剧院、港口大桥、岩石区、环形码头、麦考瑞广场、情人港(又称:达令港)、博物馆、美术馆,以及大大小小的国家公园等。

2.新西兰

新西兰,位于太平洋西南部,其气候宜人,风景优美,同许多发达国家相比,其最突出的特点是没有大城市,自然、原始的田园风光令人陶醉。一望无际的草原、清新秀丽的海湾、飞流直下的瀑布、轰然巨响的热喷泉等,均毫无人工雕琢的痕迹,几维鸟、大嘴鹦鹉、南洋松、考里树等也闻名世界。主要旅游胜地有奥克兰、北岛温泉城——罗托鲁阿、陶波、基督城、皇后镇等。

惠灵顿,新西兰首都、港口和主要商业中心,全国政治中心,新西兰全国第二大城市,是大洋洲国家中人口最多的首都。其城市紧凑,文化气息浓厚并充满了个性。城市位于港口和小山之间,市区步行就可逛遍,商店、咖啡馆、交通、住宿和市区主要景点都集中在市内,步行非常方便。到惠灵顿旅游可以参观博物馆、具有历史意义的地方和美术馆,包括享有很高声誉的蒂帕帕国家博物馆。

➢二、欧洲旅游地区

(一)概述

欧洲,南、西、北三面临海,东面与亚洲大陆相连,宛如欧亚大陆向西伸出的大半岛,面积1016万平方公里,略大于大洋洲。欧洲大陆轮廓破碎,海岸线曲折漫长,多半岛和岛屿,西临大西洋北部的波罗的海,南部的地中海、黑海等嵌入内陆。这种海陆分布优势,对于形成众多的滨海旅游资源和旅游业的发展都具有良好影响。

(1)平原为主的地区。欧洲平均海拔只有300米,是世界上地势最低的一个洲。平原面积广阔,甚至在海平面以下出现荷兰围海造田的工程。阿尔卑斯山脉东西走向,相对高差大,有利于登山、冬季体育运动、避暑等旅游活动的开展。

(2)两种主要气候类型。欧洲大部分地处西风带,北大西洋暖流送来热源,暖湿的西风可顺应地形长驱直入,故欧洲大部分地区属温带海洋性气候。冬季温和湿润,夏季凉爽多雨,适宜多浆牧草的生长,林木葱翠,绿草如茵,河丰湖秀。阿尔卑斯山以南的地中海沿岸大部分属地中海型气候,年日照长,果品佳,还有许多沙细滩平的滨海区,使其成为旅游聚集的地域。气候的差异是构成北部游客大量流向阳光地带旅游度假的重要原因之一。

(二)东欧

东欧是指欧洲的东部地区。东欧国家包括俄罗斯、白俄罗斯、乌克兰、爱沙尼亚、拉脱维亚、立陶宛、摩尔多瓦,还有一些泛东欧国家,如哈萨克斯坦和阿塞拜疆,即位于东欧平原区的国家范围和地区。东欧地区地貌比较单一,以东欧平原为主。气候复杂多样,以温带大陆性气候为主。自然资源丰富,主要集中分布在东欧平原上。

俄罗斯,全称俄罗斯联邦,是世界上领土面积最大的国家,地域跨越欧亚两个大洲,绵延的海岸线从北冰洋一直伸展到北太平洋,还包括了内陆海黑海和里海。与中国、蒙古、朝鲜、挪威等国接壤,同时,俄罗斯还与日本、美国、加拿大、瑞典等国隔海相望。俄罗斯的自然风光优美多姿,境内"林海雪原"西伯利亚、海滨疗养胜地黑海、波罗的海及荷兰湾沿岸,高加索山、乌拉尔山等山脉,伏尔加河、顿河、叶尼塞河等河流以及世界最深的淡水湖贝加尔湖等,都以秀丽的风景吸引游人前往寻幽探秘。当然,由于俄罗斯的冬季漫长而寒冷,虽然贝加尔湖及湖畔密林、俄罗斯木屋农舍风光迷人,但是只适宜夏天旅游。

莫斯科、圣彼得堡、喀山都是有名的名城;伏加尔格勒被誉为"英雄城";下诺夫哥罗德,是高尔基的故乡,风情万种的伏尔加河边最适宜在漫步中体味;摩尔曼斯克,是世界著名的军港和俄罗斯最大的渔港,极昼、极夜的壮丽景观,令人神往。另外,俄罗斯的"俄罗斯之冬"艺术节、"白夜艺术节"等都享有盛名;"柴可夫斯基国家音乐大赛",素有音乐界的"奥林匹克"之称。

近年来,俄罗斯在全国各地开辟了数千条旅游线,其中以中央区的"金环"和西北地区的"北环"最著名。"金环"是指以莫斯科为起点,由莫斯科周围诸多历史悠久的小城组成的环形区域,这是一条经典的俄罗斯旅游线路,可以领略到俄罗斯中世纪的古都风貌,欣赏到传统地道的俄罗斯风情。"金环"上的这些城镇都不大,却个个历史悠久,经历过各自的繁荣和衰败,也因此保存下俄罗斯历史上独一无二的历史遗迹,见证了俄罗斯的历史变迁,堪称一座巨型的"露天博物馆"。雅罗斯拉夫、苏兹达里和弗拉基米尔是线路中知名度较高的城市,而佩列斯拉夫·扎烈斯基、乌格利奇等不为多数人所熟知的小城也拥有着不输于大城市的独特魅力,除了能够体会到俄罗斯古老的气息,还能感受到俄罗斯原味的质朴民风。"北环"以圣彼得堡为起点,途径普斯科夫、诺夫哥罗德、沃洛格达、阿尔汉格尔斯克等,也是一条经典的旅游线路。

(三)西欧

西欧位于欧洲西半部,面积约 500 万平方千米,占欧洲的一半左右。主要指欧洲西部濒临大西洋的地区和附近岛屿,包括英国、爱尔兰、荷兰、比利时、卢森堡、法国和摩纳哥。西欧的地形以平原为主,次为高原;山地面积较小,主要分布于英国西北和法国东南。这里有世界最繁忙的海运通道英吉利海峡和多佛尔海峡,以及莱茵河、塞纳河、卢瓦尔河、泰晤士河等河流。大部分地区属温带海洋性气候,地处西风带内,气候温和湿润,降水丰沛且均匀。西欧是近代科学技术发展最早的地区,也是世界经济最发达的地区之一,有发达的工业、农业和对外贸易。

1. 英国

英国,西欧的岛国,全称为"大不列颠及北爱尔兰联合王国",简称"联合王国",主要包括大不列颠岛和爱尔兰岛的东北部。大不列颠岛分为英格兰、苏格兰、威尔士三部分,其中英格兰是政治、经济中心地区。英国海岸线漫长,多优美的海滨,有海滨浴场400多个,全国没有一个城市距离海滨超过130公里,因此到布莱顿、布莱克普尔、马盖特等海滨胜地度假是英国人最主要的旅游方式。英国历史悠久,文化灿烂,至今仍完好保留许多王宫、城堡、教堂、名人故居以及大学城等。其11个国家公园也大多以山高林密、清流碧水而著称,如英格兰湖区、约克郡溪谷、苏格兰高地等。另外,尼斯湖,以湖中"怪兽"成为神秘的游览地;坎特伯雷,四季如春,为英国基督教圣地;英国南部还有世界著名的埃夫伯里石头城和"巨石阵"遗址;北爱尔兰,由黑色实心圆柱石组成的玄武岩峭壁地貌,被称为"巨人之路"等。主要旅游城市有伦敦、牛津、剑桥、爱丁堡、斯特拉特福、布莱克普尔、巴斯等。

伦敦,英国的首都,世界名城,位于泰晤士河下游,由伦敦城、内伦敦、外伦敦三部分组成。其伦敦城有罗马时代的城垣和1087年建的伦敦塔,塔内有历代的兵器、皇冠、珠宝等。圣保罗大教堂是英国最大的教堂,高达111米,有壮观的圆顶,为文艺复兴时期古典主义建筑的代表。威斯敏斯特教堂为哥特式,装饰辉煌,是英王加冕之处;英女王白金汉宫保留着古朴的换岗仪式。泰晤士河,位于英格兰西南,源自科茨科尔德山,大致向东流,流经伦敦,在诺尔注入北海。全长约338公里,为英格兰最长之河流(英国第二长河,次于354公里的塞文河),也是全世界水面交通最繁忙的都市河流和伦敦地标之一。

2. 法国

法国,欧洲西部面积最大的国家,地势东南高、西北低,西部北部为丘陵平原、东部南部山地高原(阿尔卑斯山、中央高原、洛林高原),北部有著名的巴黎盆地,塞纳河流经巴黎盆地,注入英吉利海峡,水量丰富,航运便利。法国,是世界文化艺术中心之一,境内的卢浮宫国家美术博物馆、蓬皮杜文化中心以及军事博物馆(荣军院兵器馆)、邮政博物馆、歌剧院博物馆、蜡像馆、毕加索博物馆、罗丹博物馆等千余所各类博物馆,各具风采。悠久的历史,灿烂的文化,使其拥有众多的人文景观,如以卢浮宫和圣母院为中心的巴黎塞纳河滨、凡尔赛宫及园林、枫丹白露宫殿和园林、斯特拉斯堡、圣米歇尔山、尚博尔城堡等20余处风景名胜,均已被联合国列入世界遗产名录。

法国境内山川秀丽,其风情万种的花都巴黎、美丽迷人的普罗旺斯、白雪皑皑的阿尔卑斯山滑雪场和比利牛斯山的奇峰怪崖、布列塔尼和诺曼底渔村、拿破仑的故乡法国第一大岛科西嘉岛,以及脍炙人口的法国大菜、醇香甘美的葡萄酒、巴黎的时装和化妆品、一年一度的"戛纳电影节"等享誉全球,令人心驰神往。主要旅游胜地有巴黎、马赛、戛纳、尼斯、里昂、布列塔尼、波尔多和科西嘉岛等。

3. 荷兰

荷兰全称尼德兰王国,"尼德"是低的意思,"兰"是土地,合起来称为"低洼之国"。荷兰全国三分之一的面积只高出北海海面1米,近四分之一低于海平面,真是名副其实的"尼德兰"。荷兰位于欧洲西北部,国土总面积41864平方千米,濒临北海,与德国、比利时接壤。荷兰坐落在地球的盛行西风带,一年四季盛吹西风。同时它濒临大西洋,又是典型的海洋性气候国家,海陆风长年不息。这就给缺乏水力、动力资源的荷兰,提供了利用风力的优厚补偿。其首都虽然设在阿姆斯特丹,但是中央政府、女王居住办公地、所有的政府机关与外国使馆、最高法院和许多组织都在海牙。荷兰有着繁荣和开放的经济,农业实现了高度机械化,畜牧业也是世界闻名。风车、木鞋、奶酪、郁金香被称为荷兰四宝。

荷兰虽没有崇山峻岭,但境内的河网、堤坝等,构成了独特的美丽风光。境内600多座博

旅游地理

物馆也各具特色,如阿姆斯特丹国家博物馆,收藏着伦勃朗的名画;梵高博物馆,提供了解梵高的珍贵资料;恩克浩斯和阿纳姆的露天博物馆,一砖一瓦建起的农庄、小屋、工业基地等,再现了几个世纪前荷兰人的生活。其主要的旅游胜地有阿姆斯特丹、海牙和鹿特丹等名城。

(四)中欧

中欧国家主要指多瑙河以南,阿尔卑斯山脉以北的欧洲中部地区。中欧所包括的国家有克罗地亚、捷克、匈牙利、德国、奥地利、瑞士、列支敦士登。其面积数十万多平方千米。本区多为丘陵,地势南高北低,有阿尔卑斯山脉、巴伐利亚高原、多瑙河、莱茵河、易比河等,山光水色,美不胜收,也是旅游一个好去处。

1.德国

德国全称为德意志联邦共和国,是一个富有魅力的旅游之国。国界线长 3757 千米,海岸线长 2389 千米。德国面积的 53.5% 用于农业,29.5% 是森林,12.3% 用于居住和交通,1.8% 是水域,其余的 2.9% 是荒地。它为旅游者提供了丰富多彩的城市风光,引人入胜的旅游地比比皆是。德国四季分明,温和湿润,冬季平均气温在 1.5~6 摄氏度之间;夏季在 18~20 摄氏度之间,9、10 月份是旅游的好季节。境内地形以平原山地为主,地势南高北低,地形复杂多样,且河流众多,湖泊星罗棋布,主要河流有莱茵河(流经境内 865 公里)、易北河、威悉河、奥得河、多瑙河。较大湖泊有博登湖、基姆湖、阿莫尔湖、里次湖等。

德国的自然环境十分秀美。阿尔卑斯山的高峰、白雪、森林;莱茵河沿岸连绵不尽的葡萄园,如珠串般的古堡、精致而幽静的田园村镇、风光绮丽的原野充满了迷人的浪漫色彩。德国的王宫、教堂、古城堡、市政厅数量众多,尤以教堂最具特色,著名的有乌尔姆大教堂、科隆大教堂、兰茨胡特的圣·马丁教堂、吕贝克的圣·玛丽的教堂、汉堡的圣·雅各教堂等 110 余处。另外,慕尼黑的老王宫、巴伐利亚的阿沙芬堡,以及不来梅的货币博物馆、慕尼黑的纸币博物馆、巴顿地区的蜜蜂博物馆、纽伦堡的玩具博物馆等,极富吸引力。德国也是世界著名的博览会和展览会举办国,国际上约 150 个重要博览会和展览会有近三分之二在德国举办。

德国著名的风景区有巴伐利亚—阿尔卑斯山区、康斯坦司湖区、黑森林区、莱茵河谷等,大都流传着优美的传说和迷人的故事。著名的旅游城市有柏林、波恩、科隆、慕尼黑、法兰克福、不来梅、汉堡、波茨坦、汉诺威和莱比锡等。以法兰克福为中心可以游览海德堡等名城及德国中部和西部的名胜古迹;以汉堡为中心可以游览吕贝克等名城;以柏林为中心可以游览莱比锡、德累斯顿等名城和景点;以慕尼黑为中心游览南德奥格斯堡、浪漫之路沿线以及阿尔比斯山风光。

2.奥地利

奥地利,位于欧洲的正中位置,她又被称为欧洲的心脏和连接西东的十字路口。奥地利是高山国家,山地面积占国土面积的 70%,阿尔卑斯山脉覆盖了该国三分之二的面积。奥地利东部和西部的气候不尽相同,西部受大西洋影响,呈现海洋性气候的特征,温差小且多雨;东部为大陆性气候,温差相对较大,雨量也少很多。夏天 7 月的奥地利平均气温都没有超过 20 摄氏度,多是在 14~19 摄氏度,最高气温也不过 32 摄氏度。奥地利的冬天比较冷,温度一般都达到零摄氏度以下。一年四季都很适合去奥地利旅游,一样的风景在不一样的季节里呈现出的是完全不同的风情。自西向东横贯奥地利全境的东阿尔卑斯山,自然景观雄伟壮丽,以高峻的雪山、清澈的湖泊、飞泻的瀑布、宜人的气候,成为世界著名的登山、滑雪运动基地和风景游览、高山疗养胜地。音乐、森林、雪山被称为奥地利旅游"三宝"。主要旅游胜地有维也纳、萨尔茨堡、格拉兹、因斯布鲁克等。

（五）南欧

南欧是欧洲南部的简称，范围包括伊比利亚半岛、意大利半岛及巴尔干半岛及附近一些岛屿上的国家和地区，是整个欧洲地区地势最高峻、地形最崎岖的地区。

1. 意大利

意大利，全称是意大利共和国，位于欧洲南部，主要由亚平宁半岛和两个位于地中海中的西西里岛和萨丁岛组成，其境内还有两个袖珍国——圣马力诺和梵蒂冈。该国首都位于罗马；而米兰是世界时尚之都；都灵是意大利工业之都。意大利因其拥有美丽的自然风光和充满艺术气息的文化背景而被称为美丽的国度。意大利境内漫长的海岸沙滩、典型的地中海式气候、火山奇观和北部阿尔卑斯山区，非常适于开展观光、登山、滑雪、海滨度假等活动，被誉为"欧洲的天堂和花园"。意大利也是欧洲的文化中心之一，有着众多的文物古迹和历史文化名城，罗马、佛罗伦萨、威尼斯、庞贝古城等，堪称是一座座巨大的"露天历史博物馆"。比萨，以住宅塔楼最具特色，比萨斜塔享誉世界；阿西西，为天主教朝圣地；那不勒斯，号称音乐之乡；米兰，拥有杜奥莫教堂、斯卡拉剧院以及壁上有达·芬奇绘制的《最后的晚餐》一画的圣玛利亚感恩教堂等。

2. 西班牙

西班牙，全称西班牙王国，是一个位于欧洲西南部的国家，西邻同处于伊比利亚半岛的葡萄牙，北濒比斯开湾，东北部与法国及安道尔接壤，南隔直布罗陀海峡与非洲的摩洛哥相望。近代史上，西班牙是一个重要的文化发源地，于16世纪时成为影响世界的全球性帝国，为世界带来巨大影响。西班牙，有着十分优越的旅游资源，境内阳光明媚，风景绮丽，拥有众多王宫、教堂和城堡等，如马德里附近的埃斯科里亚尔修道院、格拉纳达的阿罕布拉宫、史前艺术遗迹阿尔塔米拉洞窟等10多处古迹，已被联合国教科文组织列为世界文化遗产；加之紧张刺激的西班牙斗牛、热情奔放的西班牙歌舞等，吸引世界各地游客纷至沓来，有"旅游王国"之称。主要旅游城市有马德里、巴塞罗那、格林纳达、马拉加、塞维利亚等。全国大致可分为"地中海浴池"——巴利阿里群岛、热带风光——加那利群岛、"太阳海岸"——地中海沙滩、文化古城——马德里等四大旅游区。

（六）北欧

北欧一般特指挪威、瑞典、芬兰、丹麦和冰岛等五个国家，包括各自的海外自治领地，如法罗群岛等。北欧西临大西洋，东连东欧，北抵北冰洋，南望中欧，总面积130多万平方千米。北欧的绝大部分属于亚寒带大陆性气候，冬季漫长，气温较低，夏季短促凉爽。冰岛等地属极地苔原气候，丹麦西部属温带海洋性气候。本区湖泊、海岛、森林以及高纬度特有的极昼、极夜、极光等奇观，是欧洲自然风光最集中的地区之一。

1. 瑞典

瑞典，位于北欧斯堪的纳维亚半岛东部。地势自西北向东南倾斜，北部为诺尔兰高原，南部及沿海多为平原或丘陵，全国最高峰凯布讷山峰海拔2123米。主要河流有约塔河、达尔河、翁厄曼河。湖泊众多，约9.2万个。最大的维纳恩湖面积5585平方公里，居欧洲第三。约15%的土地在北极圈内，但受大西洋暖流影响，冬季不太寒冷，大部分地区属温带针叶林气候，最南部属温带阔叶林气候。主要的名胜古迹有斯德哥尔摩的王宫、教堂、老城和宫廷剧院；哥

旅游地理

德堡的波斯人古迹、市民剧场、喷泉音乐厅等。具有北欧风格的简洁、温馨、自然以及有着令人愉悦色彩的玻璃、陶瓷、皮件、银制品、蜡烛等是瑞典的特产。

2.丹麦

丹麦,位于欧洲北部日德兰半岛上。丹麦并不像人们想象的那么冷,大部分地区气候与我国相似。丹麦的气候介于北欧和中欧之间,属温带海洋性气候。由于受大西洋吹来的西南风影响,丹麦气候冬暖夏凉,最热的7月平均气温不过15度至17度,但近年来受全球气候变暖的影响,夏季气温有所升高,高时也达到30度左右。最冷的1月平均气温约在0度上下。丹麦,欧洲最古老的王国之一,不仅以童话大师安徒生为骄傲,还以沉浸在童话般氛围里的美丽风光而享誉世界。主要旅游胜地有"美人鱼"的故乡——哥本哈根、世界著名童话家安徒生的故乡——欧登塞、丹麦最古老的城市——里伯、日德兰半岛西海岸和最北角斯卡恩、法罗群岛和格陵兰岛等。

三、美洲旅游地区

美洲是南美洲和北美洲的合称,也是"亚美利加州"的简称,又称新大陆。美洲,以巴拿马运河为界分为北美洲与南美洲,位于太平洋东岸、大西洋西岸。美洲位于西半球,自然地理分为北美洲、中美洲和南美洲,是唯一一个整体在西半球的大洲。

(一)北美洲

北美洲,世界上岛国最多的大洲,主要国家包括美国和加拿大。全洲大陆地形的基本特征是南北走向的山脉分布于东西两侧与海岸平行,大平原分布于中部。北美洲西部沿海地区是太平洋沿岸火山带的一部分,也是世界上地震频繁和多强烈地震的地带。北美的自然景观不仅丰富多彩,而且颇具代表性,如世界七大自然奇观本区就占了四个:科罗拉多大峡谷、阿拉斯加的冰河湾、猛犸洞、黄石国家公园。另外,本区还有一大批国际大都市,如加拿大的渥太华、温哥华、多伦多;美国的华盛顿、纽约、芝加哥、洛杉矶、旧金山等,都市风情令人流连。

1.美国

美利坚合众国,简称美国,美国因洲而得名。美利坚合众国是一个由50个州和华盛顿特区组成的宪政联邦制共和制国家,美国本土东濒大西洋,西临太平洋,北靠加拿大,南接墨西哥,阿拉斯加州位于北美大陆西北方,夏威夷州则是太平洋中部的群岛,另有波多黎各、北马里亚纳等海外领地。

美国地域广阔,自然环境十分优越,拥有40余处国家公园、80多处国家级名胜,以及600家主题公园和游乐园等。著名的黄石国家公园、红杉树国家公园、科罗拉多大峡谷、尼亚加拉大瀑布、金门大桥、自由女神像、好莱坞、猛犸洞、麦金莱山和拉什莫尔峰等,各具特色。而位于太平洋上的夏威夷群岛,阳光灿烂,海滨、沙滩、火山国家公园、热带植物园等,风光绮丽,更以风情万种的夏威夷草裙舞闻名全球。

美国的旅游景点主要有三种类型,其一是国家公园,利用自然风景,为旅游者提供观光、露营、滑雪、爬山、划船等活动场所;其二是大型人工游乐场,著名的有迪斯尼乐园等;第三是利用文化、科研单位及古今名胜等吸引游客,如好莱坞电影制作中心、总统府白宫、国会大厦、太空博物馆、已故总统故居等。著名旅游胜地有华盛顿、纽约、芝加哥、威廉斯堡、洛杉矶、旧金山、奥兰多、迈阿密、亚特兰大、"赌城"拉斯维加斯,以及黄石公园、大峡谷公园猛犸洞和夏威夷群岛等。

2. 加拿大

加拿大处于高纬度地区,冬季漫长而寒冷,特别是加拿大的北部,到处是冰雪世界,多天然滑冰和滑雪场地,如建于1858年的班夫公园,不仅是加拿大第一个国家公园,其冰峰、湖泊与温泉之美也居加拿大各公园之首。虽然海滨旅游时间短,但芬迪国家公园、尼亚加拉大瀑布、卡博特之路旅游线路等,独具风韵。如卡博特之路,一条沿航海家卡博特父子登上新大陆路线设计的著名旅游线,全长294公里,不仅能观赏到风格各异的法裔居民村和苏格兰居民村,以及贝尔纪念馆、萨蒙德博物馆等,沿线茂密的森林、静谧的峡谷和风景秀丽的布雷顿角高地等,更令人着迷。加拿大的主要旅游城市有安静的"郁金香城"渥太华、热闹喧哗的"花园城市"多伦多、"艺术殿堂"蒙特利尔、"海滨城市"温哥华,以及古朴现代兼容的魁北克等。

加拿大旅游的最佳旅游黄金季节是每年的5月份到10月份,加拿大以其独特优越的地理位置,吸引了来自世界各地的众多游客。加拿大的气候也有所差异,游客若在5月至10月的旅游黄金期间访问加拿大,则可以体会加拿大别具风情的清爽夏季和枫叶层林尽染的秋天。加拿大属于典型的北欧形态的大陆性气候,气候比较寒冷,夏季时间短暂,冬季时间漫长,但其四季分明,人口集中在东部和西部沿海一带,以及靠近美国的哈得逊河流和五大湖地区,气候整体而言较为温暖湿润,选择在日照时间长,气温较高的初夏到初秋访问加拿大,则是最佳旅游时间。

(二)南美洲

美国以南所有的美洲部分,因广泛使用拉丁语系故称拉丁美洲。历史上长期是西班牙、葡萄牙的殖民地。两次世界大战期间,美国趁机扩张势力,拉丁美洲变成了"美国的后院"。南美洲经济长期落后,但随着经济的发展,拉美少数国家按人口平均目前已上升为中等收入的国家。

1. 墨西哥

墨西哥合众国,位于北美洲,北部与美国接壤,东南与危地马拉与伯利兹相邻,西部是太平洋,东部有墨西哥湾与加勒比海的阻隔;是美洲南北大陆交通的必经之路,故有"美洲陆桥"之称。全国面积5/6左右为高原和山地。墨西哥高原居中,两侧为东西马德雷山,以南是新火山山脉和南马德雷山脉,东南为地势平坦的尤卡坦半岛,沿海多狭长平原。全国最高峰奥里萨巴火山,海拔5700米。主要河流有布拉沃河、巴尔萨斯河和亚基墨西哥河。湖泊多分布在中部高原的山间盆地中,最大的是查帕拉湖,面积1109平方公里。首都墨西哥城是人口最多的一个城市。

墨西哥的主要游览胜地除了墨西哥首都墨西哥城外,还有尤卡坦半岛以及奇琴伊察、乌斯巴尔的玛雅文化遗址等。在这个高原之国的东西海岸,散布着许多时间闻名的海滨度假胜地,如加勒比海的坎昆岛以及太平洋沿岸的阿卡普尔科、马萨特兰等城市,阳光充足,气候宜人,沙细滩平,椰树成荫,海水清澈碧绿且冬暖夏凉,吸引了众多游人。

2. 巴西

巴西是拉丁美洲最大的国家,国名源于巴西红木。巴西全境地形分为亚马逊平原、巴拉圭盆地、巴西高原和圭亚那高原,其中亚马逊平原约占全国面积的1/3。巴西境内河流纵横,水力资源丰富,有亚马逊、巴拉那和圣弗朗西斯科三大河系。其中,亚马逊平原是世界上最大的平原,亚马逊河是世界上水量最大的河流,巴西高原是世界上面积最大的高原。巴西大部分地区属热带气候,南部部分地区为亚热带气候。亚马逊平原年平均气温25~28度,南部地区年

旅游地理

平均气温 16～19 度。

巴西境内山川壮丽，原始的亚马逊热带雨林是探险家的乐园，广阔的沼泽地是鸟儿们的天堂，此外，雄伟的伊瓜苏瀑布，壮观的亚马逊海潮，美丽迷人的里约热内卢银色海滩，巴拉纳州的石头城，繁华的三座现代化大城市里约热内卢、圣保罗、巴西利亚以及独具魅力的巴西"狂欢节"和丰富的巴西黑人文化等，均令人向往。

四、非洲旅游地区

非洲的全称是阿非利加州，非洲的沙漠面积约占全洲面积 1/3，为沙漠面积最大的洲，其中，撒哈拉沙漠是世界上最大的沙漠。非洲东部还有世界上最大的裂谷带，如著名的东非大裂谷。除了沙漠，非洲也有郁郁葱葱的森林和一望无际的大草原。非洲海岸外与非洲大陆相关的岛屿很多，其中最重要的是世界第四大岛——马达加斯加岛。作为世界古文明摇篮之一的尼罗河流域也在非洲，是考古探密的好去处。除此之外，非洲还有一个显著的特征，非洲是热带大陆，赤道从中部横过，自然景观带呈对称性分布。

（一）北非

北非位于北回归线两侧，通常包括苏丹、南苏丹、埃及、利比亚、突尼斯、阿尔及利亚、摩洛哥 7 国及大西洋中的葡属马德拉群岛、亚速尔群岛。该地区 70% 以上为阿拉伯人，多信奉伊斯兰教，其城市建筑、乡土风俗等充满了浓郁的穆斯林情调。

1. 埃及

埃及，全称阿拉伯埃及共和国，地跨亚、非两洲，大部分位于非洲东北部，只有苏伊士运河以东的西奈半岛位于亚洲西南角。埃及是人类文明的发源地之一，四大文明古国之一。埃及旅游资源丰富，文化古迹众多。其中尼罗河是埃及的生命线，是"埃及的母亲"。它自南向北注入地中海，是非洲第一长河，也是世界上最长的河流，全长 6670 余千米。根据自然条件的差异，一般把埃及分为四个地区——尼罗河流域及尼罗河三角洲地区、西部沙漠地区、东部沙漠地区、西奈半岛地区。

埃及历史悠久，文化古迹众多，尼罗河两岸的大小城镇中，各种历史文化以及随处可见，堪称是一个历史博物馆，再加上横跨亚洲、非洲的独特文化氛围和风土人情，极其具有诱惑力。埃及的旅游胜地除了首都开罗外，还有亚历山大、阿斯旺、苏伊士运河、度假胜地古尔代盖、沙姆沙伊赫、西奈半岛等；红海的亚喀巴海湾潜水、北部山区和中南部洼地野外探险等，亦趣味盎然。

尼罗河三角洲是埃及最大的旅游区，包括开罗金字塔、尼罗河游览、苏伊士运河风光、亚历山大海滨浴场等。埃及之行最惬意、最浪漫的莫过于乘船在清秀俊美、清澈舒缓的尼罗河上航行了，船自开罗逆流而上至阿斯旺，或乘游船往返于卢克索和阿斯旺之间，灿烂的阳光下，沿岸迷人的古国风光，令人迷醉。

2. 摩洛哥

由于斜贯全境的阿特拉斯山阻挡了南部撒哈拉沙漠热浪的侵袭，摩洛哥常年气候宜人，花木繁茂，赢得"烈日下的清凉国土"的美誉。摩洛哥是个风景如画的国家，还享有"北非花园"的美称。

摩洛哥旅游业十分发达，有许多美丽的城市，清新宁静的拉巴特、现代气息浓郁的达加尔贝、秀美宜人的马拉喀什以及非斯、阿加迪尔等都是重要的旅游胜地。摩洛哥的旅游区主要有以首都拉巴特为中心的中部旅游区；以阿加迪尔为中心的南部海滨旅游区；以丹吉尔、非斯为中心的北部旅游区；以马拉喀什为中心的南部旅游区等。

（二）东非

东非，即非洲东部地区，北起厄立特里亚，南迄鲁伍马河，东临印度洋，西至坦噶尼喀湖。通常包括埃塞俄比亚、厄立特里亚、吉布提、索马里、肯尼亚、乌干达、卢旺达、布隆迪、坦桑尼亚和印度洋西部岛国塞舌尔。

1. 肯尼亚

肯尼亚位于非洲东部，赤道横贯中部，东非大裂谷纵贯南北。境内多高原，森林覆盖率约15%，国土面积的18%为可耕地，全境位于热带季风区，但受其地势较高的影响，为热带草原气候，降水季节差异大。沿海地区湿热，高原气候温和。肯尼亚北部为沙漠和半沙漠地带，约占全国总面积的56%。中部高地的肯尼亚山海拔5199米，最高峰、非洲第二高峰，峰顶终年积雪。瓦加加伊死火山海拔4321米，以巨大的火山口（直径达15公里之大）而驰名。肯尼亚河流、湖泊众多，最大的河流为塔纳河、加拉纳河。

境内奇异秀丽的热带风光、宜人的气候、丰富的野生动植物资源等，使肯尼亚成为东非的旅游中心。主要的旅游点有内罗毕、察沃、安伯塞利、纳库鲁、马赛—马拉等地的国家国家公园、湖泊风景区及东非大裂谷、肯尼亚山和蒙巴萨海滨等。

2. 坦桑尼亚

坦桑尼亚，位于非洲东部、赤道以南。东部沿海地区和内陆部分低地属热带草原气候，西部内陆高原属热带山地气候。大部分地区平均气温21～25℃。桑给巴尔的20多个岛屿属热带海洋性气候，终年湿热，年平均气温26℃。

坦桑尼亚的官方首都是多多玛，但是由于地理位置以及经济、政治等原因，除坦桑本国人之外，所有的人都认为达累斯萨拉姆是坦桑尼亚的首都。事实上达累斯萨拉姆不是坦桑尼亚的首都。

坦桑尼亚，非洲的旅游王国，境内野生动植物资源十分丰富。加之地处赤道附近，气候温暖，尤以壮丽多姿的自然景观、奇异古朴的风土民情等，吸引游人。主要旅游点有塞伦盖蒂国家公园、恩戈罗国家公园、马尼亚拉湖、米库米动物园和乞力马扎罗山、东非大裂谷等。

乞力马扎罗山是非洲最高的山脉，是一个火山丘，高5963米，面积756平方公里，它位于坦桑尼亚东北部，邻近肯尼亚，距离赤道仅300多公里。乞力马扎罗山素有"非洲屋脊"之称，而许多地理学家则喜欢称它为"非洲之王"。乞力马扎罗山国家公园和森林保护区占据了整个乞力马扎罗山及周围的山地森林。乞力马扎罗山国家公园由林木线以上的所有山区和穿过山地森林带的六个森林走廊组成。乞力马扎罗山四周都是山林，那里生活着众多的哺乳动物，其中一些还是濒于灭绝的种类。其奇特、壮丽的自然景色，吸引了无数旅游爱好者。

（三）南非

南非包括赞比亚、安哥拉、津巴布韦、马拉维、莫桑比克、南非共和国、马达加斯加、纳米比亚、博茨瓦纳、斯威士兰等国家和地区。该地区的地形以高原高地为主，间有平原沙漠，其中的马达加斯加岛为非洲最大的岛屿，也是世界第四大岛，隔莫桑比克海峡与非洲大陆相望。

1. 南非共和国

南非共和国，有"彩虹之国"之美誉，位于非洲大陆的最南端，其东、南、西三面被印度洋和

旅游地理

大西洋环抱,北面与纳米比亚、博茨瓦纳、津巴布韦、莫桑比克和斯威士兰为邻。南非,为英联邦正式成员国之一,是非洲经济最发达、现代化最高的国家,基础设施完备,素有"非洲中的欧洲"之称。

南非,地域辽阔,有阳光明媚的海滩和海滨浴场、神秘的土著丛林、壮观的瀑布、星罗棋布的矿泉和温泉、多姿多彩的民族和部族文化、繁荣丰富的夜生活、颇具异国情调的烹饪等,它们将南非装扮得绚丽多姿,使其成为人们神往的旅游度假胜地之一。境内动植物种类繁多,几十个野生动物园、狩猎保留区、自然生态保护区以及广袤的原野遍布全国。生态旅游与民俗旅游是南非旅游业两个最主要的增长点。绿意盎然的比勒陀利亚、金块堆砌的约翰内斯堡、富裕繁华的开普敦、山水丰美的沿海名城德班、钻石产地金伯利、恬静的圣卢西亚湖风景区、壮观的奥赫拉比斯瀑布、神秘的克鲁格国家公园等,均是闻名遐迩的游览胜地。

2. 津巴布韦

津巴布韦共和国,位于非洲大陆东南部,历史悠久,文化古老,是一个土地辽阔、资源丰富的内陆国家。境内地形以高原山地为主,全境分低、中、高三区,除了东部边境延伸着南北崎岖山地外,其他大部分地区地面较平坦。津巴布韦境内遗留着许多古代历史遗迹,如大津巴布韦遗址,世界著名的古代文物遗址,建于6—8世纪,堪称古代非洲文明象征。此外,马纳普尔斯国家公园,生活着濒临灭绝的黑犀牛、尼罗河鳄鱼群等众多动物;哈拉雷,津巴布韦首都,有"公园城"、"阳光城"之誉,四季如春,花繁草盛,景色宜人。

五、南极洲旅游区

南极洲,位于地球的最南端,是一块围绕南极的大陆,因绝大部分地处南极圈内而得名,也是地球上地理纬度最高的一个大洲。它由南极大陆、陆缘冰和岛屿组成,四周为太平洋、大西洋和印度洋所环绕,海岸线曲折,多半岛、海湾,是世界上唯一没有居民定居的大陆,现仅有一些来自世界其他大陆的科学考察人员和捕鲸队员等。

作为世界上最后一块没有主权的土地,其归属问题成为众多国家争论的问题。1961年6月《南极条约》规定,在条约的有效期内冻结一切领土主权或领土要求,提出人类要和平开发利用南极、保护南极环境的要求。南极旅游以科考旅游为主,目前中国、美国、俄罗斯、新西兰、澳大利亚、智利、阿根廷和日本已经尝试开展南极旅游项目。

南极自然旅游资源以冰雪风光、南极探险、极昼极夜现象、极光现象、火山喷发现象、南极企鹅为主要旅游资源,人文旅游资源仅为各国设立的科考站。

思考题

1. 简述世界旅游资源分布的大致情况。
2. 试比较北欧、南欧、东欧、西欧旅游资源的差异性。
3. 试分析东亚、西亚、南亚旅游资源特征的差异性。
4. 南、北美洲旅游资源有何不同?与非洲有哪些相似之处?
5. 请简要介绍美国的旅游资源和著名景点。
6. 西欧旅游区主要有哪些国家,在自然和人文旅游资源方面各有何特点?

第五章
旅游环境

学习要点

1. 掌握旅游环境的概念、分类和基本特征
2. 了解旅游与地理环境的关系
3. 掌握旅游环境容量的概念与构成
4. 了解环境容量测定的基本内容,学会旅游环境容量测定的基本方法
5. 了解环境容量超载对旅游环境的影响
6. 了解旅游环境保护的原则、内容和策略

引导案例

台山市位于珠江三角洲西南部,毗邻港澳,南临南海,幅员辽阔,总面积3286平方公里。台山市是著名的侨乡,依山临海,风景秀美,拥有海岛、温泉、生态、侨乡文化等丰富的旅游资源,旅游业发展潜力巨大。丰富而有特色的旅游资源为台山市打造旅游强市,实施旅游旺市战略奠定了基础。近年来,台山市旅游业发展迅速,统计显示,2009年全市共接待游客总计356.2万人次,比上年增长16.7%,全年旅游总收入18.5亿元,增长18.6%。

然而,在台山市旅游业快速发展的同时,也暴露出一些不足之处,特别值得注意的是旅游资源保护问题。台山市政协经济科技委员会在调查中发现,由于资源保护意识薄弱,职责不明确,措施不到位,一些很好的旅游环境和资源遭到令人痛心的破坏;有的旅游区资源很好,但由于规划水平低,让人有蹧蹋资源之感,如赤溪半岛铜鼓环岛公路旁乱搭乱建食肆大排档,大煞风景,引起游客尤其是摄影爱好者的强烈不满;三合镇嘉怡酒店规模小,以不规范渠道获取温泉资源,如放纵这种行为很容易重蹈从化温泉资源枯竭的覆辙;梅家大院一些建筑随意翻新,与原来建筑风貌格格不入;北峰山国家森林公园建设布局混乱,建筑风格一般化,与自然环境很不相称;浪琴湾粗放经营,缺乏管理,脏乱差现象严重;飞沙滩、王府洲海浴场沙质日渐恶化,亟待采取保护措施。这些现象和行为,将严重影响着台山市旅游开发的水平档次和可持续发展,必须引起高度重视。

针对这种情况,台山市政协经济科技委员会建议采取一些强有力的措施来加强对台山市旅游资源的保护:一是加强宣传教育,营造社会舆论氛围,形成旅游资源保护社会共识;二是编制《台山旅游发展总体规划》,使旅游发展、旅游开发有规可依;三是制定《台山市旅游资源保护条例》,确保旅游开发和保护的协调统一;四是明确旅游资源保护的职责,各相关职能部门各司其职,共同保护。

(资料来源:http://jpkc.njau.edu.cn/zyyhjjjx/sjjx/alfx_1.asp?id=15)

旅游与环境之间的关系十分密切。一方面,旅游的发展要以良好的环境为前提,旅游开发

还可以美化环境,促进旅游地经济、文化、社会发展与繁荣。另一方面,由于一定的环境所能承载的旅游流量有限,过度地旅游开发又会给环境造成巨大的负面影响,而这种影响往往是不可逆的。从以上案例介绍可以看出,旅游资源的开发给城市带来了发展动力,但由于开发无序,保护不力,很多旅游资源遭到了令人痛心的破坏,从而导致了旅游资源开发与可持续发展之间的矛盾日益显露,这种矛盾是旅游业的发展与环境的保护之间普遍存在的矛盾。所以,应科学合理地处理好旅游与环境相互相互影响、相互依存的复杂关系,达到旅游发展与环境保护共进双赢。

第一节 旅游环境概述

旅游活动是人们获取精神满足的一种愉悦活动。现代旅游活动的高速发展,是社会经济快速发展和人们生活不断提高的必然结果,今天,旅游产业已经成为世界主要的经济产业之一。但旅游业也是一个资源依赖型产业,是依附自然禀赋和历史遗馈而发展起来的产业。旅游与环境存在着一种"天然的耦合关系",旅游业的发展必须以良好的环境条件来支持,优良的环境是旅游业赖以生存发展的重要基础,所以,发展旅游要研究旅游环境。

➤一、旅游环境的概念

1.环境

环境是指围绕某一研究对象或主体,占据一定空间,并对研究对象的生存与发展产生影响的各种因素的总和。环境是相对而言的,不同的研究对象和主体范围其要素是不同的。

2.旅游环境

目前,关于旅游环境的概念,国内外许多学者都做了大量的研究,提出了多种定义,到目前为止,大致有要素说、条件说、环境说、场所说、范围说和系统说等几大派别。要素说认为旅游环境包括与旅游活动有关的自然和社会两方面因素,而更重要的是旅游资源状况;条件说则认为旅游环境应当是旅游活动得以存在和进行的外部条件总和,它包括社会政治环境、自然生态环境、旅游气氛环境和旅游资源本身;环境说认为旅游环境是指人们进行旅游活动,能产生美感并能获得精神与物质享受以及知识乐趣的环境,其中包括自然环境、社会环境、经济环境和政治环境。虽然这些概念对旅游环境界定有所不同,但一致认为旅游环境是以"旅游活动"环境为中心,其差异主要是对旅游环境所涉及的内容、范围认识上的差异。

综合以上观点,本书认为,旅游环境是以"旅游活动"为中心,对旅游活动产生直接或间接影响的一切条件和要素的总和。就范围而言,包括旅游目的地和旅游依托地。可以是一个旅游区或目的地(一个城市或地区)的环境,也可以是某个风景名胜区的环境和某个景观、景点区的环境。从旅游活动的场所来看,旅游环境一般有两种:一种是风景优美的天然名胜,如名山大川、深山峡谷、茂密的森林、辽阔的草原、蔚蓝的海洋等,以及一些自然景观,如火山、海潮、冰川,甚至沙漠等;另一种是丰富多彩的人工胜地,如历史古迹、著名建筑、繁华城市、优美园林、独特民俗等;通常旅游环境是两者兼而有之。

➤二、旅游环境的分类

按照旅游环境构成因素的性质不同,可将其划分为以下四类:

图 5-1　旅游环境系统图

1. 旅游自然生态环境

旅游自然生态环境是旅游活动场所地的大气、水体、土地、生物及地质、地貌等组合而成的综合体。这些自然环境要素生态的有机结合形成了优美的旅游地环境,它是人类栖息之地,也是人类生活的物质之源,又是人们的游赏对象。从人类审美的心理需求来看,自然景观美是基础,特别是随着生产的发展和科技的进步,人们的闲暇机会逐步增加,城市居民进行生态旅游、回归自然,借自然环境的优美和安静达到锻炼和疗养身心的愿望正在日益高涨。有不少的旅游者,为了能充分地享受大自然的美,他们跋山涉水、寻幽探秘,流连于清溪碧流之间、忘返于奇山异峰之中、逗留于滨海沙滩之畔、漫步于林荫绿地之中。对于旅游活动而言,旅游自然生态环境是一种起承载作用的基础环境,对旅游目的地的分布、旅游区的可进入性、交通路线和网络等有重要影响,而且在对旅游客体的形成、特色、分布等都有决定作用,关系到旅游活动的开展及旅游业的发展。同时,它有可能是直接的旅游对象或旅游吸引物,会激起旅游者的欲望而最终发出实际行动。因此,旅游自然生态环境是衡量区域开展旅游活动可能性的重要标准,显示着该区域旅游资源质量与开发的潜力。根据环境主体的不同,旅游自然生态环境可进一步划分为地质环境、地貌环境、水文环境、气候环境及生物环境等。

2. 旅游社会环境

旅游社会环境是一定地域范围内以人为中心,围绕旅游活动而形成的各种社会、经济和文化因素及其相互作用关系的综合。它是在自然环境的基础上,人们有意识的社会劳动和旅游活动所创造的,由物质文明和精神文明构成的环境体系。旅游社会环境具体包括旅游区域的政治制度、政策法规、人口结构、科技文化、公共基础设施、治安状况、旅游交通、旅游服务管理水平及当地政府和居民对旅游发展态度等。旅游社会环境涉及面广,是旅游者进行旅游活动的直接场所,关系整个旅游体验过程的质量,是旅游者出行选择的重要决定因素。

3. 旅游经济环境

旅游经济环境是在自然生态环境的基础上,旅游客源地与目的地经济发展水平、设施条件、物资供应和服务状况等。旅游发展历史证明,大众旅游活动的兴起同世界各国经济环境改善是分不开的。旅游经济环境可以从旅游活动的供给方——旅游目的地与需求方——客源地两方面考虑。

客源地的宏观经济环境及微观经济收入状况直接决定旅游活动的规模、范围与水平。宏观经济环境以该地区的国民生产总值(GDP)衡量,尤其是人均国民生产总值高低衡量。按照经济学界的认识,人均 GDP 超过 2000 美元以后,旅游形态开始向休闲旅游转化;人均 GDP 达

旅游地理

到 3000 美元后,旅游形态开始向度假旅游升级;人均 GDP 达到 5000 美元则开始进入成熟的度假经济时期。其次,法定节假日制度决定着公民的闲暇时间。经济实力越强,则当地居民社会公休时间越多,整个区域内部能够参与到旅游活动中的居民数量规模越大。而在微观经济环境中,居民个人可自由支配收入决定了个人出游时间长短、旅游活动范围以及旅游消费档次与消费结构。近几年来,随着人们可自由支配收入的增加,旅游人次数明显大幅度增加。

目的地经济环境指旅游场所的基础设施条件、经济结构、旅游设施、旅游服务和旅游商品的供给能力以及旅游人力资源状况等,目的地经济发展水平与旅游经济的发展是相互影响、相互促进的。旅游目的地是旅游活动的中心,集中了"吃、住、行、游、购、娱"六要素,也是满足旅游者需求的服务和设施中心。目的地经济环境质量越好,服务和设施水平越高,旅游吸引力越强。通常经济环境质量水平受该地的经济发展状况、经济发展程度影响。

4. 旅游气氛环境

旅游气氛环境指旅游区所特有的地方特色、历史渊源、民族风情及与之相适应的外部氛围与文化程度。旅游气氛环境是旅游地长期发展形成的独特地方韵味、民族气息在旅游者大脑中的反映,其构成包括客观景观和主观感受两个方面。客观景观可以通过积极的组织与规划,将人文景观与自然景观完美结合突出意境;主观感受因气候、季节、温度的不同而有所差异,也因游客个体心情、审美观念的不同而感受迥异。随着经济的发展,以观光为主流的旅游活动,在逐渐向观光、休闲度假综合型的参与性、互动性和知识性的体验型旅游活动转变。旅游者在旅游活动更注重情感体验,旅游环境情景气氛是产生独特体验的重要条件。

➤ 三、旅游环境的特征

1. 综合性

旅游环境从组成和结构上看,是由旅游自然生态环境、旅游人文环境组成的统一综合体,自然生态环境与旅游人文环境均是总的旅游环境的子系统。而这两类旅游环境又是由各下一级的环境子系统所组成,旅游人文环境由旅游社会环境、旅游经济环境及旅游氛围等组成。多种多样的环境因子则组成了以上旅游环境的子系统。如旅游自然生态环境是由当地的地质、地貌、气候、水文、动植物等环境因子所组成;旅游社会环境又是由当地的政治局势、社会治安以及当地居民对旅游业的认识等因子所组成;旅游经济环境则是由旅游交通、旅行社、旅游饭店、旅游服务质量因子所组成;旅游氛围是由当地的历史气息、地方气息和民族气息等因子所组成。而各环境因子又是由许多环境要素所组成,因此,旅游环境可以分成多级的子系统,或者说旅游环境是由各个子系统组合而成的旅游环境系统。各个子系统之间既相互促进,也相互影响、相互制约,一个子系统发展滞后或遭到破坏,会波及其他子系统和整个旅游环境系统。

2. 地域性

旅游环境及其组成各要素在空间上存在着一定的地域分异。由于太阳辐射角度不同而形成不同的气温带,地质地貌、气温降水、土壤类型的差异形成不同的植物景观带,自然环境的不同直接决定了人文环境的地域分异,从而形成了旅游环境的地域特色。我国西北地区的干旱自然环境,形成了沙漠、戈壁、雅丹地貌等自然旅游景观,以及与之相对应的人文景观,如坎儿井、绿洲农业等;青藏地区高寒的自然环境,形成了高山、雪原、冰川、湿冷植被和高寒动物等;云贵、两广和福建一线,其自然环境特点是气候湿热、多山地、广布可溶性灰岩,因此岩溶景观典型,山水风光秀丽;内蒙古在干旱、半干旱的自然环境条件下,形成了典型的草原和牧场风光。正是旅游环境的地域特殊性、差异性,才使得人们离开惯常环境到其他地方去寻求某种体验的一种活动。或到终年寒冷或炎热地区,或到远离城市的山地、海滨、草原或森林中,或到历史名城、民族村寨、异国他乡去欣赏平时感受不到的异域风情。

3. 文化性

旅游是经济性的文化消费,旅游业是文化性的经济产业。旅游环境的文化性包括自然地理差异形成的特殊人文景观、人类在漫长历史中创造的传统文化,也包括现代经济造就的现代旅游文化。不同的地质地貌、土壤、植被等自然地理要素的科学价值及其形成了不同的物产、民俗、生产生活差异,也就形成各具特色的民族文化或地域文化;每个历史时期的伦理、价值观念影响着独特又具传承性质的历史文化。现代旅游经济的发展,资源贫乏地区以文化为主题创造了新型旅游景观,也让文化内涵贯穿到吃、住、行、游、购、娱各环节和旅游活动发展全过程,形成了现代的旅游文化。如著名导演张艺谋等人编导的《印象:刘三姐》,将桂林的山、水、人、景、情融为一体,打造宏伟、壮观、几近完美的文化场景,让人浮想联翩,叹为观止,为桂林旅游增添更加迷人的魅力。所以,无论是自然生态环境或是旅游人文环境,之所以成为人们的旅游环境或场所,就是能使游人获得知识和美感,得到文化和精神享受,没有文化内涵的环境不可能成为旅游环境。

4. 变化性

旅游环境在一定时间内保持相对稳定,但总体来看是随时间而动态变化的。从历史发展来看,现有的自然生态环境,是地球亿万年来发展、演变的结果。旅游文化环境也打下了人类不断适应自然环境的历史烙印,具有鲜明的历史特色、地方特色和民族特色,不同时代遗留下来的文化景观也不同。而社会、经济环境则具有时代性,它们有自身的发展变化规律。从季节变化来看,在大自然的作用下,环境呈现有规律的季节性变化,气候、水体、生物等环境的季节性变化最为明显。比如,哈尔滨的冰雪景观只有在冬季才可以看到;北京香山的红叶也只有在秋天才会出现;九寨沟一年四季的风光各不相同。由于自然因素变化、人类非旅游活动和人类旅游活动等因素的作用,旅游环境变化的脚步永远不会停止。

5. 多样性

旅游环境的多样性是由自然生态、社会经济条件的差异形成的。地质地貌、大气、水体、动植物的地域分布差异形成不同的自然生态环境;人口结构、生活方式、社会治安状况等构成不同的旅游社会环境;经济发展水平影响着当地基础设施和旅游娱乐设施环境;旅游地独特的历史文化积淀也决定了旅游环境的多样性。所以,从表现形式上,旅游环境可以是自然的,也可以是人文的;可以是历史的,也可以是当代的;可以是有形的,也可以是无形的,这种双向多环、多元化、多样性的表现构成了旅游环境的多样性。

6. 有限性

在特定的空间范围内,某一时间点旅游地能够容纳的游客数量和旅游活动规模是有限的,超过了这个限制,就会引起旅游活动的质量下降,旅游地的环境会受到损害与破坏,产生一系列环境问题和社会问题。如旅游风景区的环境,对于污染物的净化能力,以及对于旅游人群的承接能力,都有一定的限度。一旦游客人数过于拥挤,人流疏散不开,必然会对其旅游地环境产生压力,甚至会造成对旅游设施、旅游资源的破坏。在旅游规划和经营管理中,必须加强对旅游环境容量的研究,对旅游活动的范围、强度、形式、季节等都应以不对环境产生负面影响为基准,通过开展相应的旅游活动促进环境的保护与利用。

第二节　旅游环境容量

一、旅游环境容量概述

(一)旅游环境容量的概念

旅游是人进行的一项物质、精神和文化的综合消费行为,要依赖的旅游环境和条件提供资源、空间、文化和服务等。随着旅游消费的大众化,在旅游高峰季节,一些旅游地开始显得拥挤。20世纪60年代,旅游学者和旅游规划人员开始意识到,旅游地在一定时间内接待的游客量应有一定的限度,才能保证绝大多数游客有满意的旅游环境质量,于是环境容量的概念开始应用到游憩和旅游研究中。拉佩兹(Lapage)在1963年首次提出了旅游环境容量这一概念。伴随着大众化旅游的迅速发展和旅游环境问题的日益突出,这一概念一经产生就引起了广泛的重视。20世纪70年代开始,学术界和业界包括联合国环境规划署在内,开始重视旅游环境容量这一领域的研究。到了20世纪80年代,全球有更多的机构和学者开始研究旅游环境容量问题。到目前为止,尽管关于旅游环境容量的概念及实际操作中的具体测量尚无定论,但旅游环境容量这一概念还是被广泛应用于多数国家的旅游开发、规划和管理中。

旅游环境容量(carrying capacity),是指在可承受的环境质量和保证游客体验的情况下,一个旅游地所能容纳的最大活动量和客流量,也称为旅游环境承载力。

(二)旅游环境容量的分类

1.基本容量

基本容量是旅游环境容量的基本要素,在研究中一般有五种基本容量,它们又可以分为供给和需求两个方面:

(1)旅游心理容量:或称旅游感知容量,是指旅游者于某一地域从事旅游活动时,在不降低旅游活动质量(保持最佳体验)的条件下,该地域所能容纳的最大旅游活动量。它关注的是旅游者的旅游活动质量,它是从旅游需求角度反映旅游地环境承载力。其基本空间单位取决于旅游者所认可的个人空间,受旅游者个人价值观念、社会生活阶层、日常生活水准及参与旅游活动类型的影响。同时,也与接待地区的自然容量、经济发展容量、生态容量、资源容量呈一定的正相关关系,即资源容量大的区域,能接受游客规模较大,周围环境空间大,个体旅游者能够承受的旅游量就大。

(2)旅游资源容量:指在保持旅游资源功能、质量的前提下,一定时间内某一地域旅游资源所能容纳的最大旅游活动量,也是旅游资源可持续利用的最大边界。它包括设施环境容量和空间环境容量,是旅游业发展和旅游活动开展的基本条件。

(3)旅游生态容量:指一定时间内某一地域的自然生态环境不至于退化的前提下,所能容纳的最大旅游活动量。它反映旅游地生态环境对旅游者及其活动的承载能力。一般生态环境系统都有一定的自净能力,即通过稀释、扩散、淋洗、挥发、沉降等物理作用,氧化和还原、化合和分解、吸附、凝聚等化学作用,以及吸收和降解等生物作用来消除污染物。生态环境系统的自动调节能力和代偿能力是有一定限度的。当游人超过这一极限时,旅游者及旅游活动对生态环境会产生不良影响。其大小取决于旅游地自然生态环境净化与吸收污染物的能力,以及一定时间内每个游客所产生的污染物量。

(4)旅游经济容量:指在一定的经济条件和经济环境下,某一旅游地域能达到的最大旅游规模;是一定时间内在一个区域上由经济发展的整体水平所决定的旅游活动的极限。旅游业与国民经济其他行业密切相关,其发展会促进地方经济的繁荣,而其发展规模、综合接待能力的形成又受地方经济发展水平的制约,要求地方经济具有为旅游业提供交通、通信、卫生及其他生活设施的一定能力,还要保证充足的食品及旅游商品的供应。故按地方经济条件,旅游业发展有一定限度,即最大规模。经济发达地区满足旅游业发展的文化、物质需求能力较强,经济承受力大;而落后地区往往难以适应旅游业迅速发展而不断增长的需求,经济承受力较小。因此,旅游业的发展速度和规模必须充分考虑地区对旅游业的经济容量,如果盲目扩大规模,超出其承受力,不仅对旅游业发展带来不良后果,还可造成该地区经济生活的紊乱。

(5)旅游社会容量:指旅游接待地区的人口构成、宗教信仰、民情风俗、生活方式和社会开放程度所决定的当地居民可以容忍的旅游者数量。接待地社会容量是对供给方旅游地居民心理承受能力的测量,是指旅游接待地区人口特征、科技文化、医疗卫生、公共设施、社会安全与福利等因素所决定的当地居民可以承受的最大旅游活动量和旅游者数量。当超过这一极限时,旅游地社会环境会受到影响,居民会产生抵触情绪。旅游社会容量是衡量作为旅游互动行为主要方面的旅游者与旅游目的地居民彼此在社会价值观诸方面能够达成谅解的极限值。

2.非基本容量

非基本容量的概念是在基本旅游容量基础上引申出的一些极端状况下、一些特定条件下的旅游容量概念,是基本容量在时间和空间上的具体和外延,这些概念在实际操作中比基本容量概念应用得更多。

(1)现有旅游容量和期望旅游容量。前者是当前已经存在的旅游容量,后者是在未来某一时间可能达到的旅游容量,一般指规划旅游容量。通常期望旅游容量要比现有容量大,如通过开发新的旅游资源,改善旅游接待条件,改善生态系统,增加人工排污设施,采用污水处理、污物外运等人工措施,使旅游地域增加旅游容量。期望旅游容量并不都大于现有旅游容量,当一个已成熟的旅游地需要加大资源、环境、生态保护力度时,反而要减少旅游容量。

(2)旅游合理容量与旅游极限容量。旅游合理容量与旅游极限容量,是从旅游规划和管理的角度提出来的。旅游合理容量也称旅游最适合量、旅游最佳容量。这是旅游规划管理的基本工具。由于对旅游容量的研究还远未达到给旅游规划人员提供一整套合理容量的建议值的程度,所以,现在普遍运用的旅游合理容量值是来自对已开发旅游区接待旅游活动量的经验归纳。旅游极限容量指最大的旅游承受能力(或称为极大承载力)。旅游地接待的容量达到极限容量,称之为饱和,因而极限容量值也称为饱和点。饱和分季节性饱和与非季节性饱和两种情况。前者主要是由于旅游需求在时间上分布不均衡引起的,后者则是由于旅游供给长期不足而产生的。旅游极限容量这个指标非常重要,它是影响旅游地的功能分区、设施等级、管理和保护措施的关键。但是由于很难确切测定旅游极限容量,所以在很多情况下不以旅游极限容量作为规划指标,而是使用其他旅游区的经验(即旅游合理容量)来提供一个参考指标。

(三)旅游环境容量的特点

(1)客观性。在一定时期内,旅游环境系统在结构、功能、信息等方面具有相对的稳定性,

旅游地理

因此作为旅游环境系统结构功能的旅游环境容量是客观存在的,并可以通过一定的方法来把握和测量。旅游容量值在某一时段表现为一个伸展不宽的值域,可以以其中值作为容量值。

(2)变化性。旅游容量值随时间有一定的变化,其中经济发展容量和社会地域容量变化较快,而资源容量、生态容量、感知容量变化相对慢一些;非基本旅游容量随基本容量的变化而变化。

(3)差异性。不同类型的旅游区旅游容量不同,即使是同一旅游区,如果旅游区的性质(即承担的旅游活动类型)改变,旅游容量值也随之改变。不同类别的旅游环境容量之间存在很大差异,如旅游服务设施容量比旅游生态环境容量大得多。不同的技术、管理条件下,容量不同,可通过有力的管理扩大其环境容量。

(4)可控性。旅游环境容量可根据人们的需求进行调控和改造。如通过架设观光索道,可以提高狭窄旅游地的空间容量;通过污染治理防护措施,及时从旅游地移出污染物,可提高其生态环境容量。

(四)旅游环境容量之间的关系

不同环境容量虽然着眼点各不相同,但是它们之间也有一定的内在联系。

(1)生态环境容量是环境容量的基础。对于自然旅游资源为主的地域,旅游地资源容量越大,则其生态容量也越大。

(2)旅游经济容量与旅游地社会容量有比较明显的正比关联。经济越发达的地区,区域经济容量越高,旅游区居民对旅游者的接纳程度越高,社会容量越大。

(3)旅游感知容量与其他容量呈不同程度的正相关。旅游感知容量是唯一从旅游者感受角度考察的容量,其他容量都是从供给角度考察的容量,供应越充足,旅游者感受越满足。

(4)旅游环境容量遵循最小值原则。旅游地可接待的旅游流量、活动的类型与规模,决定于其他容量中最小的容量值,即所谓的短板效应。一般可以通过确定旅游地环境体系中最差限制因子的环境容量,作为旅游地可接待旅游流量的基准。

(五)研究旅游环境容量的作用

1.在规划开发方面

旅游环境容量的量测,是确定单位利用者所占用的空间规模或设施量的标准,可以将其作为一个科学依据,预测旅游地的合理承载力,在理论上,保证旅游地不超载、不受污染。在不同的旅游地确定不同旅游容量标准,从微观和宏观角度使旅游环境容量得到协调,缓解旅游热点的超载。它对于规划和控制旅游地规模、旅游活动的内容与形式,旅游地开发方式等都具有重要意义,一般按照要求最高(容量值最低)的容量来实施规划与管理。例如,在山顶观景亭,每人所占用空间的密度直接关系着观景亭的大小;在海滨浴场,每个人所占用的海滩面积直接关系着容纳游客的多少;在景区观光车的座位数关系着进入景区的游人数。

2.在经营管理方面

旅游环境容量可以作为一种管理工具,经过对旅游者对于同一场所的拥挤度和满意程度的多项调查,即可得出这一场所的基本空间标准。明确旅游超载原因,可帮助控制旅游地的旅游接待量,对外进行实时预告和自我调控,有计划地从时间和空间两方面分散客流。

二、旅游环境容量的测定

(一)基本空间标准

1.基本空间标准的含义

基本空间标准是单位利用者(通常是人或人群,也可以是旅游者使用的载体,如船、车等)所需占用的空间规模或设施量。从定义可以看出,基本空间标准的倒数即单位旅游空间或设施容纳旅游活动的能力,称为单位空间(旅游场所或旅游环境)容量或单位设施容量。基本空间标准是旅游环境容量量测的基点,是一个同旅游地承受的旅游活动相对应的适当的基本空间标准。

2.基本空间标准的表示方法

(1)旅游资源容量,用人均占有旅游景区的面积数来表示,单位:m^2/人;

(2)旅游设施容量,用人均占有的设施量或每设施占有的空间面积表示,单位:设施量/人、m^2/人;

(3)旅游生态容量,用一定空间规模上的生态环境能吸收和净化的旅游污染物量表示,单位有:t/m^2、个$/m^2$、dB/m^2;

(4)旅游心理容量,用人均占有旅游景区面积表示,单位:m^2/人;

(5)旅游地域社会容量,用旅游地居民人均能够承受的旅游者数量表示。

3.基本空间标准有关数据的获得

在旅游规划与管理中,基本空间标准是一项重要指标。测定旅游资源容量、旅游心理容量和旅游设施容量的基本空间标准,需要对旅游者进行直接的调查,可通过旅游者对于同一利用场所的拥挤与否和满意程度多次调查,得出这一场所的基本空间标准,然后将其调查资料用到同类型旅游场所的规划与管理中。具体调查方法可视环境与具体条件而定,例如问卷法、统计法、德尔菲法、遥感与实地测量法等。

对于一个旅游地而言,它所要接纳的旅游活动性质和类型是决定其基本空间标准的关键因素。不同旅游地有不同的空间标准,室内标准与室外不同,自然风景区与人文名胜地的要求标准不一样,也就是说不同旅游活动所对应的旅游场所的基本空间标准差异可以很大。由于各国、各地区的旅游资源条件、旅游环境旅游客源结构不同、生活方式的差异等,对于同一类型的旅游区规划和管理中使用的基本空间标准也不会一致。

在测定旅游容量的实际工作中,不同的旅游容量有不同的量度方式。有的量取极限(最大)容纳能力,有的则量取合理容量。每个旅游基本容量的原有含义,都是指旅游活动的最大承受能力,但在实际旅游规划和管理中,则主要寻求旅游合理容量,而对于经济发展容量一般最关心设施容量。

4.基本空间标准的研究举例

旅客不同的旅游活动,需要的旅游场所标准也不同。国内外旅游工作者和组织做了大量的调查,得出了相应的参照指标。如表5-1所示,为旅游资源容量的国际标准。

旅游地理

旅游活动场所	世界旅游组织(WTO)标准		日本标准	
	基本空间标准 (平方米/人)	单位空间合理标准 (人/公顷)	基本空间标准	平均滞留 时间(小时)
森林公园	667	15	300m²/人	2.5
郊区公园	143～667	15～70	40～50m²/人	40.0
乡村休闲地	50～125	80～200	15～30m²/人	2.0
高密度野营地	16～33	300～600	250～500人/公顷	
低密度野营地	50～167	60～200	50～100人/公顷	
高尔夫球场	677～1000	10～15	0.2～0.3人/公顷	5.0
滑雪场	100	100	200m²/人	6.0
滑水	677～2000	5～15(水面)		
垂钓	333～2000	5～30(水面)	80m²/人	5.3
徒步旅行		40	400m²/人	3.5
赛场(参观)	25	40	25m²/人	2.0
野外露营	33	300	25m²/人	3.5

资料来源:韩云.旅游经济学导论.南开大学出版社,2010.

5.几种基本容量的计算

以下是在具体计算中运用到的基本容量:

(1)周转率:周转率＝每日可游时间/游人平均逗留时间,是旅游地每日可游时间与旅游者平均逗留时间的比值。

(2)瞬间容量:瞬间容量＝可游面积/基本空间标准。

(3)日空间容量:日空间容量＝可游面积/基本空间标准×周转率。

(4)周容量、季容量、年容量:周(季、年)容量＝1周(1季、1年)可游天数×平均日容量。

(5)单位长度指标:单位长度指标＝(中心景区游览线长度＋往返步行道长度)/总游览人数。

(6)旅游地容量:旅游地容量＝所有景点容量＋所有游览线路容量＋所有非游览区(接待区)容量。

(二)旅游资源容量的测定

1.极限日容量

仅就资源本身的容纳能力而言,极限值的取得较为简单,以资源的空间规模除以每人的最低空间标准,即可得到资源的极限瞬间容量,再根据人均每次利用时间和资源每日的开放时间,就可得到资源的极限日容量:

$$C = \frac{T}{T_0} \times \frac{A}{A_0} \qquad (式5.1)$$

其中,C为极限容量;

T 为每日开放时间;

T_0 为人均每次利用时间;

A 为资源的空间规模;

A_0 为每人最低空间标准。

如:某景区总体规划中,采用线路法,取人均占有线路为 10 米。景区内现已实行人车分流,从理论上讲游人只能在 60 公里长的栈道上行走,景区空间容量＝60000÷10＝6000(人)。景区开放时间 8 小时,游人平均游玩时间为 4 小时,景区时间容量＝8÷4＝2(批/次)。显然,景区每天的极限容量＝6000×2＝12000(人)。

2. 旅游空间环境容量的测定

按照旅游地域的空间规模,可以有景点旅游容量、景区旅游容量、旅游地旅游容量、区域旅游容量。景点容量指游人活动的基本单元——景点的容纳能力,是相对独立的各个旅游活动场所以及围绕这一场所的游客休息中心和服务中心;景区容量指景区内各景点的容量与景点间道路容量之和;旅游地容量指各旅游景区容量与景区间道路容量的总和;依次类推,可得区域旅游容量。因此,旅游地的容纳能力是各个景区容量和连接景区间道路的容量的总和相加。旅游地容量的测算公式:

$$T = \sum_{i=1}^{m} D_i + \sum_{i=1}^{p} R_i + C \qquad \text{(式 5.2)}$$

$$D_i = \sum_{i=1}^{n} S_i \qquad \text{(式 5.3)}$$

式中,T 为旅游地环境容量;

D_i 为第 i 旅游景区容量;

R_i 为第 i 景区内道路容量;

S_i 为第 i 旅游景点容量;

m、n、p 分别为景区、景点数、景区内道路条数;

C 为非活动区接待旅游者容量。

(三)旅游心理环境容量的测定

一般来说,旅游心理环境容量要比旅游资源极限容量低得多,这主要是由旅游者个体的环境心理原因所决定的。根据环境心理学原理,个人或特定群体在从事旅游活动时,任何外人的进入,会使个人感到受到被侵犯、压抑、拥挤,导致不自在、不舒畅、不快乐,这种活动空间称为个人空间。研究者通过对参与不同活动的旅游者对环境的基本要求进行比较,分析活动的性质对个人空间值影响程度(见表 5-2)。由此可见,影响旅游者心理容量的要素很复杂,具体受三方面的影响:旅游活动形式、旅游地域空间结构、旅游地土地利用强度和开发程度等旅游地性质因素;年龄、性别、种族、审美观、教育程度、个性心理特征、社会经济地位、来源地等旅游者文化背景因素;人与人之间的亲密关系、团体的组织形式、旅游线路组织形式、旅游活动时间安排等旅游组织形式因素。从某种意义上讲,旅游心理环境容量是关于什么可以接受、什么不能接受的主观判断。

表 5－2　旅游者对环境的基本要求表

类型＼要求	基本要求
荒野爱好者	不希望有商业性设施；寻求自然随意的环境，看到的人要少；期望宁静、清新、与世隔绝的气氛
运动爱好者	希望有起码的设施；追求自然气氛，与他人的冲突较大；期望有好的运动条件和较宁静的环境
野营者	一般以家庭或亲朋为活动团体；寻求自然的气氛，要求较大的活动空间，愿意看到周围有一些同类型的旅游者；希望有起码的设施
海浴者	一般呈小集群活动；希望看到较多的同类旅游者；追求略为热闹的气氛；要求设施完备
自然风光观赏者	希望充分体验自然美景，不愿意赏景人很多破坏宁静气氛，此类旅游需求量大

资料来源：李锐铮，鲁小波. 旅游地理学. 旅游教育出版社，2009.

由于旅游心理环境容量比旅游资源合理容量小得多，在实际应用中，旅游资源合理容量的确定一般主要考虑旅游者心理的满足程度，即旅游者平均满足程度最大时，旅游场所容纳旅游活动的能力被视为旅游资源的合理容量值。因此，我们将旅游资源合理容量在数值上等同于旅游心理环境容量。加之影响旅游者个人空间的因素复杂多样，在大多数情况下难以有一个使所有旅游者都能满意的个人空间。因此，将旅游者平均满足程度达到最大时的个人空间值，视为旅游资源合理容量或旅游心理环境容量计算时的基本空间标准是合适的。具体测量公式：

$$C_p = \frac{A}{\sigma} = KA \qquad\qquad （式 5.4）$$

$$C_r = \frac{T}{T_0} \times C_p = K \times \frac{T}{T_0} \times A \qquad\qquad （式 5.5）$$

其中，C_p 为时点容量；

C_r 为日容量；

A 为资源的空间规模；

σ 为基本空间标准；

K 为单位空间合理容量；

T 为每日开放时间；

T_0 为人均每次利用时间。

（四）旅游自然生态容量的测定

为了维持旅游地原有的自然生态环境质量，必须确定旅游自然生态环境容量。旅游地开发及旅游活动开展，不可能不干扰和影响区域范围内生态环境质量，因此，要利用自然方式和人工措施，建设和维持旅游地生态系统的良性平衡。自然生态环境自身恢复能力包含两个基本的方面：一是自然环境再生力对于因旅游活动所造成的消极影响能够直接承受，即自然环境本身的再生能力很快消除这些消极影响。例如,在旅游旺季自然风景区的植被遭受旅游者的践踏,在淡季能得到自然恢复。二是自然环境自净力对于旅游者所产生的污染物能够吸收与净化。例如,旅游者的大量集中导致对水的污染,可以在较短的时间内为当地自然生态系统所净化。在人工措施方面,通过人工措施对一些污染物如固体垃圾,大量排放的废气、废水等自然净化速度缓慢的废物进行人工处理。旅游地生态容量与人工方法处理污染物的规模密切相关。在一般情况下,旅游者在特定区域内产生的污染物,应当在该旅游地及其附近予以净化、吸收预处理,不宜向外区域扩散。因此,旅游自然生态环境容量的测定,以旅游地为基本的空间单元。由于旅游活动直接导致的对自然环境的消极影响可以通过严格管理措施而予以控制、限制或者基本可以杜绝,如践踏、采撷、折擷等,在生态容量测定中一般不予考虑。因此,特定旅游区域范围内自然生态容量的大小,取决于自然环境净化与吸收旅游污染物的能力、人工方法处理旅游污染物的强度以及在一定时间内游客个体所产生的污染物的总量。

对于无需人工处理方法处理旅游污染物的旅游地,其旅游生态环境容量的测算公式为:

$$F_0 = \frac{\sum_{i=1}^{n} S_i T_i}{\sum_{i=1}^{n} P_i} \qquad (式5.6)$$

其中,F_0 为生态容量(日容量),即每日接待游客的最大允许量;

P_i 为每位旅游者一天内产生的第 i 种污染物量;

S_i 为自然生态环境净化吸收的第 i 种污染物的数量,量/日;

T_i 为各种污染物的自然净化时间,一般取一天,对于非景区内污染物,可略大于一天,但累积的污染物应该在一年内完全净化;

n 为污染物种类数。

从上面可以看出,旅游自然生态环境容量的测定,最重要的是确定每位游客一天所产生的各种污染物数量和自然环境自身净化与吸收各种旅游污染物的数量两个参数。但这两个参数会随着旅游活动的性质、旅游地所处的区域自然环境的不同而有较大差别,在实际测算中,根据旅游地情况而选用参数值。

对于旅游地旅游污染物的产出量超过旅游地生态环境自身的净化与吸收能力旅游地,污染物需要通过人工处理。人工处理污染物的速度要比自然的净化和吸收速度快得多。在旅游旺季高峰流量时期,为保护旅游地的自然生态环境,大的旅游风景区都应配备旅游污染物的人工处理系统。在这种情况下,旅游地接待旅游量的能力会明显增强,这种加大了的旅游接待能力同原有生态环境限制下的旅游接待能力(旅游生态环境容量)已不一样,可以称为扩展旅游生态环境容量,其计算方法如下:

$$F = \frac{\sum_{i=1}^{n} S_i T_i + \sum_{i=1}^{n} Q_i}{\sum_{i=1}^{n} P_i} \qquad (式5.7)$$

其中,F 为扩展性生态容量(日容量);

Q_i 为每天人工处理掉的第 i 种污染物;其他符号意义同式(5.6)。

人工处理污染物的速度要比自然的净化和吸收速度快得多。据国外的经验,1公顷面积的污染水处理场,日可处理约3330人产生的生活污水。在旅游需求日益增长,旅游旺季高峰

旅游地理

流量增大的情况下,为保护旅游区的生态环境,大的旅游风景区一方面应配备旅游污染物的人工处理系统;另一方面尽可能改革某些固体用具的质量,如塑料盒饭、塑料包装袋等,也可考虑以纸盒纸袋代替,从而减少固态污染物的数量。

在我国发布《风景名胜区规划规范》的通知中,对一定规划范围控制游人容量的生态允许标准作了测算规定,如表5-3所示。2012年9月,在工程建设国家标准《风景名胜区规划规范》(修订)第一次会议上,确定了对该规范修订的主编单位、参编单位以及编制组主要成员,并要求他们在现行法律框架下开展规范修订工作,完成规范修订任务。

表5-3 游憩用地生态容量

用地类型	允许容人量和用地指标	
	(人/公顷)	(m²/人)
(1)针叶林地	2～3	5000～3300
(2)阔叶林地	4～8	2500～1250
(3)森林公园	<15～20	>660～500
(4)疏林草地	20～25	500～400
(5)草地公园	<70	>140
(6)城镇公园	30～200	330～50
(7)专用浴场	<500	>20
(8)浴场水域	1000～2000	20～10
(9)浴场沙滩	1000～2000	10～5

资料来源:风景名胜区规划规范(GB50298—1999).

总之,旅游生态环境容量的量测是旅游可持续发展的重要科学依据之一,但其概念体系、内涵及其量测等仍有待于进一步深化,使其理论上有所突破,实际应用上更具可实用性和操作性。

(五)旅游经济容量的测定

旅游经济容量是影响旅游地综合承载能力的旅游经济条件,其主要包括以下五个方面的因素:基础设施与旅游专用设施的容纳能力,即设施容量;投资和接受投资用于旅游开发(含基础设施)的能力,即投资容量;当地产业中与旅游相关的产业所能满足旅游需求程度及自区域外调入的可能和可行性;如果发展旅游业不可避免地要使某些产业萎缩甚至完全终止,旅游业与这些产业之间的比较利益如何;区域内所能投入旅游业的人力资源的供给情况。主要应考虑的因素是基础设施与旅游服务设施的承载能力。

基础设施承载能力包括:给排水设施对旅游及相关活动的承载能力;供电对旅游及相关活动的承载能力;通讯对旅游及相关活动的承载能力;交通对旅游及相关活动的承载能力。服务设施承载能力包括:住宿设施对旅游及相关活动的承载能力;餐饮设施对旅游及相关活动的承受能力;其他设施对旅游及相关活动的承受能力。下面从服务设施住宿、饮食、供水、交通等几个方面分析测算旅游接待设施的容量。

1.住宿设施接待能力

住宿接待能力主要取决于接待规模的大小,接待规模通常指各类住宿总量,用床位表示,其计算方法如下：

$$C = \sum_{j=1}^{n} B_j \qquad (式5.8)$$

式中，C 为住宿床位决定的旅游容量（日容量）；

B_j 为第 j 类住宿设施床位数；

n 为住宿设施的种类。

理想的状态是每张床位每天接待一个人，每张床位一年最大可能的接待能力为365人，则所有床位最大接待能力为：总床位数×365。在实际中，由于旅游的间歇性和季节性，旅游地客房入住始终达到最大的接待能力几乎是不可能的，一般都有相对稳定的平均客房出租率，所以，在一年内住宿实际利用的床位数为：总床位数×365×平均客房出租率，再考虑到游客平均逗留天数，则旅游目的地一年床位数的计算方法如下：

$$C \times K = \frac{T}{N} \times R \qquad (式5.9)$$

式中，C 为床位需求数；

K 为床位的平均利用率；

T 全年可游览天数；

N 旅游者平均住宿天数；

R 住宿总人数。

但在一般旅游地都有比较明显高峰季节，为了解决旺季供给不足的问题，应适当地采取灵活方法补充提供一些住宿，如住在亲朋好友家里、租用私人住房、住家庭临时旅馆、住野营帐篷等，在满足住宿服务的同时，还可以帮助旅游者节省开支、体验生活，这种补充住宿床位的方式在欧洲很多发达国家相当流行。

2.饮食供给能力

饮食供给能力是指满足旅游者的基本生活需求的能力，具体测定时根据当地提供饮食的种类，用 m 类食物的日供量与每人每日对第 m 种事物的需求量之比，然后加权测算。根据以前学者调查，我国旅游者的食物基本供应标准如表5-4所示；主副食供应能力所决定的旅游日容量为（式5.10）：

表5-4 旅游者基本消耗（中国）

类型	数量	说明
粮食	0.4Kg/人·日	
肉	0.15Kg/人·日	
蛋	0.1Kg/人·日	
奶	0.1Kg/人·日	不同季节、不同区域的人群有所变化
鱼	0.15Kg/人·日	
水果	1Kg/人·日	
蔬菜	2Kg/人·日	
酒/饮料	1.5Kg/人·日	

资料来源：李锐铮，鲁小波.旅游地理学.旅游教育出版社，2009.

109

$$C_e = \frac{\sum\limits_{i=1}^{m} D_i}{\sum\limits_{i=1}^{m} E_i}$$

（式 5.10）

式中，C_e 为主副食供应能力所决定的旅游日容量；

D_i 为第 i 类食物日供应能力；

E_i 为每人每天对第 i 类食物的需求量；

m 为游人所耗食物的种类数。

3. 交通运输能力

旅游是一种人们在旅游客源地与旅游目的地之间的空间移动现象，为了使旅游者到达旅游地能够进得来，出得去，交通运输是必要的基础设施之一。交通运输承载力是指为进出或路过旅游目的地的所有交通工具在一定时期内所能运载的旅客人次。交通比较发达的地区，较难衡量其运载旅客能力的大小，一方面，当地居民流动性较大，大量使用设施；另一方面，有游客自驾车、旅行社自备车等情况，而对于有定期往返交通工具的地区则较易衡量。

从游客乘坐的交通工具接待能力来看，交通工具的每个座位接待一个游客，那么各类交通工具座位的多少就是它总接待能力的大小。年接待能力为：365×交通工具的日接待能力；从旅游地的停车场接待能力看，要根据游客日流量及游客到景区所乘坐交通工具方式综合考虑停车场的接待能力，基本测算为：

停车场面积=高峰时游客人数×乘车率×各类车的单位规模×停车场利用率/车辆可容纳人数

4. 供水、供电设施接待能力

在旅游地开发之初以及某些离城市偏远的地区，往往出现供水、供电等方面能力的不足。这些基础设施的建设必须先行，才不至于成为旅游开发的限制因素。供水常与住宿和饮食联系在一起，其需要因设施的种类、级别和气候的不同而有所不同。一般旅馆要求每个床位每天供水 150L～200L，最低也要达到 50L。旅馆的用电量很大，一般级别的旅馆要求每个床位平均每天用 0.5 度。具体测算为：

能接待的游人数=可利用的水（电）供给量/每人每天耗水（电）量

综上所述，旅游经济环境容量的大小主要以直接接待能力为依据，以间接接待能力为参考，但当间接接待能力严重影响直接接待能力时，间接供给成为旅游经济环境容量的制约因素，需要特别考虑间接供给能力；参与旅游供给的直接单位或设施有多种，不过供给总量并非是各单项旅游产品的接待能力的简单相加，任何一项设施接待能力都会影响整体供给量；由于旅游基本需求弹性小，并非所有单项旅游产品都能成为瓶颈，一般情况下，满足旅游基本需求的单项旅游产品，如住宿、交通、饮食和旅游资源，成为瓶颈的可能性大。

（六）旅游社会容量的测定

发展旅游业和开展旅游活动中，旅游者过度集中，使得旅游目的地人满为患，旅游地环境要受到影响和冲击，如环境污染、交通拥挤、物价上涨、社会治安受到影响、正常生活秩序受到干扰等。旅游开发过度会破坏当地的自然生态系统，冲击当地居民的价值观念和文化传统。这些都会引起当地居民产生抵制与反感的情绪。

当地居民对前来进行旅游者感知的关系可用下式表示：

$$R = A \times Pa \qquad\qquad \text{（式 5.11）}$$

式中，R 为旅游社会容量；

A 为旅游地区域面积；

Pa 为当地居民不产生反感的旅游者密度。

一般情况下，社会地域容量问题并不十分突出。但是，一些经济不发达的封闭落后地区，在旅游开发之初这一问题就比较明显，世界各地都曾有过这类事例。例如：美国夏威夷在发展旅游业初期有许多当地居民极为不满；非洲西海岸中、北部一些国家的旅游区也曾出现过当地居民攻击旅游者的现象。即使在发达国家，大部分新开发的旅游区都有一段时间会发生居民与旅游者的心理冲突，如在法国的沿海旅游地，夏季来临游客蜂拥而至，一些当地居民对游客便产生排斥心理，有些农村居民甚至担心外来游客会改变他们的生活方式，因而对旅游者怀有对立情绪。

（七）旅游地整体环境容量测定

旅游地接待能力的大小取决于多方面因素，即旅游资源容量、生态环境容量、心理环境容量、旅游社会环境容量以及当地居民心理承受能力等。在不同的旅游地，影响其总的环境容量的关键因素不同，不过，通常旅游资源容量和旅游经济容量是主要的决定因素。

旅游地环境容量的大小取决于旅游环境容量中最小的那一个分容量或者因素，该分容量或因素决定了整体生态旅游环境容量，量测公式如下：

$$E = \min(E_1, E_2, E_3, E_4, E_5) \qquad\qquad \text{（式 5.12）}$$

式中，E 为旅游环境容量值，为某一分量的最小值；

E_1 为旅游资源容量；

E_2 为旅游感知容量；

E_3 为旅游自然生态容量；

E_4 为旅游经济容量；

E_5 为旅游社会容量。

（八）实践中常用的旅游环境容量测量方法

1. 线路计算法（游道法）

线路计算法以每个游客所占游道长度计算旅游地的环境容量。完全游道即进出口不在同一位置的游道；不完全游道即进出口在同一位置的游道，游客游至终点必须按原路返回。

完全游道的计算方法，其公式为：

$$C = R \times D/B \qquad\qquad \text{（式 5.13）}$$

不完全游道的计算方法，其公式为：

$$C = R \times D/(B + B \times E/F) \qquad\qquad \text{（式 5.14）}$$

式中，C 为环境日容量，单位为人次；

R 为游道全长，单位为 m；

B 为游客占用合理的游道长度（一般为 2～3m）；

D 为周转率（D = 景区开放时间/游完全游道所需时间）；

F 为游完全游道所需时间；

E 为沿游道返回所需时间。

2. 面积计算法

面积计算法用每个游客所占平均游览面积来计算旅游地的环境容量,其公式为:

$$C = A \times D/a \qquad (式5.15)$$

式中,C 为环境日容量(人次);

A 为可游览面积(m^2);

a 为个人应占面积(m^2);

D 为周转率。

3. 时间计算法(卡口法)

时间计算法是通过实测卡口处单位时间内通过的合理游人数来计算旅游地的环境容量,其公式为:

$$C = M \times N \qquad (式5.16)$$

式中,C 为环境日容量(人次);

M 为日游客批数;

N 为每批游客人数。

三、旅游活动与环境的关系

(一)旅游活动与环境容量的关系

旅游环境是旅游业发展的基础,是提供旅游服务的基本生产要素,也是旅游产品的主要成分。良好的环境和生态系统是旅游活动存在的生命源泉,是旅游活动开展的前提和基础,离开了一定的旅游环境,旅游活动就是无源之水。同时,旅游活动不可避免地对环境造成影响,这种影响除了与旅游活动的类型、强度及频度等有关系外,还与旅游地环境容量有关系,若人们旅游活动的干扰超过了旅游环境的承载能力,很容易产生环境问题。良好的环境和生态支持旅游活动的发展,其恶化意味着旅游活动的终结。因此,研究旅游活动与旅游环境容量的关系,可以让旅游活动处在不损害或不降低环境质量的情况下,即旅游活动不超过合理的旅游环境容量,实现旅游可持续发展。

一般地,把旅游地域和场所(可以是旅游景点、景区、旅游地、旅游区域或旅游设施)承受的旅游流量或活动量达到其极限容量,称为旅游饱和。而一旦超出极限容量值,就达到过饱和状态,即旅游超载。旅游超载必然导致旅游环境污染,会严重破坏旅游地的质量、影响游客的旅游质量。长期的旅游饱和与超载,其结果将使旅游资源被破坏、旅游地域的生态系统遭到损害、旅游者与旅游地居民的和谐关系破裂,也有可能将旅游赖以生存的资源消耗殆尽,以"旅游摧毁旅游"。旅游规划与管理工作中,根据旅游饱和与超载发生的时空特点,分为如下几种情况:

1. 周期性饱和与超载和偶发性饱和与超载

周期性饱和与超载是旅游饱和与超载中最为常见的现象。它起源于人类社会活动具有周期性规律的社会经济生活以及自然地理环境的周期性变化。如每年的夏季,发达国家大量人口外出度假,欧亚非相交的地中海沿岸地带和中美洲的加勒比海地区旅游者人如潮涌,许多旅游地出现饱和、超载;我国许多著名风景区在近年出现的周期性饱和与超载现象,到了足以引起各界学者、决策者以及全社会关注的地步。偶发性饱和与超载是由于旅游地或其附近发生了偶然事件,这些事件在较短时间内吸引大量旅游者。一般情况下,偶发性饱和与超载造成的环境影响易于消除,而周期性得饱和与超载则是一个危险信号,若不采取应对措施,其影响可能是无法挽回,甚至毁灭性的。

2.长期连续性饱和与超载和短期性饱和与超载

在实际工作中,短期性饱和与超载的现象占绝大多数,长期连续性饱和与超载的情况多发生在旅游热点景区、交通方便的目的地、大城市内或城市郊区等,特别是在文化古迹景区或其他的人工旅游吸引物场所。旅游的高弹性特征决定旅游地短期饱和与超载现象会经常发生,且一般多发生在节假日、旅游促销事件期间,具有周期性特征。为了保护旅游资源和保护旅游的环境质量,通常的做法是,在发生长期连续性饱和与超载的地域,实行严格的游客分流和管理措施。

3.空间上的整体饱和与超载和局部性饱和与超载

这里所指的空间范围,可以是旅游地或包含有若干旅游地的旅游区域。旅游地的整体饱和与超载则指所有景区和设施承受的旅游活动量都超出各自的容量。一般来说,整体饱和与超载在两种情形中产生:一是整个景区一天游客数量超过旅游资源极限日容量;二是一天内某一时点或很短时间段的游客数量超过旅游资源极限时点容量。旅游地的局限性饱和与超载,是指部分景区或景区道路承受的旅游活动量超过该景点或景区道路的旅游资源空间容量,而另外的景区并未饱和。在大多数情况下,整个旅游地承受的旅游活动量都未超出旅游地容量,这是旅游饱和与超载中最常见的现象。由于表面上的旅游流量并未达到旅游地容量,因此,局部性饱和与超载对于管理人员具有很强的虚假性。而事实上,部分景区饱和与超载导致的旅游活动对于环境的消极影响已经开始。整体性饱和与超载则意味着区域内各旅游地皆人满为患,已经没有剩余的容纳能力,必须进行调控和管理。

(二)旅游活动饱和与超载对于环境的影响

旅游对环境的关系十分敏感,如果使用强度超过环境所能承受的能力,就会产生对环境方面的不利影响。通常说来,这些影响都是由于过度开发及大批游客在一个较短时间内涌入较小空间造成的,容易产生冲突的方面有植被破坏、水质污染、空气污染、影响野生生物保护、影响生态系统保护等。

1.对动植物资源的影响

植物是自然界中最活跃、最富有生机的因素之一,它们是自然生态环境的主体,也是自然景观的主要标志,它们以其自身变化万千的形态和色彩构成风景资源的实体,具有美化净化环境、科考求知等多种旅游功能,可以满足旅游者的许多旅游需求。以自然资源为基础的旅游地,在旅游容量超载时,往往会对植物覆盖率、生长率及种群结构等造成不同程度的不利影响,甚至造成生态系统失调。如鲜花、苗木和真菌等的采集,会引起物种组成成分变化;旅游者不慎或管理不善可能导致的森林火灾致使植被覆盖率下降;开发和建设过程中任意砍伐树木,改变了森林树龄结构,甚至有可能损伤一些珍稀濒危植物,还会割裂野生生物环境;大量垃圾堆积,导致土壤营养状态改变,还会造成空气和光线堵塞致使生态系统受到破坏;旅游者蜂拥而至,践踏草地,使一些地面裸露荒芜,土地板结,树木生长不良;也导致植物抗病力下降,使病虫害有机可乘;所排放的污水、污气等也会影响一些植物的存活等。在我国大部分著名自然风景旅游地,有丰富的植物旅游资源,一些重要景区皆因旅游容量超载,出现了裸地日渐扩大、小面积生态系统的退化现象,应该引起高度重视。

野生动物也是自然生态旅游资源的重要组成部分,旅游活动也会对野生动物资源产生不良影响。①对动物的骚扰和反复干扰。不论哪种旅游活动,只要有人出现都可能引起对某些野生动物的干扰。②改变野生动物的习性。在旅游者经常出现的地方,野生动物的取食习性会发生急剧变化。旅游户外活动产生的垃圾常吸引熊、鹿、鸟类等前来取食,从而改变了它们的摄食习性。③引起野生动物的迁移和繁殖能力的下降。在饮食、观赏、娱乐和狩猎等消费作用下,使动物性受到干扰和摧残,有的动物被迫迁移到新的无人的栖息地,引起动物繁殖能力减低,从而改变动物种群的数量、组成及结构。当前,解决旅游容量超载,保护动植物资源已是我国旅游业的重要任务之一。

2. 对水资源的影响

水是生命之源,是自然生态环境系统中最为重要的因素,也是人类日常生活和旅游服务中不可或缺的基本供应成分。在以自然资源为基础的旅游地,旅游承载能力超载,在绝大多数情况下会导致对旅游地水体的污染。旅游地承载量超载必然导致旅游地各种废物增加,如有些固体废物随自然降水和地表水流入当地湖泊河流,或随风落入水体使地表水污染;有些随渗水进入土壤则使地下水污染。同时,还会有大量未经适当处理或稍作处理的生活污水进入海滩、湖泊、河流等水体,造成水体质量下降,给水体环境带来严重污染和破坏;过多的生物污染、有机污染进入水体将加快富营养化的过程,不仅影响水质感官与审美功能,而且将导致湖泊等水体的衰亡速度加快,使溶解氧含量变化,制约鱼等水生生物数量、种类和生长速度,甚至导致死亡,甚至使流域生态环境恶化,有用水资源枯竭。还有,水上交通、游览船只油料泄漏及垃圾抛撒,导致污染和破坏水体环境;身体与水接触的水上运动、生活废水等可能将各种传染病毒带入水中,造成疾病传播。我国一些著名风景名胜地,如桂林,水体污染现象日趋严重,漓江水已显混浊;新开辟的旅游区,如九寨沟、武陵源等也开始出现一定程度的水污染。水体的污染会影响整个旅游区的生物和自然生态与人类生活用水。

3. 产生噪声污染

近年来,随着旅游业的迅速发展,旅游地及景区内的噪声污染也越显严重。噪声污染和垃圾污染一样最容易被人感知,容易影响旅游者的兴致。由于旅游地游人超载,以及交通和游览线路设计的不合理、植被稀少等因素,使得游客的喧哗声、工地施工噪声、扩音后的导游讲解声、交通噪声以及旅游娱乐场所、景区、商业场所招徕游客的音响等噪声,都会损坏环境质量,影响当地居民和旅游者的生活及健康,甚至影响旅游者整体的旅游感受和旅游体验。进而使旅游的消费质量大打折扣,最终会造成旅游者心理上的不满足。在自然风景旅游地,动物会因噪声而受到惊吓,逃离原来的巢穴,动物的这种被迫迁徙,常常造成不良的生态后果。如在凤凰古城区原来是没有酒吧的,然后随着旅游的发展,古城内的酒吧越来越多,到现在已经有二三十家,不仅给游客提供了更丰富的旅途生活,也给凤凰的经济带来了发展,然而,越来越多的酒吧所产生的噪声污染也越来越严重,很多酒吧附近的住客,在夜间都无法入睡。

4. 对大气的污染

旅游活动带来的污染物会增加空气中的细菌、灰尘、废气的含量。实践证明,在燃煤较多和汽车活动频繁的地区大气中的二氧化硫、二氧化氮浓度明显高于其他地区。主要体现在车船等要排放尾气、废气和旅游服务设施排气等方面;宾馆饭店的燃烧煤、煤气和液化气产生的二氧化硫、二氧化氮、一氧化碳和烟尘等,对旅游地大气质量影响较大;车、船等交通工具产生的尾气,释放出的一氧化碳、氮氧化物、碳氢化合物和铅化合物等;旅游公厕管理不善也会产生恶臭,增加大气含菌数;如果过多游人进入,游人呼出的二氧化碳、其他有害气体和水分以及散发出的体热等都会造成半封闭空间的环境变化。如南岳衡山因旅游业年排放废气过 1600 多万亿立方米,交通尾气有毒气体达 250 多万立方米,再加上寺庙内外焚烧香纸、燃放鞭炮等,一度使旅游区内烟雾缭绕、灰尘满天、空气污浊。由于游客逐年增多,敦煌莫高窟部分石窟内的湿度增加了 10%～20%,使得窟中环境波动不稳,加快了壁画的破坏。现在,有些石窟内的二氧化碳浓度已达到 3000/ppm(正常值为 1000/ppm 以下),高浓度的二氧化碳遇到水就可以形成碳酸,从而对壁画造成腐蚀,就连在洞窟内为游客做介绍的讲解员也经常晕倒。

5. 产生固体废物污染

当游人无限制地增多时,旅游地要产生大量的生活垃圾等固体废弃物,由于有机含量高,如处理不当,会滋生细菌和病毒,特别是堆放在底层的有机物,因严重缺氧,厌氧菌迅速繁殖,病原菌滋生,并产生恶臭污染。其成分还会通过水、气、土壤、食物链等途径污染环境,危害人体健康;旅游区的宾馆和餐饮行业广泛使用一次性的台布、餐具、饮具等塑料包装产品,产生的白色污染,在环境中不易降解,同时也是对资源的极大浪费;许多游客总喜欢将各种食品,如点心、糖果、饮料、快餐等带到户外食用,为当地环境制造出了许多垃圾。有报道称南岳衡山每年约有 6000 吨的经营垃圾、2000 吨的旅游垃圾倒入旅游区内的溪流和水体中。随着社会经济和人们生活水平的不断提高,旅游人数不断增长,白色污染日益严重。

6. 对地质地貌的影响

典型地质地貌是旅游景观重要组成部分,也是旅游生态环境的一部分,因而应该得到一定程度保护。反过来,生态旅游对地质地貌可能产生不利影响。旅游容量超载,导致一些地貌形态侵蚀速度加快;交通工具的使用导致某些地貌形态改变。某些娱乐活动行为如跳水、登山、攀岩、漂流等会破坏地质地貌的原态,如我国海南三亚亚龙湾地区由于大量旅游者的游泳、潜水等活动,破坏了珊瑚的生长环境,导致大量珊瑚死亡。旅游活动导致一些地质地貌景观环境改变,造成其质地变差,如石林祭白龙洞中晶莹透亮的石钟乳、石芽等干裂、脱落、变黄、变黑、卷曲石断裂等,导致水土流失加剧。旅游设施建设项目的规划不当或开发过度,会使当地原有的景观环境遭到破坏,如过度修建旅游道路等设施会加剧滑坡、泥石流等灾害的发生。还有登山索道架设,观光电梯建设等,也会改变地貌景观,加剧水土流失,如山东泰山、北京西山、中岳嵩山森林公园等,索道悬空,电线杆冲天,严重破坏了山岳风景区的原有神态。

7. 对旅游设施与服务的影响

旅游环境的超载会给旅游地的旅游设施和基础设施造成很大压力。旅游超载会使一些旅游吸引物受到破坏,特别是历史遗址遗迹,一旦损毁将难以复原。另外,景区的接待设施,如果长时间处于过度使用状态,容易受到磨损,降低对游客服务的质量,影响景区的未来发展。一般情况下,短期的旅游环境超载不会对设施造成长远危害,可以通过人工加以修复。而旅游地持续时间较长的设施设备超负荷运作,则容易给相关的旅游设施带来破坏性的后果。例如,我国许多名山的登山道的护栏,旺季时由于旅游环境承载力的饱和与超载常使其松动,严重者甚至脱落,给游人带来潜在的危险。北京的故宫由于游人川流不息,碰肩抵足,众多游客的脚踏曾将大殿内的金砖踩出凹坑,广场和通道的金砖也损害得很厉害,有人估算,故宫铺地的"金砖",每年磨损达 10～20 毫米。颐和园蜿蜒 700 余米的彩饰长廊,路面的砖,几年就要更换一次。另外,旅游容量超载必然会对旅游地的基础设施如交通、住宿、水电等造成巨大的压力。当旅游容量超载时,也会大大增加旅游地服务接待人员的工作量,当他们为多出正常人数几倍的旅游者服务时,往往在体力、精神状态等方面显得力不从心。这样,原有的服务技术水平将大打折扣,服务质量降低,从而引起旅游者的不满和抱怨,甚至会引起旅游者的投诉。这种现象的长期出现将对本地的旅游业发展造成严重影响。

8.其他方面的消极影响

旅游容量超载对旅游地的消极影响还体现在其他诸多方面:当旅游容量超载时,影响当地社会治安的不稳定因素增多,旅游地社会治安维护的工作量加大;各地大量涌入的旅游者在宗教信仰、民族生活习惯、价值观等方面与当地居民产生一定的矛盾,这些都会对旅游地社会生活的各方面产生一定的消极作用;破坏文物古迹和地域文化的过度商业化、庸俗化。如我国的万里长城长期以来由于大量游人的攀登,造成挤踏破坏,很多地方已受到严重损害。傣族的泼水节被搬到昆明"郊野公园"作旅游文化活动项目开发时,却成了"倒水节":游客各自拿着水桶、水盆,将水从对方的头上浇到脚底,或是将人推到水池中,一圈人围着"泼",完全失去了"柳枝洒水",以示祝福的文化意境。

(三)旅游超载的应对措施

在进行旅游规划、开发和管理时,不能因为短期的眼前利益而忽视旅游容量对于旅游业发展的限制作用,过度开发带来的环境、社会问题,不仅难以解决,对旅游可持续发展的影响也很大。规划初期就必须对旅游容量进行研究,根据实际情况确定合理的环境容量,将超载、饱和等现象防患于未然,无论是旅游目的地政府、旅游相关企业从业人员以及旅游者个体,都应该充分认识旅游环境超载与饱和的严重性,应根据具体情况采用多种措施对旅游容量进行调控。

1.时间分流

从旅游需求方面着眼,减低旅游旺季的高峰流量,使旺季的旅游流量保持在旅游地域饱和点之内。通过大众传媒及网络向潜在的游客告知已经发生过的旅游超载现象、由此带来的不便与危害以及环境后果等,从而对旅游者选择目的地的决策行为施加影响,让人们理性出游,使其避开高峰期盲目扎堆儿;利用价格杠杆或限制门票数量来影响客流强度和方向,即平抑旅游淡旺季之间的差距,也保证了旅游收入。

2.空间分流

提高旅游供给能力,调控旅游供给内部结构并辅之以对旅游需求的引导措施。这一方法的着眼点在于对旅游者实行空间上的分流。

(1)如果是旅游地内的部分景区超载,而其他景区并未达到饱和,这些景区的剩余容量完全可以满足超载景区超载部分的旅游流量,则相应的旅游空间分流措施为内部分流,即在超载景区入口地段设置限制游客进入的设施,一旦景区达到饱和则停止进入。通过工作人员、广播或平面媒体在该景点入口处,即时播报景点内部情况,配备专门的工作人员进行疏导。

(2)若是景区内部分流后仍超载,则扩大现有旅游设施的规模。具有一定经济实力的旅游区,可以通过增加人力、资金和提高管理技术等手段扩大现存设施的规模;如果暂时无条件进行设施规模的扩大,可以在现有设施的基础上对其结构进行优化整合,以满足不同结构旅游者对于旅游设施的要求。

(3)对于整体性饱和,可以在旅游热点地区周围加大开发力度,或者充分挖掘原有景点、景区的开发潜力,开发新的景点,实现景区内游客新的空间分流,以热带冷;通过调节单位时间进入景区的游客数量来控制景区最大时点容量,从而实现满足游客游览要求的情况下不出现整体饱和与超载。

综上所述,必须正确处理旅游开发、经营及旅游活动开展过程中与环境之间的关系,要通过环境容量管理来加以控制和协调旅游的健康持续发展,为旅游地的社会、经济、文化等方面带来积极的影响,为游客提供优美、舒适的旅游环境和高质量的旅游产品。

第三节　旅游环境的保护

旅游环境保护是借用环境科学的理论和方法,运用行政、法律、经济、技术和教育等手段,在合理开发利用旅游资源的同时,深入认识并掌握污染和破坏旅游环境的根源与危害,通过全面规划,使旅游经济发展与环境相协调。有计划地保护旅游环境,预防环境质量恶化,控制旅游环境污染和破坏,既发展旅游经济,满足人类的需要,又不超出旅游环境的承载限度。

➤一、旅游环境保护的原则

1. 监督管理与宣传教育相统一

旅游经营部门会同相关部门,共同做好监督管理工作。依靠科学、严格、规范化的监督管理,保护景区景点环境,树立良好的旅游地形象;深入开展环境宣传活动,向全体游人、旅游从业人员和旅游区附近居民宣传旅游环境保护知识,引导游客自觉维护景区景点的环境,提高人们的旅游环境保护意识。

2. 旅游开发与保护相统一

一方面,结合旅游活动的特点和旅游产业发展的特殊要求,对现有的旅游资源及其依托的自然和人文环境合理开发;另一方面,旅游业开发要注重环境保护,以旅游业发展促进环境保护,切忌对旅游环境进行建设性的破坏和破坏性的建设。要保护与开发并举、开发服从保护的原则。例如,旅游规划原则上旅游景区不兴建与旅游无关的项目,兴建旅游项目也要科学论证和严格审批,严禁在景区景点范围内兴建有污染的工厂,从事开山采石、取土、挖沙、伐木等破坏景观的活动。旅游项目建设要在建设数量、质量、风格、色彩上与自然协调,完善污水、废气、垃圾处理系统。

3. 宏观法规与具体细则相统一

完善法律制度,制定行之有效的行为规范。旅游环境保护法规是对旅游者和旅游经营者制定的行为规范,对破坏环境者实行强制干涉和惩罚。法规内容应包括旅游区建设项目的审批办法和权限、旅游区保护范围和保护内容、对违反保护条款者的处罚办法等。旅游地开发应严格执行国家有关风景名胜区、森林、文物、环境等法律法规,同时,要制定保护细则,完善自身的旅游法规建设,做到"依法治旅"。

4. 近期开发与长远战略相统一

旅游开发的根本目的是为了获得经济、社会、生态方面的综合利益。在当代人获得利益的同时,也要考虑到未来发展潜力,不能竭泽而渔,在有效保护的前提下,对各类旅游资源进行优化开发,使近期利益与长远利益协调统一,切实贯彻"保护旅游资源与环境,维护自然生态平衡"、"旅游资源有偿使用"等可持续发展理念。

➤二、旅游环境保护的内容

1. 自然环境保护

旅游自然生态环境是由旅游目的地的大气、水体、土壤、生物及地质、地貌等组成的综合体。从旅游业的角度来看,它们并不是直接的旅游对象或旅游吸引物,而只是一种起承载作用的外在环境或基础环境,往往不被旅游开发者和旅游者所重视,但却是构成各类旅游资源的重要物质依托,是旅游业生存、发展的重要基础,加强自然环境保护是实现旅游业可持续发展的基础。

2.人文环境保护

人文旅游资源是人文环境中具有旅游价值部分的内容,它是古今人类社会活动的产物,是一种艺术结晶和文化成就。一般包括历史文物古迹、文化遗产、古典建筑、纪念建筑、民族文化等。从与旅游关系的角度看,人文旅游环境可以分为两类:一类是直接构成旅游产品的人文环境,称为"旅游产品基底环境",包括人文物质环境中的人文景观环境、人文行为环境,其质量水平的高低将直接影响一个地区旅游开发的水平,甚至决定着旅游产业的发展水平;另一类是不构成旅游产品,但对旅游的效果产生影响的人文环境,称为"旅游产品关联环境",包括人文物质环境中的人文生活环境——园林绿化、交通秩序、医疗、卫生等,人文行为环境的个体行为环境——衣食住行娱等,人文精神环境——价值观、理念、公民素质等,这些环境是地方形象的构成要素,影响旅游者的情绪和心境,对旅游效果和旅游需求的满足程度产生影响,对旅游者的身心恢复也会产生一定的正向或负向作用。

3.旅游资源环境保护

在旅游资源方面,中国并没有专门的旅游资源保护法,与旅游资源保护有关的法律法规主要散见于国务院的行政法规和林业、文化、环境保护、城市规划、矿产、水利等部门的规章中。主要有:国务院颁布的《风景名胜区管理暂行条例》(1985年)、《自然保护区条例》(1994年)、《森林和野生动物类型自然保护区管理办法》(1985年),原林业部制定发布的《森林公园管理办法》(1994年),《森林法》、《环境保护法》等法律中对风景名胜区保护所作的规定,以及《文物保护法》及其《实施细则》、《地质遗迹保护管理规定》等法律法规中对文化遗迹保护所作的规定。上述各项法律、法规从不同角度规定了旅游资源的开发、利用和保护问题。

4.旅游氛围环境培育

旅游氛围环境,与旅游自然生态环境、旅游人文社会环境和旅游资源本身都有着紧密的联系,是旅游者对旅游目的地的自然和人文两方面的感知状态。如旅游目的地自然资源的区域特点,与游客的惯常居住环境是否有更大的差异性;当地的居民、旅游经营者的态度及旅游服务质量对游客的心理影响如何;景区内游客数量的多少,环境容量给游客产生的心理影响如何等。加大对旅游氛围环境的培育,可以提高旅游的质量。

➤三、旅游环境保护的主要策略

(一)树立科学合理的旅游发展观念

(1)要树立牢固的旅游可持续发展理念。可持续发展旅游要求"在满足现有旅游者与地方社区居民需求的同时,保护与增强未来的发展机会",其实质就是要求旅游与自然、社会、文化及人类生存环境构成一个有机整体。所以,旅游开发必须重视资源环境利用的永续性与社会的代内代际公平,在环保与旅游互动双赢的基础上,追求人与自然、文化与环境的和谐共生,以期达到旅游者、旅游经营者和旅游地的三方共赢,最终实现资源的完整多样、游客的畅爽体验、社区的真正受益、投资商得到合理的回报。

(2)要树立清醒的环境保护意识。优美的旅游环境,既能让人们深深沉浸于其中,流连忘返,也可使人陶冶情操、激发活力、点燃激情。要保证旅游的可持续发展,赢得优美的旅游环境,必须处理好开发和保护的关系,即在保护中开发,以保护为前提,以保护为基础,适度开发,合理开发。面对体验经济、知识经济的时代背景,如今的旅游者大多有较高的自身修养和知识素养,逐步进入了文化感知、绿色消费和生态体验层次。旅游者要增强公益意识和环保意识,知道维持旅游可持续发展的责任,崇尚人类与环境和谐发展理念,追求永续消费,要通过自己消费绿色旅游产品来体现自己生态环保意识,追求责任旅游、绿色旅游、适当旅游、品质旅游和生态旅游;对于旅游区或目的地在开发、经营和管理方面,也要跟进时代,遵循环境伦理,保护生态环境,崇尚绿色文明,追求"天人合一",将"3R"(减量化、可再生利用、可循环)思想贯穿到旅游业的各个方面。要以"环境破坏最小,生态质量最好"作为旅游产品开发的宗旨与卖点,要建设环境友好型旅游目的地,让远离都市混沌喧嚣的旅游者,回归到山清水秀、空气清新的深山、幽谷、田园的时候,能尽情体味大自然所赐予的宁静与和谐。

(二)采取切实可行的环境保护措施

1.制定科学的环境管理规划

制定具有科学性、严谨性和预见性的旅游环境管理规划,通过规划理清旅游开发思路,明确旅游产品开发、旅游业各要素发展、旅游资源开发与保护的辩证关系,合理控制旅游区或目的地旅游业发展的规模、速度和层次。防止旅游资源的低层次开发、无序开发,防止旅游产品的盲目开发、重复开发,防止旅游业发展破坏生态环境。在旅游规划过程中,根据国家有关森林、土地、文物、环境保护等的法律法规和有关环境质量标准,以及旅游地的资源条件和环境现状,作出旅游环境管理规划,实施科学、规范、有序的环境管理和产品开发。

2.加强环境保护的宣传引导

通过广播、电视、互联网、书刊、主题活动、旅游区标示系统等方式和渠道,对旅游业相关人群进行环保知识宣传,加强生态理论熏陶,提高全民的生态理论和环境保护意识,尤其要向全体游人、旅游从业人员和区附近居民宣传旅游环境保护知识,让环境保护的思想内化为旅游业相关人群自觉自愿的实际行动。旅游区的经营管理者要精心组织、科学安排,在规划旅游项目和设计旅游线路时,要设法融入生态环境保护的内容,以便游客在参与中获得环境保护知识,树立起生态旅游、绿色旅游的正确观念和行动,真正成为绿色旅游环境的捍卫者、行动者和保护神。

3.进行旅游开发的环境影响评价

在开发前,对旅游开发的旅游区环境承载力、旅游规模、开发活动对环境的影响、旅游过程对环境的影响等进行评价分析,尤其强化环境承载力和容量管理。要把旅游业培育成名副其实的环保产业、绿色产业,真正实现区域生态旅游,这需要游客、旅游管理者、旅游开发经营商及当地居民等各方面的共同努力,必须遵循自然规律,必须树立开发与保护并重的原则,必须将当地的环境承载力与生态环境容量有机地结合起来。改进旅游环境质量,协调各方利益,实现景区旅游资源的永续利用和旅游业的可持续发展。

4.采用先进的环境管理手段

增大科技投入,让高新技术介入旅游业及环境的管理,提高旅游决策科学化和经营管理信息化程度。利用高科技及其新材料、生态环保材料进行产品开发中的景区景点和设施设备建设,提供旅游从业人员消耗所需的绿色资源、环保清洁能源及其他物质与资源,积极推行绿色消费;利用计算机技术、环保技术、"3S"技术做好景区资源调查、环境现状监控、影响评价、污染物处理、灾害防治、景观建设等,实施信息化、自动化和智能化管理。

5. 健全环境管理的法规体系

完善的法律制度是做好旅游环境保护工作的重要保证。旅游业是个关联性较强的产业,旅游活动开展涉及众多利益阶层的关系,确立和协调这些关系,除了通过市场机制和文化机制调控外,更需要法律机制、政策机制的约束。建立完整的法律体系和旅游环境影响评价制度,做到有法可依,实施依法管理,对旅游者和旅游经营者制定行为规范,对破坏行为实行强制性的干涉与惩罚。健全环境管理法规体系,有助于旅游业长期健康及可持续的发展。

思考题

1. 举例说明旅游对自然和人文环境的影响。
2. 举例说明某地优越的旅游自然环境和人文环境。
3. 什么是基本空间标准?如何测定环境容量?

第六章
旅游交通

学习要点

1. 熟悉旅游与交通的关系
2. 掌握旅游交通类型与网络
3. 了解特种旅游交通

引导案例

2010年,一批深圳的居民想在暑假期间外出旅游,在向旅游者咨询时,旅行社给该客人提供了两条线路,一条是"华东"线,一条是"丝路"线,具体交通如下:

华东线交通方式:深圳乘飞机赴南京,南京坐旅游车沿沪宁高速到无锡,无锡乘高铁到苏州,苏州沿运河乘船赴杭州,杭州乘坐城际列车到上海,上海乘坐磁悬浮到浦东机场,后乘飞机返回深圳。

丝路线交通方式:深圳直飞西安,乘旅游车到兰州,坐火车分段到乌鲁木齐,沿途可以骑驴、乘羊皮筏子、骑骆驼、滑沙,参观乌鲁木齐后乘坐飞机返回深圳。

试从旅游交通的角度分析,客人应该如何选择出游计划,为什么?

第一节 认知旅游交通

➤一、旅游交通概述

(一)旅游交通的定义

关于旅游交通的定义,学者有很多不同的看法:①认为旅游交通是一种为旅游者提供直接或间接交通运输服务所产生的社会和经济活动;②认为旅游交通是指为旅游者在旅行游览过程中所提供的交通基础设施、设备以及运输服务的总称;③认为旅游交通是指支撑旅游目的地旅客流和货物流流进、流出的交通方式,路径与始终点站的运行及其相互间的相互影响,包括旅游目的地内的交通服务设施的供给及其与旅游客源地区域交通连接方式的供给;④认为旅游交通是指为旅游者在旅游过程中提供所需交通运输服务而产生的一系列社会经济活动和现象的总和。

综上所述,旅游交通就是为旅游者在长住地到目的地以及在目的地内实现空间位移而提供服务的综合,包括三部分,即旅游交通线、旅游交通工具和旅游站点。

(二)旅游交通的特征

1. 区域性

旅游交通线是根据旅游者的流动方向、旅游数量、旅行时间和旅行距离等因素,集中分布在旅游客源地与目的地以及旅游六要素场所之间,因而,旅游交通具有区域性。这就决定旅游目的地必须搞好区域的内外部交通,保证旅游者"进得来、出得去、散得开",保证目的地热点、温点和冷点旅游资源的有效衔接,保证旅游者在目的地内的正常流动。

2. 层次性

根据旅游交通涉及的空间尺度和过程,旅游交通可分为三个层次:第一层次是外部交通,这是指从客源地到目的地所依托的中心城市交通,所涉及的交通方式多为航空交通和铁路交通;第二层次是旅游中心地到景区交通,其交通方式主要是公路、铁路和水路;第三层次是内部交通,主要是指旅游景区内的交通,交通方式以步行或特种旅游交通为主。

3. 公共性

旅游交通是整个国家交通运输体系的重要组成部分,从现实看,人们很难将旅游交通与一般的公共交通予以明确的区别。从旅游流中,旅游者使用最广泛、最常见的位移形式还是公共交通,如民航班机、公共客车、市内公交、轨道交通等。目前,任何旅游地的交通建设、管理和经营方面还不可能将现有的交通网络舍弃,另外构筑新的、专门的旅游交通网或旅游工具,这是不现实也是没有必要的。旅游地或经营者只有尽可能地谋求将旅游交通有机融入现有的公共交通运输网络体系,就能保证旅游交通的可持续发展。

4. 特殊性

旅游交通服务的对象是旅游者,即服务对象具有专一性和特殊性,从而使其除了运载旅游者实现空间位移的基本功能外,还要具备满足旅游者的游览、娱乐、享受、身份炫耀、地位等级的精神需要。特别是现在特征旅游交通,其满足旅游者享乐、享受、观光游览的功能更是得以提升,乘坐或驾驭特种旅游交通工具已成为一项旅游吸引力产品,成为一项重要的旅游活动内容。如乘坐城际列车、高铁、磁悬浮列车、乌篷船、羊皮筏子等。

5. 舒适性

除了一般交通工具达到空间位移的功能外,旅游交通还具有舒适性特征,注重运输工具的豪华性、服务水平的优质性。如旅游专列无论在车厢设施、服务质量和服务项目、乘客定员、列车速度等方面都优于一般旅客列车。再如旅游车也是尽可能带空调、音响、影视碟片等。现阶段,最为奢华的交通工具应该是豪华远洋游轮,其拥有的高星级客房、各种风味餐饮、购物中心、休闲中心、康乐中心乃至步行街等,被人们誉为"海上浮动胜地"。

6. 季节性

与旅游业一样,旅游交通也随着一定的时间变化而变化,具有明显的季节性特点。旅游旺季、黄金周、大型活动等都会使旅游交通客流增强,反之,则减弱。这种季节性甚至在一周、一日内都普遍存在。旅游交通季节性的变化造成高峰时运力不足,淡季时运力过剩。解决旅游交通季节性问题,成为国内外学者研究的课题之一。

(三)旅游与交通关系

旅游业的产生、发展与交通运输业的发展紧密相连。1807年,世界第一艘蒸汽汽船产生,1825年世界第一条铁路出现在英国,1960年喷气式飞机的普遍应用,使得旅游活动与交通工具紧密相连。就在火车试行的 16 年后,世界上第一个现代意义的旅游团出现在莱斯特前往拉夫巴勒的铁路上,拉开了近代旅游的序幕。经过两次世界大战后,和平的世界主题,休闲观光的生活主旋律,喷气式飞机的民用,加快了全球旅游业的发展。在现代交通为旅游业提供强大推力同时,现代旅游业也为交通业的发展产生强大需求拉力,旅游与交通相互依存,彼此促进,共同发展。

➤二、旅游交通的作用

旅游交通的目的就是解决旅游者在常住地与目的地间的往返,从一个目的地到另一个目的地以及在目的地内部往来的问题。旅游交通是衔接客源地与目的地的纽带,是旅游行为得以实现的先决条件,其作用表现在以下几个方面:

1.旅游交通是旅游业存在和发展的先决条件

旅游者外出旅游,首先要解决的是从常住地到目的地之间的空间位移问题,这就需要考虑采用何种交通工具。旅游业是依赖旅游者来访而生存和发展的产业,只有旅游者到来,旅游的设施、产品及服务才能发挥应有的作用。因此,解决好旅游目的的可进入性,可以使大量的旅游者来访,可以使目的地旅游设施得以发挥,可以使该地旅游业得以发展。

2.旅游交通是旅游业收入的有机组成

旅游交通是旅游业的三大支柱之一,其本身就是旅游业收入的重要组成部分。根据相关调研而知,旅游交通消费约占旅游者外出旅游消费的四分之一。旅游者从客源地至目的地之间的旅游交通费用问题已成为制约一个地方旅游发展的瓶颈,我国与欧美客源地之间的高交通费用是我国旅游市场亟待解决的课题。

3.旅游交通是旅游吸引力的特殊形式

旅游交通类型多样,在解决旅游者空间位移的同时,也丰富着旅游活动的内容。如具传统地域特色的骑马、乘羊皮筏子、坐滑竿、摇乌篷船、拉黄包车等;再如现代旅游交通索道、快艇、高铁、磁悬浮、缆车等。这些旅游交通或给人以新奇、惊险的娱乐性享受,或给人奢华、优雅的舒适性体验,都可能对旅游者产生特殊的吸引力。

4.旅游交通是影响旅游客源量的因素

随着人们旅游经验的增多,人们对旅游交通的要求也越来越高。现阶段,人们对旅游交通的基本要求是:安全、快速、便利、经济、娱乐。安全是人们对交通最起码的要求;快速就是要使旅行的时间尽可能缩短;便利表现的是交通运营的班次多,能随来随走,交通线四通八达,并能直达;经济是指交通票价相对低廉;娱乐表现的是旅游交通工具在有限的空间内尽可能增加娱乐条件,使本无聊的旅途变得兴趣盎然。

➤三、旅游交通选择方式的影响因素

当旅游者面对不同类型的交通工具时,必须予以选择。影响旅游者选择交通运输工具的因素,有价格、距离、时间以及旅游者个人原因。

受旅游交通服务无形性特点影响,普通旅游者对旅游价格比较敏感,通常价格的高低对交通工具选择起到决定性的作用。同时,距离和时间也是重要的影响因素。此外,人们经验、偏好也是旅游者选择交通工具的影响因素。人们觉得某种交通工具是最好的旅行方式,那么这种交通工具会成为他再次选择交通工具时的第一选择。

旅游地理

一般来说,在我国 200 公里范围内,人们多选择汽车交通;1000 公里内,人们多选择铁路交通工具;超过 1000 公里,人们多选择航空运输方式。从时间因素来说,乘坐时间在 4 小时以内,人们多选择汽车交通;15 小时以内即昼发朝至,人们多选择铁路交通;对于超过 15 小时的空间位移,人们较多选择飞机交通。

第二节 旅游交通的类型

➤一、陆路旅游交通

(一)铁路旅游交通

1.铁路

火车曾经是人们外出旅游的主要交通工具,对旅游的发展有过重大的影响。20 世纪 50 年代,铁路在提供游客交通方面一直发挥着重要的作用。在我国,铁路旅游至今仍是国内旅游的主要旅行方式。铁路旅游拥有交通运载能力大,票价低廉,在乘客心目中安全性最强,并能在车厢里自由走动和放松,途中不会遇到交通堵塞,对环境的污染较小等优点。游客在乘坐火车时,还可以观赏铁路沿线的自然风光,开阔视野。

我国铁路列车的编次(即车次)是以北京为中心,凡是驶离北京方向的列车为下行列车,列车编次为单数(如北京南开往上海虹桥的 G1);驶向北京方向的列车成为上行列车,列车编次为双数(如上海虹桥开往北京南的 G2)。有的列车中途改变方向,那么列车的车次相应就改变。如南京西—兰州的一趟列车,从南京西发车位上行,为 T112 次,到徐州后变为下行,车次则改为 T113 次;反之,从兰州发时为 T114 次,到徐州后变为 T111 次。

目前,我国铁路旅客列车,按其设施设备、运行速度和服务项目分为高速铁路(车次前冠G)、城际高速(车次前冠 C)、动车组列车(车次前冠 D)、一站式直达列车(车次前冠 Z)、特快列车(车次前冠 T)、快速列车(车次前冠 K)、管内列车(车次前冠 N)、普通列车(车次为 4 位数,为 1、2、4、5 开头)、旅游列车(车次前冠 Y)和临时列车(车次前冠 L)。

我国铁路网以北京为中心,由多条纵贯南北的干线和横贯东西的干线交叉组成,再通过无数支线、专用线,构成了全国铁路运输系统。我国的铁路交通网主要有以下干线:第一类,东西方向铁路干线,如京沈—京包—包兰—兰青—青藏线、陇海—兰新—北疆线、沪杭—浙赣—湘黔—贵昆线、汉丹—襄渝—成渝线、河茂—广茂—广汕线等;第二类,南北方向铁路干线,如哈大线、京沪线、京广线、京九线、集二—同蒲—太焦—焦枝—枝柳—黎湛线、津沪—皖赣—鹰厦线、襄渝—川黔—黔桂线、宝成—成昆—南昆—昆河线等。

2.高铁

(1)概述。高铁即高速铁路,是指通过改造原有线路(直线化、轨距标准化),使营运速率达到每小时 200 公里以上,或者专门修建新的"高速新线",使营运速率达到每小时 250 公里以上的铁路系统。世界上最早发展高速铁路的国家——日本认为,凡一条铁路的主要区段,列车的最高运行速度达到 200 公里/小时或以上者,可以称为高速铁路。中国铁道部将"高速铁路"的定义分为两部分:即有线改造到 200 公里/小时和新建时速达 200 到 250 公里/小时的线路,在这部分线路上运营的时速不超过 250 公里/小时的列车称为"动车组";以及新建的时速达到 300 至 350 公里/小时的线路,这部分线路上运营的时速达到 300 公里/小时及以上的列车称为"高速动车组"。2003 年 10 月 12 日,我国第一条高速铁路——秦沈(秦皇岛—沈阳)客运专线通车,截止 2012 年 8 月 31 日,我国高铁运营里程 6894 千米,在建近 12000 千米。

📚 知识链接

秦沈(秦皇岛—沈阳)客运专线

秦沈客运专线设计时速 200 公里,预留 250 公里的提速条件,全长 404 公里。秦沈客运专线是中国自己研究、设计、施工的时速 200 公里的第一条快速铁路客运专线。它的建设和投入运营,带动中国铁路综合技术水平的大幅度提高,从而进一步加快了中国铁路客运高速化的进程。

秦沈客运专线是中国一条连接秦皇岛与沈阳两座城市的客运铁路,自河北省秦皇岛市起,经辽宁省绥中县、兴城市、葫芦岛市、锦州市、台安县、辽中县,至沈阳市沈阳北站,全线总长 404 公里。由 2006 年 12 月 31 日起,秦沈客运专线和京秦铁路、原哈大铁路哈尔滨至沈阳段合并为京哈铁路(新线),所以秦沈客运专线目前(截止 2009 年 10 月)已是京哈铁路的一部分。

(2)主要优势。高铁发展迅猛,主要优势是载客量高、输送能力大、速度快、安全性好、正点率高、舒适方便、能源消耗低、经济效益好等。

①载客量高。高速铁路的优点是载客量非常高。从目前公布的数据来看,2013 年元旦高铁受到热捧,而作为中转站的武汉铁路更是达到最高增幅。据数据,1 月 1 日,全国铁路发送旅客 567.2 万人,同比增长 16.3%,比去年元旦期间高峰日增加 56.8 万人,创历年元旦假期单日旅客发送量新高。其中,作为高铁枢纽的武汉铁路局增幅最高达 41.2%。

②输送能力大。目前各国高速铁路几乎都能满足最小行车间隔时间 4 分钟及其以下(日本可达 3 分钟)的要求,扣除维修时间 4 小时,则每天可开行的旅客列车约为 280 对;如每列车平均乘坐 800 人,年均单向输送能力将达到 82000 万人;如果采用双联列车或改用双层客车,载客高达 1.65 亿人。

③速度快。速度是高速铁路技术水平的最主要标志,目前,高铁运行时速可达到 350～400 公里。除最高运行速度外,旅客更关心的是旅行时间,而旅行时间是由旅行速度决定的。以北京至上海为例,在正常天气情况下,乘飞机的旅行全程时间(含市区至机场、候检等全部时间)为 5 小时左右,如果乘高速铁路的直达列车,全程旅行时间则为 5—6 小时,与飞机相当;如果乘现有铁路列车,则需要 15—16 小时;若与高速公路比较,以上海到南京为例,沪宁高速公路 274 公里,汽车平均时速 83 公里,行车时间为 3.3 小时,加上进出沪、宁两市区一般需 1.7 小时,旅行全程时间为 5 小时,而乘高速列车,则仅需 1.15 小时。

④安全性好。高速铁路由于在全封闭环境中自动化运行,又有一系列完善的安全保障系统,所以其安全程度是任何交通工具无法比拟的。高速铁路问世 35 年以来,日、德、法三国共运送了 50 亿人次旅客。除德国 1998 年 6 月 3 日的 ICE884 高速列车行驶在改建线上发生事故,我国在 2011 年 7 月 23 日因人为原因发生事故外,各国高速铁路都未发生过重大行车事故。与此相对比的是,据统计,全世界由于公路交通伤亡事故每年约死亡 25 万～30 万人;1994 年全球民用航空交通中有 47 架飞机坠毁,1385 人丧生,死亡人数比前一年增加 25%,比

过去 10 年的平均数高出 20％。每 10 亿人公里的平均死亡数高达 140 人。

⑤正点率高。高速铁路全部采用自动化控制,可以全天候运营,除非发生地震。据日本新干线风速限制的规范,若装设挡风墙,即使在大风情况下,高速列车也只要减速行驶,比如风速达到每秒 25～30 米,列车限速在 160 公里/小时;风速达到每秒 30～35 米(类似 11、12 级大风),列车限速在 70 公里/小时,而无需停运。飞机机场和高速公路等,在浓雾、暴雨和冰雪等恶劣天气情况下,则必须关闭停运。所以,高铁的正点率高,正点率高也是其受旅客欢迎的原因之一。

⑥舒适方便。高速铁路一般每 4 分钟发出一列车,日本在旅客高峰时每 3 分半钟发出一列客车,旅客基本上可以做到随到随走,不需要候车。为方便旅客乘车,高速列车运行规律化,站台按车次固定化等。这是其他任何一种交通工具都无法比拟的。高速铁路列车车内布置非常豪华,工作、生活设施齐全,坐席宽敞舒适,走行性能好,运行非常平稳;减震、隔音、车内很安静。乘坐高速列车旅行几乎无不便之感,无异于愉快的享受。

⑦能源消耗低。如果以"人/公里"单位能耗来进行比较的话。高速铁路为 1,则小轿车为 5,大客车为 2,飞机为 7。高速列车利用电力牵引,不消耗宝贵的石油等液体燃料,可利用多种形式的能源。

⑧环境影响轻。当今,发达国家对新一代交通工具选择的着眼点是对环境影响小。高速铁路符合这种要求,明显优于汽车和飞机。

⑨经济效益好。高速铁路投入运行以来,备受旅客青睐,其经济效益也十分可观。日本东海道新干线开通后仅 7 年就收回了全部建设资金,自 1985 年以后,每年纯利润达 2000 亿日元。德国 ICE 城市间高速列车每年纯利润达 10.7 亿马克。法国 TGV 年纯利润达 19.44 亿法郎。

知识链接

国内规划展望

一、近中期规划——五纵六横七连线

从 2010 年起至 2040 年,用 30 年的时间,形成国家网络大框架。考虑现实,线路东密西疏;照顾西部,站点东疏西密。所有高铁线路的规划和建设,全部由中央政府集中组织实施,建成后的营运,交中国高铁公司集中管理。

1. 五纵

①哈沪线:哈尔滨—扶余—长春—四平南—沈阳—营口—大连—烟台—青岛—日照—连云港(海州)—盐城—南通—上海。全线按以上节点只设 14 个停车站,站点之间直连。

②京港线:北京—保定—石家庄—邯郸北—安阳南—郑州—漯河—信阳北—武汉—岳阳—长沙南—衡阳—郴州—韶关—广州—深圳—九龙。全线按以上节点只设 17 个停车站,站点之间直连。

③集昆线:集宁—大同—朔州—忻州北—太原南—界休—临汾—韩城—西安—佛平—汉中—宁强—广元—绵阳—成都—乐山—冕宁—西昌—攀枝花—昆明。全线按以上节点只设 20 个停车站,站点之间直连。

④西湛线:西安—安康—万源—达州—华莹—重庆—遵义—贵阳—都匀—独山—南丹—河池西—马山北—南宁—钦州—北海—湛江。全线按以上节点只设 17 个停车站,站点之间

直连。

2. 七横

①沈兰线:沈阳—盘锦—锦州—秦皇岛—唐山—北京—张家口—集宁—呼市—包头—杭锦—乌海—石嘴山—银川—青铜峡—中卫—白银—兰州。全线按以上节点只设 20 个停车站,站点之间直连。

②青银线:青岛—潍坊—淄博—济南西—武城—衡水—石家庄—阳泉—太原南—吕梁(离石)—绥德—靖边—鄂托克—银川。全线按以上节点只设 14 个停车站,站点之间直连。

③盐西线:盐城—淮安—宿迁—徐州西—商丘—开封东—郑州—洛阳—三门峡—华阴—西安—宝鸡—天水—定西—兰州—红古—西宁。全线按以上节点只设 17 个停车站,站点之间直连。

④沪蓉线:(上海)—南京—合肥—六安—麻城—武汉—潜江—荆州—宜昌—水布垭(或五峰)—恩施—黔江—涪陵西—重庆—遂宁—成都。全线按以上节点只设 15 个停车站,站点之间直连。该线向东南,可经溧阳—湖州—杭州—绍兴—宁波;向东可沿江北,经扬州、泰州至南通。

⑤沪昆线:上海—嘉兴—杭州—金华—衢州—上饶—鹰潭—南昌南—新余—萍乡—长沙南—娄底—邵阳—洞口北—怀化—玉屏—凯里—都匀—贵阳—安顺—关岭—盘县—曲靖—昆明。全线按以上节点只设 24 个停车站,站点之间直连。

⑥沪南线:上海—宁波—台州—温州—福鼎—宁德—福州—莆田—泉州—厦门(同安)—漳州南—云宵—汕头—汕尾—惠州—广州—肇庆—云浮—郁南—梧州—桂平东—贵港—南宁。全线按以上节点只设 23 个停车站,站点之间直连。

⑦杭广线:杭州—金华—遂昌—龙泉—松溪—建瓯—南平—沙县—三明—永安—漳平—龙岩—永定—梅州—广州

3. 八连线

①津唐线:天津—唐山。

②开河线:开封东—菏泽—东平—济南西—滨州—东营北—河口。

③宁南线:南京—扬州—泰州—南通。

④宁宁线:南京—溧阳—湖州—杭州—绍兴—宁波。

⑤金温线:金华—丽水—温州。

⑥汉福线:武汉—黄石西—武穴(江南)—九江(县)—德安—南昌南—抚州—邵武—南平—福州。

⑦南厦线:南平—三明—大田—厦门(同安)。

⑧衡南线:衡阳—祁东—永州—全州—桂林—柳州—来宾—宾阳—南宁。

二、远期规划——八纵

从 2040 年起至 2070 年,再用 30 年的时间,最迟到 2100 年前全部建成。实现东部加密、西部连通成网(即连通西部主要交通枢纽),连接全国主要交通节点城市和旅游景点,使西部地区主要城市可通达任何沿海省区。国内客运主要依靠高速铁路和高速公路。

①新哈沪线:哈尔滨—长春—沈阳—大连—烟台—青岛—连云港(海州)—上海。该线向东北延伸至抚远中俄边界,仍称哈沪线。

②京沪线:北京—天津—沧州—德州—济南西—曲阜—徐州—蚌埠—南京—无锡—上

海—浦东机场。

③大京港线：由京港线向北延伸而成。延长线大体走向是：北京—首都机场—承德—赤峰—通辽—白城—齐齐哈尔—嫩江—黑河。

④济茂线：该线大体走向是：济南—菏泽—开封—郑州—平顶山—南阳—襄樊—荆州—武夷山—吉首—怀化—桂林—柳州—贵港—玉林—茂名。

⑤新集昆线：集宁—大同—太原南—韩城—西安—汉中—成都—西昌—昆明，该线向北延伸至二连浩特，向南经个旧到河口。仍称集昆线。

⑥徐三线：大体走向：(徐州)—合肥—安庆—景德镇—鹰潭—赣州—河源—九龙—珠海—阳江—湛江—海口—三亚。

⑦太温线：大体走向：太原—长治—焦作—郑州—周口东—阜阳—合肥—巢湖—铜陵—黄山—千岛湖—金华—温州。

⑧包湛线：即西湛线从西安向北延伸，经延安榆林到包头：西安—安康—万源—达州—华莹—重庆—遵义—贵阳—都匀—独山—南丹—河池西—马山北—南宁—钦州—北海—湛江。北延长线大体走向为：西安—铜川—黄陵—延安—靖边—榆林—鄂尔多斯—包头。

(二)公路旅游交通

公路旅游交通是最重要和最普遍的短途旅游运输方式。乘汽车外出旅游包括私人小汽车和公共客运汽车或者长途公共汽车两种。汽车旅游是世界旅游交通发展的大趋势之一。目前,在西方发达国家由于高速公路网的建立和家庭轿车的普及,乘坐汽车外出旅游的人占据绝对多数。在我国,随着国道的修缮和高速公路的修建及轿车进入家庭,汽车旅游也呈现出强劲的发展势头。

我国地域辽阔,公路建设发达,2004年12月,国务院常务会议审议通过了《国家高速公路网规划》,标志着我国高速公路进入了系统化、网络化发展的新阶段。国家高速公路网由7条首都放射线、9条南北纵向线和18条东西横向线组成,简称为"7918网",总规模约8.5万公里。此外,国家高速公路网还包括5条地区环线、2线并行线、37条联络线。国家高速公路路线名称由路线起、终点地名加连接符"—"组成,路线简称由起终点地名的首位汉字组合表示,也可以采用起讫点城市或所在省(区、市)的简称表示。如,"北京—哈尔滨高速公路",简称为"京哈高速"。

国家高速公路的阿拉伯数字编号采用1位、2位和4位数,并与一般国道相区别。国家高速公路网路线编号采用字母标识符和阿拉伯数字组成。由于国家高速公路属于国道网的一部分,因此字母标识符仍然采用汉语拼音"G",与一般国道一致。国家高速公路编号与一般国道编号的区别主要体现在数字位数上。现行的国道编号是3位数,国家高速公路的编号采用1位、2位和4位数,其中:首都放射线采用1位数,如京哈高速(北京—哈尔滨高速)编号为"G1",首都放射线由正北方向开始按顺时针方向升序编排,编号区间为1~9。纵线和横线采用2位数,。纵向路线编号为2位奇数,由东向西升序编排,编号区间为11~89。横向路线编号为2位偶数,由北向南升序编排,编号区间为10~90。如沈海高速(沈阳—海口高速)为"G15",青银高速(青岛—银川高速)为"G20";城市绕城环线和联络线采用4位数编号。

地方高速公路网的命名和编号原则上与国家高速公路网的命名和编号规则保持一致,其编号的字母标识符采用汉语拼音"S"表示。

知识链接

国道是全国公路网的主骨架，是国家干线的公路，我国国道分为三类：第一类以首都北京为中心，呈扇面辐射的，以 1 开头，共 12 条；第二类是南北走向的，以 2 开头，共 28 条；第三类是按从东向西编号，以 3 开头，共 30 条。

1. 首都放射线国道

从北京出发的国道命名为 101 至 112 线，共 12 条，包括 G101（北京—沈阳）、G102（北京—哈尔滨）、G103（北京—塘沽）、G104（北京—福州）、G105（北京—珠海）、G106（北京—广州）、G107（北京—深圳）、G108（北京—昆明）、G109（北京—拉萨）、G110（北京—银川）、G111（北京—加格达奇）、G112（北京环线）。

2. 南北纵线国道

南北纵向的国道为 201 至 228 线，共 28 条，包括 G201（鹤岗—大连）、G202（黑河—旅顺）、G203（明水—沈阳）、G204（烟台—上海）、G205（山海关—深圳）、G206（烟台—汕头）、G207（锡林浩特—海安）、G208（二连浩特—长治）、G209（呼和浩特—北海）、G210（包头—南宁）、G211（银川—西安）、G212（兰州—重庆）、G213（兰州—磨憨）、G214（西宁—景洪）、G215（红柳园—格尔木）、G216（阿勒泰—巴伦台）、G217（阿勒泰—库车）、G218（伊宁—若羌）、G219（叶城—拉孜）、G220（东营—郑州）、G221（哈尔滨—同江）、G222（哈尔滨—伊春）、G223（海口—榆林东）、G224（海口—榆林中）、G225（海口—榆林西）、G227（西宁—张掖）。

3. 东西横线国道

东西横向国道命名为 301 至 330 线，共 30 条，包括 G301（绥芬河—满洲里）、G302（珲春—乌兰浩特）、G303（集安—锡林浩特）、G304（丹东—霍林河）、G305（庄河—林西）、G306（绥中—克什克腾）、G307（岐口—银川）、G308（青岛—石家庄）、G309（荣成—兰州）、G310（连云港—天水）、G311（徐州—西峡）、G312（上海—霍尔果斯）、G314（乌鲁木齐—红其拉甫）、G315（西宁—喀什）、G316（福州—兰州）、G317（成都—那曲）、G318（上海—聂拉木）、G319（厦门—成都）、G320（上海—瑞丽）、G321（广州—成都）、G322（衡阳—友谊关）、G323（瑞金—临沧）、G324（福州—昆明）、G325（广州—南宁）、G326（秀山—河口）、G327（连云港—菏泽）、G328（南京—海安）、G329（杭州—沈家门）、G330（温州—寿昌）。

二、水路旅游交通

水路旅游交通包括内河航运、沿海航运和远洋航运。水路旅游客运业务主要有四种，即海上远程定期班轮服务、海上短程渡轮服务、游船服务和内河客运服务等类型。现代水路旅游交通为了提高竞争力，使用了气垫船，大大提高了速度。

水路旅游交通具有运载力大、能耗小、成本低、舒适等优点。大型的游轮一次可以运载数百乃至上千名旅客，远远超过了大型飞机的运载量。在各种旅游交通的价格中，乘坐轮船的价格最便宜。在水中行驶平稳，船上活动空间大。游客在客轮上可食、可宿、可乐、可健，能够尽情地欣赏湖光山色、两岸美景或海上日出日落。因此，旅游客轮被人们誉为"流动的旅馆"、"水上浮宫"。

水路旅游交通不利的方面是行驶的速度慢，易受季节、气候和水情的影响，准时性、连续性和灵活性相对较差。所以，自 20 世纪 50 年代以后，随着航空运输技术的发展，固定航线的远程定期班轮服务逐渐衰落。

➤ 三、航空旅游交通

　　20 世纪 50 年代,民用喷气式客机出现之后,航空旅游发展非常迅速。到了 20 世纪 70 年代,宽体客机的发展使得飞机的载客量大为增加,也更为舒适,成为了人们远程旅行的首选。

　　航空旅游交通是速度最快,线路最长,可以跨越地面各种自然障碍,航行于相距遥远的世界各地的旅游交通方式。乘坐飞机旅游舒适、安全、省时,尤其适合于远程旅行,是现代大众旅游的主要旅行方式之一。就远程旅游而言,航空旅游是比较经济的,特别是考虑到时间时更是如此。但是,航空旅游交通也有其不足之处:飞机的购置费用太高,耗能大,运量相对小,受气候条件的影响大,只适合远距离、点对点之间运送游客,不适合近距离和面状旅游之用。正是由于这些弱点,航空旅游交通必须和其他交通工具相互配合,取长补短,共同完成旅游交通服务。

　　民航的飞行运输主要有三种形式,即正班飞行、加班飞行和包机飞行。为了方便运输和用户进行查询和选择,每个航班均编有编号,中国国内航班号由执行航班任务的航空公司二字代码和四个阿拉伯数字组成,其中第一位数字表示执行该航班任务的航空公司或所属管理局,第二位数字表示该航班终点所属的管理局(1 为华北、2 为西北、3 为华南、4 为西南、5 为华东、6 为东北、8 为厦门、9 为新疆),第三、四位数字表示班次,其中第四位数字是奇数,则表示该航班为去程;若偶数,则为回程。如 CA1201,表示是中国国际航空公司承担由北京至西安的去程航班;而 CA1202,则是中国国际航空公司承担由北京至西安的返程航班。国际航班的编号是由执行该航班任务的航空公司的二字代码和三个阿拉伯数字组成,其中最后一位是奇数,表示是去程航班;偶数,表示回程航班。如 CA981 是指中国航空公司承担的自北京至纽约的去程航班,CA982 表示的是中国航空公司承担的自北京至纽约的回程航班。

➤ 四、特种旅游交通

　　特种旅游交通主要是指在旅游景区景点内部的索道、缆车、渡船、滑竿、轿子、马匹、毛驴、骆驼等形式的旅游交通方式。特种旅游交通的优点是便于游客通过一些难行路段,可以辅助老、弱、病、残游客完成旅游,有些还带有娱乐、观赏性质,可以提高旅游价值,招徕游客。特种旅游交通的不足之处是有些特种旅游交通,如索道、缆车等,与风景名胜的不协调,甚至造成了对风景景观的破坏。

第三节　特种旅游交通

➤ 一、现代化的特种旅游交通

1. 索道

　　索道又称吊车、缆车、流笼,通常是在崎岖的山坡上运载乘客或货物上下山。索道是利用悬挂在半空中的钢索,承托及牵引客车或货车。除了车站外,一般在中途每隔一段距离建造承托钢索的支架。部分索道采用吊挂在钢索之下的吊车;也有索道是没有吊车的,乘客坐在开放在半空的吊椅。索道交通的应用已经有 100 多年历史,最早的索道出现于 1894 年的意大利,

20世纪60年代开始普遍被各国采用。我国最早的客用索道是1979年辽宁铁岭矿区用于职工上下班的专用索道,在旅游业上的应用是1982年北京香山采用的我国自行设计的吊椅式索道和福建三明采用循环式客用索道。1983年,从国外引进全套设备的现代大型复式索道——泰山索道投入运行。

按支持及牵引的方法,索道可以分为两种:单线式和复线式的索道。按行走方式,索道可分为往复式和循环式的索道。

在我国旅游地建设方面,索道的建设备受关注,争议最大。有人认为索道能解决景区可进入性问题,比如泰山、黄山、华山这样的险拔山体,索道不仅解决游客上山问题,而且还能运输生活物资。而索道建设的弊端就是使风景区的自身面貌受到不同程度破坏,建设索道不可避免要劈山炸石、砍伐树木,从而破坏自然美的完整和和谐。这一点是专家对风景区索道建设最为反对的,这也是索道建设的争议之处。

2. 滑索

滑索也称速滑、速降、空中飞人等,最早用于高山自救和军事突击行动,后演化为游乐项目。滑索是一项具有挑战性、刺激性和娱乐性的现代化体育游乐项目。其借助高差从高处以较高的速度向下滑行,使游客在有惊无险的快乐中感受刺激和满足。作为新兴娱乐项目的滑索,也被称为极限运动。穿戴柔性吊具的乘客,悬挂在滑动小车下,以斜拉的两根钢绳为轨道,利用重力,从高处向低处飞速滑下,这就是滑索。滑索运动充满速度感和刺激性,可以轻松跨越山谷、河流、湖面等障碍,让乘客体会到凌空飞渡的新奇感受,因此深得游客,尤其是年轻人的喜爱。

滑索是巧妙地利用了景点(区)的自然落差,为滑行提供了原动力,既惊险刺激又安全可靠。人们无需经过严格的培训,便可和大自然进行亲密接触,享受大自然的雄美,被娱乐界称为“空中金矿”。滑索是一种能适应各种复杂地形的运输工具,同时还具备极强的观赏和参与吸引力,是森林公园和各种风景游览区一种理想的输送游客的交通工具。

3. 黄包车

黄包车,又名人力车,是一种用人力拖拉的双轮客运工具,因车身涂黄漆,故名黄包车;因来自日本,又叫东洋车,约1870年创制。1874年1月,黄包车从日本输入上海。民国初年,黄包车已风靡京、津、沪、汉等大都市。至今经过黄包车与自行车改良的客运三轮车出现在我国各地旅游城市中,其便捷性深受旅游者欢迎。

4. 轨道交通

轨道交通是一种利用轨道列车进行人员运输的方式。轨道交通包括了地铁、轻轨、有轨电车和磁悬浮列车等。我国首个轨道交通即地铁,于1969年10月1日在北京建成通车,使北京成为中国第一个拥有地铁的城市。目前我国拥有轨道交通的城市:北京、天津、上海、南京、武汉、重庆、大连、长春、台北、高雄、香港、广州、深圳、西安等。轨道交通具有运量大、速度快、安全、准点、保护环境、节约能源和用地等特点。

➤ 二、传统的特种旅游交通

1. 狗(马)拉雪橇

狗(马)拉雪橇属于雪上运动项目,雪橇用木料或金属制成,种类繁多;拉雪橇的动物一般是狗、马以及驯鹿。玩狗拉雪橇的规则:一部雪橇上两人,通常四只或六只强健的雪橇犬被套在雪橇前面,一人坐在铺鹿皮的椅子上,另一人站在后面雪橇的滑行板上。玩之前先把雪橇拴在树上,一旦松掉绳子狗儿便开始向前狂奔,狗不易被操纵,因此要保持雪橇的稳定或使雪橇停止,可以用钩子插入雪地,一旦钩子缩回,狗会继续前进。通常在雪橇最前面的雪橇犬,俗称为"领头狗"。领头狗的工作除了要使出最大力气拖拉雪橇外,还要懂得激励其他雪橇犬成员。通常雪橇犬的队形有 2—2—2—2、1—2—2—2、1—2—1—2—1—2、1—7、2—6 等。

2. 溜索

溜索是原始渡河工具,是怒族人民发明和使用的,中国古代称为撞,又称"速滑"、"速降"、"空中飞人"等,是用两条或一条绳索,分别系于河流两岸的树木或其他固定物上。一头高,一头低,形成高低倾斜。在国外秘鲁安第斯山的印第安人也运用溜索作为渡河工具,溜索不仅可以溜渡人,而且还可以溜渡货物、牲畜等。

进入 21 世纪,溜索已经从单纯的交通工具,发展成为一项民族传统体育项目,成为怒江大峡谷一大惊险景观。溜索分平溜、陡溜两种。过溜索要有胆量、技巧,每逢年节,沿江各村寨都要举行过溜比赛,有徒手过溜、负重溜、对溜,溜中放手、侧身、旋转及对溜时传递信物等,各种惊险、高超的花样令观者大开眼界,惊叹不已。如今,溜索比赛成为云南省怒江傈僳族自治州开发的世上独一无二的旅游项目,吸引无数游客。

3. 滑竿

滑竿是中国各地山区特有的一种供人乘坐的传统交通工具,其前身是轿子。近代在四川出现,据说开始于爱国将领蔡锷发动的护国战争。滑竿是用两根结实的长竹竿绑扎成担架,中间架以竹片编成的躺椅或用绳索结成的坐兜,前垂脚踏板。乘坐时,人坐在椅中或兜中,可半坐半卧,由两轿夫前后肩抬而行。滑竿在上坡时,人坐得最稳;下坡时,也丝毫没有因倾斜而产生的恐惧感;尤其走平路时,因竹竿有弹性,行走时上下颤动,更能给人以充分地享受,且可减轻乘者的疲劳。中国西南各省山区面积广大,因此滑竿最为盛行,如佛教名山峨眉山的竹椅滑竿,成为景区不可分割的一道景观。

4. 羊皮筏子

羊皮筏子俗称"排子",是古代沿袭至今的摆渡工具。古代劳动人民"缝革为囊",充入空气,泅渡用。羊皮筏子是黄河上游一种古老的水运工具,分为大、小两种。最大的皮筏用 600 多个羊皮袋扎成,长 12 米,宽 7 米,6 把浆,载重在 20 吨至 30 吨之间。这种皮筏用于长途水运,如从兰州至包头,每天顺流行进 200 多公里,12 天可抵达包头;小皮筏系用 10 多个羊皮袋扎成,适于短途运输,主要用于由郊区往市区送运瓜果蔬菜,渡送两岸行人等。

制作羊皮筏子,需要很高的宰剥技巧,从羊颈部开口,慢慢地将整张皮囫囵个儿褪下来,不能划破一点地方。将羊皮脱毛后,吹气使皮胎膨胀,再灌入少量清油、食盐和水,然后把皮胎的头尾和四肢扎紧,经过晾晒的皮胎颜色黄褐透明,看上去像个鼓鼓的圆筒。用麻绳将坚硬的水曲柳木条捆一个方形的木框子,再横向绑上数根木条,把一只只皮胎顺次扎在木条下面,皮筏就制成了。

皮筏只能顺流而下,不能逆流而上,有"下水人乘筏;上水筏乘人"之说,所以皮筏已经在水运交通中被淘汰。然而羊皮筏子有节约能源、保护环境、视野宽阔等优点,所以,羊皮筏子已经成为兰州黄河的特色旅游项目。黄河边供游客乘坐的羊皮筏子都是用 13 只皮胎采取前后 4只、中间 5 只的排列方式绑扎成的小筏子,能坐 5 个人。

5.乌篷船

乌篷船是江南水乡的独特交通工具,始于绍兴,其船篷用竹片、竹丝编成半圆形,中间嵌夹箬叶,制成后用烟煤粉和桐油拌搅涂于船篷。绍兴方言"黑"叫"乌",乌篷船由此而得名。乌篷脚划船是一种船身窄、船篷低、船体轻盈的小船。艄公头戴乌毡帽坐于船尾,双脚一屈一伸划动船桨。乘客坐在舱席上,舒适而又平稳,沿途还可观赏两岸的田园风光,别有一番情调。作为水乡特殊的交通工具——乌篷船,其构造也较讲究。船沿通常较高,船舱铺有一层红漆船板,上铺席子,还备有用竹木精制的枕头。全套船篷,一般有八扇,其中四扇固定,四扇可以开合移动。船篷用竹篾编织而成,呈拱形,中间夹着竹箬,既可遮阳,又可挡雨,牢固耐用。在第二、四道活动的船篷移开后,两边有"舱沿板"扣在固定的船篷上,就形成船窗挂上白色的窗帘,黑白相映,更显雅致。

乌篷船小而轻,因此下船上岸时船会摇晃,必须小心,妇孺们往往要别人扶一下。船舱比较矮小,不能站立,只能坐或躺,船底铺席子,比较干净。大人横坐,背靠一边,脚可以顶到另一边。划船者坐在船尾,背后一块木板,像椅子背,可以靠着划船。还有一把大伞,撑在座位之上,可遮阳挡雨。有的船后部还有个小炉子,可以烧水煮饭,另外有个陶制水壶可饮水。

6.勒勒车

勒勒车又称哈尔沁车、大轱辘车、罗罗车、牛牛车,"勒勒"原是牧民吆喝牲口的声音。勒勒车因常以牛拉动,故也叫蒙古式牛车。其特点是车轮大车身小,结构简单,使用方便,适于草地、雪地、沼泽和沙漠地带运行,载重数百斤乃至千斤,用牛拉、马拉、骆驼拉都行。牧民们拉水、拉牛粪、搬家、运送燃料及婚丧嫁娶、运输生活日用品、赶那达慕大会等多离不开它。勒勒车首尾串联,一人可驾驭三、五辆,甚至十余辆,故有"草原列车"之称。

作为蒙古文明的一个代表,勒勒车是蒙古族牧民使用的传统交通工具。目前,锡林郭勒草原腹地——东乌珠穆沁旗等地的几个旅游景点都开展了乘坐勒勒车活动,使身在现代的游客能够亲身感受乘坐勒勒车在草原上游荡的远古感觉。

此外,用于旅游活动的还有诸如驴、马、牦牛、骆驼等动物类旅游交通。如牦牛,作为交通工具,其优点表现为:第一,它善于行走沼泽地;第二,善涉水渡河;第三,能在高海拔空气稀薄的缺氧地带负重驮物,行走自如;第四,不畏严寒。骆驼因其特性作为交通有"沙漠之舟"的称誉,不仅可用作骑乘工具,还可以驮运、拉车、犁地等。驴除了耕地、托运货物外,还作为迎娶新娘的工具,如镇江就曾有"骑驴上金山"的民俗典故。

思考题

1.旅游交通的类型有哪些?各适应哪种不同尺度的旅游?

2.举例说明不同地域10种不同特征的交通工具。

3.我国高速公路和高速铁路的发展对旅游有什么影响?试举例说明。

第七章
旅游地

1. 掌握旅游地的分类
2. 重点掌握旅游地生命周期理论及其各阶段特点
3. 理解旅游地空间竞争现象
4. 了解国内区域旅游合作的实践

引导案例

呼伦贝尔大草原

在祖国雄鸡形版图的上方,有一个酷似鸡冠的地方,那就是世界闻名的内蒙古自治区呼伦贝尔市,她被誉为"北国碧玉"。呼伦贝尔得名于呼伦和贝尔两大湖泊。呼伦的蒙语大意为"水獭",贝尔的蒙语大意为"雄水獭",因为过去这两个湖盛产水獭。

1.基本概况

呼伦贝尔草原总面积约 10 万平方千米,天然草场面积占 80%,是世界著名的三大草原之一,这里地域辽阔,风光旖旎,水草丰美,3000 多条纵横交错的河流,500 多个星罗棋布的湖泊,组成了一幅绚丽的画卷,一直延伸至松涛激荡的大兴安岭。

呼伦贝尔草原是中国目前保存最完好的草原,生长着碱草、针茅、苜蓿、冰草等 120 多种营养丰富的牧草,有"牧草王国"之称。呼伦贝尔大草原也是一片没有任何污染的绿色净土,呼伦贝尔的那份广袤、那份茂盛、那份浓重是众多草原无可比拟的。当你来到美丽、富饶、神奇的呼伦贝尔大草原,才能真正感受到什么是"蓝天绿地",什么是"绿色净土"。

呼伦贝尔大草原是我国现存最丰美的优良牧场,因为几乎没有受到任何污染,所以又有"最纯净的草原"之说。每逢盛夏,草原上鸟语花香、空气清新;星星点点的蒙古包上升起缕缕炊烟;微风吹来,牧草飘动,处处"风吹草低见牛羊";蓝天白云之下,一望无际的草原、成群的牛羊、奔腾的骏马和牧民挥动马鞭、策马驰骋的英姿尽收眼底。

从著名历史学家翦伯赞著的《内蒙访古》一书,我们知道了呼伦贝尔草原是中国少数民族的摇篮,中国历史上的鲜卑人、契丹人、女真人、蒙古人等,都是在这个摇篮里长大的,又都在这里度过了他们历史上的青春时代,都是从这里向西敲打长城的大门,走进黄河流域,走上中国历史舞台的。呼伦贝尔是中国游牧民族历史舞台的后台。

2.最美看点

美丽的呼伦贝尔的一个个坡、一个个谷都是柔和的、舒缓的,那硕大的一望无际草原永远是那样的恢弘、恬静。呼伦贝尔的陈巴尔草原上的莫尔格勒河被当地人称为"第一曲水",此地是以游牧部落为景观的旅游景点。这里是呼伦贝尔有名的天然牧场,每到水草丰美的季节,这里就会聚集很多游牧的牧民,形成一个自然的游牧部落。茫茫的大草原上,生长着如茵牧草,流淌着弯弯曲曲的河水,散落着成群的牛羊和点点的蒙古包,景色好不逸人。

莫尔格勒河畔的金帐汗蒙古部落是依照当年成吉思汗的行帐建成的,再现了当年蒙古部落的风貌。每逢夏季,陈巴尔虎旗走"敖特尔"的蒙古族和鄂温克族的牧民们便在这山清水秀、水草丰美的草原上游牧,自然形成一个游牧部落群体。

呼伦湖,这又是绝对不容错过的呼伦贝尔一大美景。站在湖边一眼望去,看不到边际,真是有如海一般辽阔。在湖畔常会遇到这样的情景,刚刚还是晴朗的天空,转眼风云突变,下起了大雨,可西方的太阳并没有褪去,这就是城市人难得一见的"太阳雨"。一面闪电雷鸣乌云翻滚,一面夕阳洒辉娇红醉脸。这时,你会惊喜地看到呼伦湖上空高高地架起一道彩虹桥,颜色之绚丽,跨度之长远,这就叫出双虹。此刻美景好不胜收。与此同时又一个美观出现了,雨后的落日,抖出金色的披风,把万丈赤金倾泻在午后草原上,湖水泛着金光,敞开襟怀,纳进硕大的金色太阳,真叫人叹为观止。

呼伦贝尔草原主要出产肉、奶、皮、毛等畜产品,由于其产品质量好,纯天然,因此备受国内外消费者青睐,连牧草也大量出口日本等国家。在几千条大小河流的滋养下,每到夏季,这里莺飞草长,牛羊遍地,你可以在草原上骑马、骑骆驼,观看摔跤、赛马、乌兰牧骑的演出,吃草原风味"全羊宴",晚上的篝火晚会,更让你尽情体验游牧民族的独特风情。

3. 当地风情

祭敖包:祭敖包是蒙古民族盛大的祭祀活动之一。敖包通常设在高山或丘陵上,用石头堆成一座圆锥形的实心塔,顶端插着一根长杆,杆头上系着牲畜毛角和经文布条,四面放着烧柏香的垫石;在敖包旁还插满树枝,供有整羊、马奶酒、黄油和奶酪等。

摔跤:摔跤是蒙古族人民最隆重的竞技活动之一,700多年前就已成为那达慕大会男子比赛项目。

射箭:弓箭是古代蒙古狩猎的工具和重要的征战与御敌武器。早在700年前,蒙古民族就以能骑善射而闻名于世。后来射箭逐渐演变为体育活动,一直流传至今。

斡日切舞:"斡日切"鄂温克语意为"天鹅"。斡日切舞是鄂温克族民间娱乐性的舞蹈。斡日切舞人数不限,男女均可参加。一般是二人对舞,其他人围观助兴,到了高潮时男女可一起下场,多人齐舞,女子居多。

吕日格仁:"吕日格仁"即鄂伦春语"舞蹈"。鄂伦春人的舞蹈动作速度都是由慢至快,并以激烈动作结束表演。舞蹈者一般不用伴奏,边歌边舞。

4. 旅游小贴士

呼伦贝尔夏季最佳旅游时间为5月中旬至9月中旬;冬季冰雪最佳旅游时间为11月至次年的2月中旬。如果到呼伦贝尔草原旅游,有如下出行资讯:

航空:呼伦贝尔市内只在海拉尔设有航空港,只有北京、呼和浩特、锡林浩特三条国内航线。已与俄罗斯开通国际航线,方便出境游。

铁路:呼伦贝尔市境内现有干线3条、支线3条、联络线1条,北京、哈尔滨、沈阳、齐齐哈尔、包头、大连有列车直达海拉尔、赤峰、通辽;在全市11个旗市都通有铁路线。

公路:呼伦贝尔市各主要区都有长途客运。

特别提示:在春末,呼伦贝尔不定期地遭受暴风雪的猛烈袭击,给交通带来了很大的困难。因此出游必须提前安排,随时查询天气。

徒步穿越应该具备以下装备:

旅游地理

(1)秋天林区气温有可能在零度左右,建议使用双层登山帐,睡袋零下五度标准,防止受冻;

(2)个人准备厚外套、防蚊虫药水以及其他普通徒步装备;

(3)路上秋色美不胜收,推荐携带相机以及准备充足电池及储存设备;

(4)途中大部分地区手机没有信号,请提前做好有关工作。最好准备无线对讲系统。

(资料来源:http://baike.baidu.com/view/76838.htm2011-08-28)

第一节　旅游地的类型与分布

　　旅游地,又称"旅游目的地",是指包括旅游设施和服务及旅游资源在内的旅游供给综合体,或指具有一定结构和形态的旅游对象的地域组合。旅游地的特点是在该地域内分布着已被开发利用的旅游资源,而且在经济结构上有多层次的旅游业,即拥有综合性的旅游供给设施和服务。

　　目前世界上对旅游地类型划分的依据、命名和方法并不一致。如美国把旅游地作为土地利用的一种方式,称之为"娱乐土地利用",然后再细分为具有不同功能的娱乐用地。法国则将各类型旅游地统称为"疗养城和游乐城"。俄罗斯称"休息用地"和"游憩地域综合体"。中国的一些学者从旅游地的构景角度考虑,依其旅游功能和对当地的经济生活及建筑方面的影响,划分为风景旅游地、文化旅游地、历史古迹旅游地、民族风情旅游地、现代工程旅游地、娱乐休憩旅游地、综合性旅游地等。在风景旅游地中,又根据旅游功能进一步分为:风景旅游地、消夏避暑地、隆冬避寒地、矿泉疗养地、体育旅游地等类型。旅游地也有不同的等级,划分时首先可按其主要功能划出一级旅游地,然后再按旅游景观的主要特点划出二级、三级旅游地类型。本书依据旅游地旅游资源的类型把旅游地分为风景名胜区、自然保护区、森林公园、地质公园、度假区、主题公园、博物馆、遗址遗迹和历史建筑、园林、创新体系等各类旅游地。

➤ 一、风景名胜区旅游地

　　根据中华人民共和国国务院于2006年9月19日公布并自2006年12月1日起施行的《风景名胜区条例》,风景名胜区是指具有观赏、文化或者科学价值,自然景观、人文景观比较集中,环境优美,可供人们游览或者进行科学、文化活动的区域。

　　我国的风景名胜区,按其风景的观赏、文化、科学价值和环境质量、规模大小、游览条件等,将其划分为两级:省级风景名胜区和国家重点风景名胜区。省级风景名胜区,具有较重要观赏、文化或科学价值,景观具有地方代表性,有一定规模和设施条件,在省内外有一定的影响,由省、自治区、直辖市人民政府审定公布;国家重点风景名胜区,具有重要的观赏、文化或科学价值,景观独特,国内外著名,规模较大的,由国务院审定公布。

　　国务院分别于1982年、1988年、1994年、2002年、2004年、2005年和2009年先后公布了7批国家级风景名胜区,共208处。第一批:1982年11月08日公布,共44处;第二批:1988年08月01日公布,共40处;第三批:1994年01月10日公布,共35处;第四批:2002年05月17日公布,共32处;第五批:2004年01月13日公布,共26处;第六批:2005年12月31日公布,共10处;第七批:2009年12月28日公布,共21处。

➤ 二、自然保护区旅游地

依据《中华人民共和国自然保护区条例》(下称《条例》)第二条,"自然保护区"是指"对有代表性的自然生态系统、珍稀濒危野生动植物物种的天然集中分布区、有特殊意义的自然遗迹等保护对象所在的陆地、陆地水体或者海域,依法划出一定面积予以特殊保护和管理的区域"。我国的自然保护区分为国家级自然保护区和地方各级自然保护区。《条例》第十一条规定:"其中在国内外有典型意义、在科学上有重大国际影响或者有特殊科学研究价值的自然保护区,列为国家级自然保护区"。《条例》第十二条规定:"国家级自然保护区的建立,由自然保护区所在的省、自治区、直辖市人民政府或者国务院有关自然保护区行政主管部门提出申请,经国家级自然保护区评审委员会评审后,由国务院环境保护行政主管部门进行协调并提出审批建议,报国务院批准。"

1956年,全国人民代表大会通过一项提案,提出了建立自然保护区的问题。同年10月林业部草拟了《天然森林伐区(自然保护区)划定草案》,并在广东省肇庆建立了我国的第一个自然保护区——鼎湖山自然保护区。20世纪70年代末、80年代初以来,我国自然保护事业发展迅速。到2006年年底,已建立各级自然保护区2349处,其面积约占国土面积的15%。截止到2007年8月,我国国家级自然保护区为303个。其中28处国家级自然保护区已被联合国教科文组织的"人与生物圈计划"列为国际生物圈保护区。

➤ 三、森林公园旅游地

森林公园是以森林自然环境为依托,具有优美的景色和科学教育、游览休息价值的一定规模的地域。它是经科学保护和适度建设,具有一定规模和质量的森林风景资源与环境条件,可以开展森林旅游与喜悦休闲,并按法定程序申报批准的森林地域。森林公园可以为人们提供旅游、观光、休闲和科学教育等活动。

中国的森林公园分为国家森林公园、省级森林公园和市、县级森林公园等三级,其中国家森林公园是指森林景观特别优美,人文景物比较集中,观赏、科学、文化价值高,地理位置特殊,具有一定的区域代表性,旅游服务设施齐全,有较高的知名度,可供人们游览、休息或进行科学、文化、教育活动的场所。它是由国家林业局做出准予设立的行政许可才能成立。自2004年7月1日国务院正式将"国家级森林公园设立"列为行政许可项目以来,截至2009年2月10日,全国共有710处国家级森林公园。

➤ 四、地质公园旅游地

地质公园(geo park)是以具有特殊地质科学意义,稀有的自然属性、较高的美学观赏价值,具有一定规模和分布范围的地质遗迹景观为主体,并融合其他自然景观与人文景观而构成的一种独特的自然区域。它既为人们提供具有较高科学品位的观光旅游、度假休闲、保健疗养、文化娱乐的场所,又是地质遗迹景观和生态环境的重点保护区,地质科学研究与普及的基地。

地质公园分四级:县市级地质公园、省地质公园、国家地质公园、世界地质公园。世界地质公园由联合国教科文组织组织专家实地考察,并经专家组评审通过,经联合国教科文组织批准的地质公园,称世界地质公园(global geo park,简称GGN)。目前,全球已经建立了58个世界

旅游地理

地质公园,其中中国有 20 个,中国还分四批建立了 138 个国家地质公园。

中国目前共有 20 个世界地质公园:①安徽黄山②江西庐山③河南云台山④云南石林⑤广东丹霞山⑥湖南张家界砂岩峰林⑦黑龙江五大连池⑧河南嵩山⑨浙江雁荡山⑩福建泰宁⑪内蒙古克什克腾⑫四川兴文石海⑬山东泰山⑭河南王屋山—黛眉山⑮雷琼⑯北京房山⑰黑龙江镜泊湖⑱河南伏牛山⑲江西龙虎山⑳四川自贡。

➤五、度假区旅游地

度假区包括度假村、度假中心、野营地、俱乐部(如高尔夫、网球)等以提供度假旅游活动为主要目的的旅游景区(点)。

1992 年,为进一步扩大对外开放,开发利用中国丰富的旅游资源,促进该国旅游观光型向观光度假型转变,加快旅游事业发展,中华人民共和国国务院决定在条件成熟的地方试办国家旅游度假区,鼓励外国和台湾、香港、澳门等地区的企业、个人投资开发旅游设施和经营旅游项目,并对其实行优惠政策。

国家旅游度假区,是指符合国际度假旅游要求,以接待海外旅游者为主的综合性旅游区,有明确的地域界限,适于集中设配套旅游设施,所在地区旅游度假资源丰富,客源基础较好,交通便捷,对外开放工作已有较好基础。与国家级风景名胜区等自然保护区域不同的是,国家旅游度假区属国家级开发区。

1992 年,国务院批复同意建立包括江苏太湖、上海横沙岛在内的 11 处国家旅游度假区。1993 年,国务院批复同意将"江苏太湖国家旅游度假区"下设的"苏州胥口度假中心"和"无锡马山度假中心"分别更名为"苏州太湖国家旅游度假区"和"无锡太湖国家旅游度假区"。1995 年,国务院又批复同意建立"上海佘山国家旅游度假区",以取代"上海横沙岛国家旅游度假区",至此全国 12 处国家旅游度假区基本成形,并延续至今。

度假区除景色优美、气候宜人外,其设置的项目主要有娱乐类、体育类、健身类等参与性较强的项目,而且数量较多、种类丰富。

➤六、主题公园旅游地

主题公园(theme park),是根据某个特定的主题,采用现代科学技术和多层次活动设置方式,集诸多娱乐活动、休闲要素和服务接待设施于一体的现代旅游目的地。主题公园是一种人造旅游资源,它着重于特别的构想,围绕着一个或几个主题创造一系列有特别的环境和气氛的项目吸引游客。主题公园的一个最基本特征——创意性,并具有启示意义。园内所有的建筑色彩、造型、植被、游乐项目等都为主题服务,共同构成游客容易辨认的特质和游园的线索。

在国外,主题公园出现于 20 世纪 50 年代,一般认为主题公园起源于荷兰,后来兴盛于美国。荷兰的一对马都拉家族夫妇,为纪念在二次世界大战中牺牲的独生子,兴建了一个微缩了荷兰 120 处风景名胜的公园。此公园开创了世界微缩景区的先河。1952 年,此公园开业时随即轰动欧洲,成为主题公园的鼻祖。1955 年,华特·迪士尼在美国加利福尼亚州兴建了世界上第一个现代大型主题公园——迪士尼乐园,于 1955 年 7 月 17 日正式开幕。迪士尼乐园将迪士尼电影场景和动画技巧结合的机械设备,将主题贯穿各个游戏项目。由于能够让游客有前所未有的体验,结果迪士尼乐园风靡了美国,并传到了全世界各地。

我国主题公园主要受国外主题公园建设及运作的影响,以及 20 世纪 80 年代初国内相继建成的影视拍摄基地的启发,80年代末期正式建成并深圳"锦绣中华"主题公园并正式开园。这也是我国第一个真正意义的大型主题公园,深圳"锦绣中华"是1989年开业的一个微缩景区,得益于荷兰"马都洛丹"小人国的启示,"锦绣中华"将中国的名山大川和人文古迹以微缩模型的方式展现出来,取得了轰动性的成功,开业一年就接待了超过300万的游客,1亿元的投资仅用一年的时间就全部收回。主题公园良好的经济效益和社会效益起到了强烈的示范作用,掀起了20世纪90年代初主题公园的又一次投资热潮。20世纪80年代至今,全国已累计开发主题公园式旅游点2500多个,投入资金达3000多亿元。

进入21世纪以来,我国主题公园的时代已经来临,大大小小的主题公园如雨后春笋般出现,整个中国似乎刮起了一场主题公园的旋风,北京的欢乐谷、广州的长隆欢乐世界、珠海的神秘岛、大连的发现王国、宁波的凤凰山主题乐园、抚顺的皇家极地海洋世界、香港的迪士尼,以及青岛的极地海洋世界等纷纷开业迎客,接下来天津还在筹划的环球影城主题公园、上海仍在筹备的上海迪斯尼。

七、博物馆旅游地

博物馆是征集、典藏、陈列和研究代表自然和人类文化遗产实物的场所,并对那些有科学性、历史性或者艺术价值的物品进行分类,为公众提供知识、教育和欣赏的文化教育的机构、建筑物、地点或者社会公共机构。博物馆是非营利的永久性机构,对公众开放,为社会发展提供服务,以学习、教育、娱乐为目的。

我国最早的博物馆是南通博物苑,由清末状元张謇于1905年创建的。我国最早筹备的第一座公立博物馆,是1912年在北京国子监成立的历史博物馆筹备处(中国历史博物馆前身)。中国最早建成的公立博物馆,是1914年在北京开放的古物陈列所。中国博物馆在1988年前都是被划分为专门性博物馆、纪念性博物馆和综合性博物馆三类,国家统计局也是按照这三类博物馆来分别统计公布发展数字的。

中国博物馆事业的主管部门和专家们认为,在现阶段,参照国际上一般使用的分类法,根据中国的实际情况,将中国博物馆划分为历史类、艺术类、科学与技术类、综合类。

(1)历史类博物馆:以历史的观点来展示藏品,如中国国家博物馆(由原中国历史博物馆与原中国革命博物馆合并)、西安半坡遗址博物馆、秦始皇兵马俑博物馆、泉州海外交通史博物馆、景德镇陶瓷历史博物馆、北京鲁迅博物馆、韶山毛泽东同志纪念馆、中国共产党第一次全国代表大会会址纪念馆等。

(2)艺术类博物馆:主要展示藏品的艺术和美学价值,如故宫博物院、南阳汉画馆、广东民间工艺馆、北京大钟寺古钟博物馆、徐悲鸿纪念馆、天津戏剧博物馆、聚通源刺绣博物馆等。

(3)科学与技术类博物馆:以分类、发展或生态的方法展示自然界,以立体的方法从宏观或微观方面展示科学成果,如中国地质博物馆、北京自然博物馆、自贡恐龙博物馆、台湾昆虫科学博物馆、中国科学技术馆、柳州白莲洞洞穴科学博物馆等。

(4)综合类博物馆:综合展示地方自然、历史、革命史、艺术方面的藏品,如南通博物苑、山东省博物馆、湖南省博物馆、内蒙古自治区博物馆、黑龙江省博物馆、甘肃省博物馆等。

博物馆不应该单纯是一个市民文化补习的地方,更重要的它应该成为市民休闲的主要场所之一,获得多少知识是次要的,享受一下难得的静谧、幽雅气氛,并在这个气氛中放松在工作、学习中绷紧的心弦成为来博物馆的主要目的。博物馆的文物是靠陈列、展出、宣传、服务等,达到历史与现在人的对话,它已成为城市文化设施的重要组成部分。博物馆对人类文化遗存、自然遗存管理起到非常大的作用。

➤ 八、遗址遗迹和历史建筑旅游地

(一)遗址遗迹旅游地

遗址遗迹是人类在发展过程中留下的历史遗迹、遗址、遗物,是古代人们适应自然、利用自然和改造自然的结果,是人类历史的载体和见证。遗址遗迹主要分为史前人类活动的场所和社会经济文化活动遗址遗迹两大类。

1. 史前人类活动场所

史前人类活动场所包含四种基本类型:人类活动遗址(史前人类聚居、活动场所)、文化层(史前人类留下来的痕迹、遗物和有机物形成的堆积层)、文物散落地(在地面和表面松散地层中有丰富文物碎片的地方)、原始聚落遗址(史前人类居住的房舍、洞窟、地穴及公共建筑)。我们国家著名的人类活动遗址,主要有旧石器时代的云南元谋猿人遗址、陕西蓝田猿人遗址、北京周口店猿人遗址、北京山顶洞人遗址等;新石器时代的有西安半坡遗址、河南仰韶文化遗址、浙江河姆渡遗址等。

2. 社会经济文化活动遗址遗迹

社会经济文化活动遗址遗迹主要包括历史事件发生地、军事遗址与古战场、废弃寺庙、废弃生产地、交通遗迹、废城与聚落遗迹、长城遗迹、烽燧等基本类型。

(1)军事遗址与古战场。我国著名的古战场遗址主要有赤壁之战古战场遗址、重庆合川的钓鱼城遗址等。赤壁之战古战场遗址有两处:一是黄岗县的赤壁矶,又名赤鼻矶,被称为"文赤壁";而公认的发生赤壁之战的古战场,是赤壁市(原蒲圻市)的赤壁镇的赤壁山,是"二龙争战决雌雄,赤壁楼船扫地空,烈火照天照云海,周瑜于此破曹公"的古战场——"武赤壁"。

(2)交通遗迹。我国历史上曾修建过多种道路,著名古道交通遗迹按类型大致可分为驰道、驿道、栈道三类。其规模和工程的难度不仅在当时堪称壮举,即使在今天也令人叹为观止。具体介绍详见第三章第二节。

(3)长城遗迹。具体介绍详见第三章第二节。

(二)建筑与设施旅游地

建筑与设施旅游地是指对我国的政治、经济与科学技术曾经或仍在产生重大影响的建筑与设施。中国的建筑与设施多不胜数,是我国数量最多的一类旅游资源。作为旅游资源的组成部分,是发展现代旅游业的重要物质基础,对游人访古探幽、欣赏艺术、考察研究、增进知识都有极高的价值。中国的建筑与设施的类型主要有宗教与祭祀活动场所、单体活动场馆、景观建筑与附属建筑、居住地与社区、归葬地、交通建筑、水工建筑等。

1. 宗教与祭祀活动场所

宗教与祭祀活动场所是指进行宗教、祭祀、礼仪活动的地方,包括佛教、道教、伊斯兰教、基督教等宗教的有关名山福地、寺观殿堂、雕刻壁画、祭祀先贤的庙等,像杭州的灵隐寺、上海沪西清真寺等。

2. 单体活动的场馆

单体活动的场馆,主要包括聚会接待厅堂(室)、祭拜场馆、展示演示场馆、体育健身场馆、歌舞游乐场馆等。比如体育健身场馆,像奥林匹克中心、鸟巢、水立方等都是建筑与设施的代表类型。

3.景观建筑

景观建筑是人们观赏的各种建筑,包括佛塔、塔形建筑物、楼阁、石窟、长城段落、城堡、摩崖字画、广场等,既有美学价值、建筑价值,又有丰富的文化价值。像江南三大名楼(黄鹤楼、岳阳楼、滕王阁)、中国三大石窟(敦煌莫高窟、龙门石窟、大同云冈石窟)、西安碑林、中国五大塔林(五台山塔林、少林寺塔林、灵岩寺塔林、青铜峡塔林、飞龙山白塔林)等都是景观建筑的代表。

4.居住地与社区

居住地与社区包括中国传统建筑、特色街巷、特色社区、名人故居、书院、会馆、特色店铺、特色市场等基本类型。

(1)中国传统建筑。中国传统建筑是指从先秦到19世纪中叶以前的建筑,是一个独立形成的建筑体系。中国传统建筑风格的形成经过了一个漫长的历史过程,是数千年来中华民族经过实践逐渐形成的特色文化之一,也是中国各个时期的劳动人民创造和智慧的积累。中国传统建筑并不是一成不变的,各种类型的建筑在不同的时期,随着建筑材料和建筑技术的改进,都会有不同的变化,这些变化又与各个时期政治、经济、文化、审美等意识形态密切相关。从建筑形态上看,中国的建筑大体可分为:城墙、宫殿、礼制坛庙、园林、民居、陵墓、寺庙、道观、塔、牌坊、桥梁等几大类型。这些建筑类别大多结构奇巧、装饰精美,形成了自己的独特形态和风格。

(2)特色街巷。比如步行街,如中国八大城市的著名步行街:

①哈尔滨的中央大街步行街,是哈尔滨的突出代表和显著标志。1986年,哈尔滨市人民政府将中央大街步行街确定为保护街路,1997年6月1日将其改造成全国第一条商业步行街。

②上海的南京路步行街,东西两端均有一块暗红色大理石屏,上面是江泽民主席亲笔题写的"南京路步行街"六个大字。国庆50周年时落成的这条步行街,使"百年南京路"焕然一新,成为上海又一处靓丽的城市新景观。

③天津的和平路步行街,是全国最长的商业步行街,凡是来天津的人都会慕名来这里逛上一逛。

④广州的上下九步行街,上下九商业街全长800米,有骑楼式建筑238间。骑楼街是有岭南特色的商业建筑,适合南方气候特点,既可防雨防晒,又便于展示橱窗,招徕生意。

⑤长沙的黄兴南路步行街是长沙市五一广场商圈最重要的组成部分,被称为"三湘第一街"。

⑥深圳的东门步行街是深圳历史最为悠久的商业区。经过改造的东门商业街已经成为集购物、休闲和旅游观光于一体的新型步行街。

⑦杭州的信义坊商业步行街,总建筑面积约3万平方米,以11栋富有中国传统文化特色的低层商业建筑连接而成。商街依余杭塘河两岸而建,河宽16米,河的两岸通过草营桥、归锦桥等三座拱桥将两岸的建筑和商街连为一个整体。

⑧武汉的光谷步行街是一条建设在以鲁巷为中心的光谷核心地段上的全球第一步行街,是复合了五星级酒店、高档写字楼、步行街以及高档住宅的"四位一体"的大型城市中心建筑

旅游地理

群。湖南路商业步行街全长 1100 米,路幅 30 米。全街共有各类商店 238 家,其中名牌、精品、专卖店占 83% 以上,总营业面积 8.7 万平方米。

(3)名人故居。比如绍兴鲁迅故居,是一幢中式两层楼房,一切陈设均按当时实际情况原样成列。这里可以看到鲁迅家里的客厅(通常用来吃饭和会客)、卧室、厨房、百草园等。三味书屋是鲁迅少年时代上学的地方,距鲁迅故居 100 米左右。书屋是清末绍兴城内有名的私塾。房内正中墙上挂有"三味书屋"的匾额和松鹿图。房柱上有一副对联:"至乐无声唯孝悌,太美有味是读书"。房内摆设有方桌、木椅,是当时原物。在书房的东北角有一张桌面上刻有"早"字的书桌,就是当年鲁迅使用的。书屋后有小园,为鲁迅及其同学课余游玩之处。新台门是周家多年聚族而居的地方。这里原有的正中大门为六扇黑漆竹门,改建后已不复存在。

(4)书院。书院之名始见于唐代,但发展于宋代。最初,书院为民办的学馆,原由富室、学者自行筹款,于山林僻静之处建学舍,或置学田收租,以充经费。当时,著名的书院有江西庐山的白鹿洞书院、湖南长沙的岳麓书院、河南商丘的应天书院、湖南衡阳石鼓山的石鼓书院、河南登封太室山的嵩阳书院等。后由朝廷赐敕额、书籍,并委派教官、调拨田亩和经费等,逐步变为半民半官性质的地方教育组织。仁宗庆历年间,各地州府皆建官学,一些书院与官学合并。神宗时,朝廷将书院的钱、粮一律拨归州学,书院一度衰落。

(5)会馆。会馆是中国明清时期城市中由同乡或同业组成的封建性团体。始于明代前期,迄今所知最早的会馆是建于永乐年间的北京芜湖会馆。嘉靖、万历时期趋于兴盛,清代中期最多。即使到了清代后期,突破地域界限的行业性会馆仍然只是相当个别的。此时出现的一些超地域的行业组织,大多以同业公会的面目出现。明清时期大量工商业会馆的出现,在一定条件下,对于保护工商业者的自身的利益,起了某些作用。但会馆与乡土观念及封建势力的结合,也阻碍了商品交换的扩大和社会经济的发展。

5.归葬地

归葬地包括陵区陵园、墓(群)、悬棺等三种基本类型。

陵园属墓地的一种安葬形式类型,原则上讲是为了纪念在某事件中或有着威望或有一定贡献的人物而设的墓地。如北陵烈士陵园就是为了纪念那些在抗美援朝战争中牺牲的革命烈士而建的纪念性墓园。

陵园可分为以下几类:皇陵园是中国传统历史产物,它主要是帝王的陵园,比如秦始皇陵、乾陵、明十三陵等;特色陵园是指因为某一事件的发生,而形成的安葬或纪念地方,比如董存瑞烈士陵园、对越反击战牺牲云南麻栗坡烈士陵园、重庆歌乐山革命烈士陵园,等等;普通陵园公墓,一般没有特殊要求,主要是安葬社会各界人去世的地方,根据国内目前国情,一般以安葬骨灰为主。普通公众陵园今后将将成为陵园安葬逝者最多的地方,全国市级城市均有,比如重庆市寺坪陵园、银川松鹤陵园,等等。

墓,或墓穴是一个人死亡以后被埋葬的地方,下葬前多数会有一场葬礼。中国古时称墓之封土成丘者为坟,平者为墓。新石器时代即有墓地。殷墟发现有妇好墓,周原发现黄堆墓。早期的墓并无坟丘,《易·系辞传下》说:"古之葬者,厚衣之以薪,藏之中野,不封不树。"刘向认为"殷汤无葬处,文武周公葬于毕,秦穆公葬于雍橐泉宫祈年馆下,樗里子葬于武库,皆无丘垄之处。"商周时有所谓的"族坟墓"制度,反映宗法制度的存在。战国之后,贵族墓与平民墓交错相并,象征族坟墓制度走向瓦解。中国历史悠久,有大量的古冢。例如杭州的岳飞墓,南宋嘉定十四年(公元 1221 年)为纪念抗金英雄岳飞而建,创建到现在已有 700 多年的历史。

悬棺是悬挂(置)于峭壁上或峭壁洞穴中的棺木,是中国南方古代少数民族的葬式之一,属崖葬中的一种。在悬崖上凿数孔钉以木桩,将棺木置其上;或将棺木一头置于崖穴中,另一头架于绝壁所钉木桩上。人在崖下可见棺木,故名悬棺。悬棺葬工程艰险,耗资大,主要在贵族中盛行。在云南昭通地区沿金沙江、白水江、关河流域的悬棺是分布最多、最为集中的地区。就已知情况,盐津县的豆沙关、底坪、棺木岩、灵官岩,威信县的瓦石、石洞,永善县地黄华等地,其岩桩、岩墩、岩龛、岩沟、岩洞等各种悬棺的形式一应俱全。尤其是豆沙关悬棺,保存最多、最完好,地势最险峻,被学者称为"上古遗存,天下奇迹"、"悬棺博物馆"。此外还有龙虎山悬棺、宁武石门悬棺、苏麻湾悬棺、僰人悬棺、龙河悬棺、武夷山九曲溪悬棺等。

6.交通建筑

交通建筑主要包括桥、车站、港口渡口与码头、航空港、栈道等基本类型。比如赵州桥坐落在河北省赵县洨河上,建于隋代大业年间(公元605—618年),由著名匠师李春设计和建造,距今已有约1400年的历史,是当今世界上现存最早、保存最完善的古代敞肩石拱桥,1961年被国务院列为第一批全国重点文物保护单位。再如衡水的安济桥修建于乾隆三十年(1765年),历时一年零七个月完工,乾隆赐名"安济",取保水安济苍生之义。据乾隆年县志记载:"衡桥夜月"为衡水八景之一,可以与燕京八景之中的卢沟晓月相媲美,同样是石桥、月夜、狮子。

7.水工建筑

水工建筑包括水库观光游憩区段、水井、运河与渠道段落、堤坝段落、灌区、提水设施等基本类型。比如浙江千岛湖是水库观光游憩区段,它是1959年9月新安江水力发电站拦河大坝建成后,截蓄新安江水流而成的巨大水库。据淳安县地名委员会1983年普查的结果,水库淹没85座山,形大小岛屿1078座(按设计水位108米高程,面积2500平方米为极限计算),故名"千岛湖"。再如京杭大运河,它是世界上里程最长、工程最大、最古老的运河之一。北起北京(涿郡),南到杭州(余杭),经北京、天津两市及河北、山东、江苏、浙江四省,贯通海河、黄河、淮河、长江、钱塘江五大水系,全长约1794公里,开凿到现在已有2500多年的历史。它们现在都是重要的建筑与设施旅游地。

九、园林旅游地

园林是在一定的地段范围内,运用工程技术和艺术手段,利用并改造天然山水地貌或者人为地开辟山水地貌、结合植物的栽植和建筑的布置,从而构成一个供人们观赏、游憩、居住的环境。随着园林学科的发展,园林包括庭园、宅园、小游园、花园、公园、植物园、动物园等,还包括森林公园、广场、街道、风景名胜区、自然保护区或国家公园的游览区以及休养胜地等。

中国园林历史悠久,在中国古籍里根据不同的性质,园林也称作园、囿、苑、园亭、庭园、园池、山池、池馆、别业、山庄等。园林是我国古代建筑艺术的珍宝,造园艺术更是源远流长,早在周武王时期就有建宫苑的活动,它的形成主要受统治阶级的思想及佛道、绘画、诗词的艺术影响。又如在魏、晋、南北朝时期,统治阶级争夺激烈,国家呈分裂状态,加之道、佛教盛行的影响,产生了玄学,这时的士大夫,或人欲享乐,或洁身自好,或游历山水,导致了自然审美观的形成,建园特点也多为自然情趣的田园山水。

中国古典园林的构造,主要是在自然山水基础上,辅以人工的宫、廊、楼、阁等建筑,以人工手段效仿自然,其中透视着不同历史时期的人文思想,特别是诗、词、绘画的思想境界。

旅游地理

十、创新体系的旅游地

1. 工农业旅游地

工业旅游是以现有工厂、企业、公司及在建工程等工业场所作为旅游客体的一种专项旅游。游客通过了解工业生产与工程操作等过程,获取科学知识,满足求知、购物、观光等需要。工业旅游在发达国家由来已久,特别是一些大企业,利用自己的品牌效益吸引游客,同时也使自己的产品家喻户晓。在我国,有越来越多的现代化企业开始注重工业旅游。近年来,我国著名工业企业如青岛海尔、上海宝钢、广东美的等相继向游人开放,许多项目获得了政府的高度重视。

农业旅游是利用农业景观和农村空间吸引游客前来观赏、游览、品尝、休闲、体验、购物的一种新型农业经营形态,即以农、林、牧、副、渔等广泛的农业资源为基础开发旅游产品,并为游客提供特色服务的旅游业的统称,把农业与旅游业结合在一起,也称观光农业、旅游农业、乡村旅游等。

2. 体育旅游地

体育旅游是以体育资源为基础,吸引人们参加与感受体育活动和大自然情趣的一种新的旅游形式,是体育与旅游相结合的一种特殊的休闲生活方式。开展体育旅游必须具备以下基本条件:

(1)体育项目资源。国家体育总局已公布的体育项目有101个,并且呈不断增加的趋势。

(2)体育场地资源。所有的体育场地都是开展体育旅游不可缺少的资源,如奥运场馆、训练基地等。西部地区虽然大型体育场馆建设相对落后,但却拥有一批国内著名、亚洲一流的体育训练基地,尤其是高原训练基地别具特色,如昆明海埂训练基地、红塔体育基地、云南呈贡高原体育基地等。

(3)体育人才资源。各项体育专业人才是开展体育旅游的宝贵财富。

(4)自然资源。自然资源是体育旅游拓展业务的空间。此外,历史文化和民族文化可以大大丰富体育旅游的内涵。

我国体育旅游已悄然兴起,2008年北京奥运会以及2010年广州亚运会的成功举办,对我国体育旅游发展起到较强的带动作用,产生了鸟巢、水立方等一批新的体育旅游点。

3. 节庆旅游地

节庆活动是在固定或不固定的日期内,以特定主题活动方式,约定俗成、世代相传的一种社会活动。我国节庆种类很多,从节庆性质上可分为单一性和综合性节庆;从节庆内容上可分为祭祀节庆、纪念节庆、庆贺节庆、社交游乐节庆等;从节庆时代性上可分为传统节庆和现代节庆。

(1)传统节庆。传统节庆是指春节、元宵节、清明节、端午节、中秋节等中华民族传统节日及少数民族传统节会。

(2)现代节庆。现代节庆主要指改革开放以来,各地利用本地文化资源、商贸优势、会展活动等创造的节庆活动。

①文化艺术节庆活动。文化旅游是结合旅游所在国和所在地的传统文化,用现代旅游活动去诠释传统文化。历史名人节会多依据该地曾出现过的历史名人,或某位历史名人在该地的政绩、事迹,或名人在此殉难来策划节会,如湖南为纪念屈原举办的"中国湖南汨罗江国际龙

舟节"，山东曲阜的"国际孔子文化节"等。国内将传统的戏曲、书法、杂技、武术等艺术形式和现代文明相结合，举办了一系列节庆活动，传统的如广西民歌节、西安古文化艺术节、河北吴桥国际杂技节、郑州国际武术节等，现代的如上海电影节、成都电视节以及金鸡奖、百花奖、金像奖等颁奖艺术节会等，都精彩纷呈，很受旅游者欢迎。

②商贸节庆活动。主要有两种：第一种是利用本地的名优特产优势而举办的各种旅游活动。如河南洛阳牡丹节、陕西临潼石榴节、海南椰子节、吐鲁番葡萄节、贵州国际名酒节、大连服装节、潍坊风筝节、青岛啤酒节等。第二种是利用本地区经济或交通优势而举办的活动。如广州市利用其经济优势及东南沿海交通的枢纽城市地位，每年举行的中国广州进出口商品交易会，规模空前，影响很大。

③会展节庆活动。随着全球经济的迅速发展，跨国公司的不断壮大，经济合作趋势的日益加强，以城市为中心的各种商务、会议活动数量不断增加，国际交往和国际会议日渐频繁，随之带来的大量客流已受到各地的极大重视，并出现了不少会议城市。以会议事件活动为主要内容的商务型旅游活动，正是在这样的背景下产生的。由于会议参加者购买力强，服务要求高，影响力大，它正在成为各方愈来愈重视的旅游项目。

第二节　旅游地生命周期

➤一、旅游地生命周期理论

1. 巴特勒旅游地生命周期理论

旅游界大多数学者公认的旅游地生命周期理论是 1980 年加拿大学者巴特勒提出来的，其主要观点认为："一个旅游地的发展变化过程一般要经历六个阶段：探索（edploration）、起步（involvement）、发展（development）、稳固（consolidation）、停滞（stagnation）、衰落（decline）或复兴（rejuvenation），经过复兴以后的旅游地，又重新开始前面几个阶段的演变。"巴特勒通过一条"S"型曲线来演示旅游地生命周期的六个阶段的大致情况（见图 7 - 1）。此外，旅游地生命周期还有五阶段以及四阶段的划分方法，上述两种划分方法也被学者广泛接受。

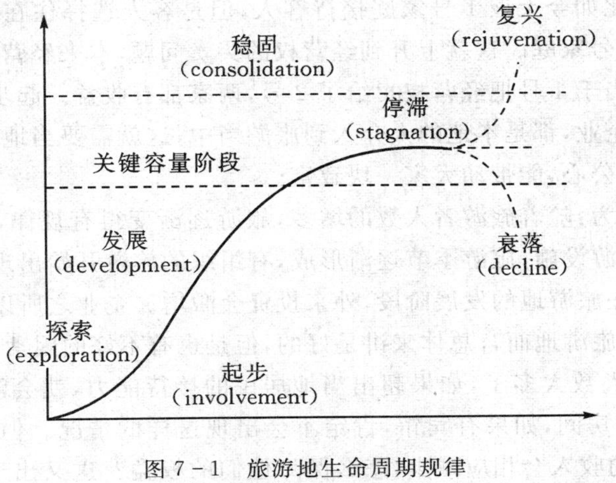

图 7 - 1　旅游地生命周期规律

旅游地理

巴特勒的旅游地生命周期理论借鉴了用于商品销售的产品生命周期理论来阐述旅游地的演进过程。在巴特勒的模型中,较详细地描述了地域内旅游产品生命周期的变化,进而说明了旅游产业的发展变化引起了该旅游地域的经济、社会和环境方面的演化。

2.旅游地生命周期各阶段的特征

(1)探索阶段。探索阶段的旅游地还没有对公众开放,很多人也还不知道这个地方,仅仅是一些摄影家、探险家来到这里,也就是所谓的"先锋驴友",他们去完全没有开发的,甚至是一些没有公路的地方,去探险、摄影,这时候的旅游地处于探索阶段。比如,桂林龙脊梯田,在旅游发展的探索阶段,最初就是一些摄影家发现这个地方很漂亮,就上去拍照,他们把照片放到网上,很多人就问"这是什么地方?"摄影者就说是桂林龙胜县的龙脊梯田,之后就有更多的人去探寻,这就是探索阶段。这个阶段的特征是没有专门接待旅游者的旅游设施,这些人可能到农民家借宿,而这个地方的社区居民也都非常热情好客。这是先锋驴友最珍惜的阶段,因为到了这个地方,社区居民和旅游者的关系非常融洽,把旅游者当做朋友,当做远方的客人来对待,但是这个阶段会非常快就过去了。

探索阶段的特征为:处于旅游地发展的初始阶段;旅游地只有零星的游客,没有特别的设施,其自然和社会经济环境未因旅游地的产生而发上变化。这个阶段很难保存,很快就会过去,进入起步阶段。

(2)起步阶段。旅游地发展到起步阶段,旅游者会越来越多,不仅仅是摄影家、探险家,还有很多其他的旅游者,这时当地居民的热情好客已经满足不了旅游者的基本需求。旅游者多了以后,就需要有相应的吃、住,甚至需要本地的导游,带着旅游者去摄影、旅游。于是,当地人就会发现,这是一个商业的机会,很多居民就开始从事旅游接待工作。但是,起步阶段有一个很重要的特点,就是没有外来的投资,只是本地居民介入进去。

比如,云南德钦县云岭乡境内的雨崩村就是处于旅游发展的起步阶段。这个村子最初共有 33 户人家,由于交通条件不好,33 户人家各有一匹马,把马租给游客就可以有收入。他们对马进行排号,从 1 号到 33 号,按序号出租。公平对待每一家的每一批马。住宿也是每家人轮流接待,住宿和骑马不一样,游客可以选择 1 号家庭住宿,也可以选择 2 号家庭,因为每家的接待水平不一样,每家所能观赏到的风景也不一样,但是这样一来又不公平了。于是,他们又制定出这样的规定:比如今天该 1 号家庭接待客人,但是客人选择住在 2 号家庭,2 号家庭就把住宿费的一半给 1 号家庭。这就上升到经营权的买卖问题,本来经营权属于 1 号家庭,客人住到 2 号家庭,就相当于 1 号把经营权卖给了 2 号,两家都有收益。起步阶段有一个重要的特点,就是没有外来的企业,都是本地的人介入到旅游当中,这就需要当地有"社区精英"的出现,并且社区精英非常有公心,能带动大家一块致富。

起步阶段的特征为:随着旅游者人数的增多,旅游逐渐变得有规律,本地的居民开始为旅游者提供一些基本旅游设施,旅游季节逐渐形成,有组织的旅游开始出现。

(3)发展阶段。在旅游地的发展阶段,外来投资会激增。企业之所以会投资是因为有利可图,因此,外来投资对旅游地而言总体来讲是好的,但是也有不好的因素。比如说,处于起步阶段的旅游地,旅游者人数太多了,如果超出当地居民的接待能力,就会没有地方住,有的时候 10 几个人挤在一个大房间,如果有宾馆,肯定不会出现这样的情况。但是,另外一个方面,外来投资来了,村民们的收入会相应减少,怎么保障他们的权益?这又出现了发展的公平问题。涉及"增权与社区旅游",也就是怎么样通过外界的帮助来增强社区居民自身的能力和对权力的认识,以减少无权感的过程。我们在看到旅游地发展阶段的时候,必须考虑社区增权的问题,否则这样的地方,一旦不给赋予权力,它的经营能力会慢慢消失,因为它各方面的能力都还没有成长到可以和外来投资相竞争的程度。

发展阶段的特征为:在大量的广告和旅游者的宣传下,形成了成熟的旅游市场,外来投资增多,旅游设施完善,旅游收入剧增。

(4)稳固阶段。从发展阶段开始,当地居民一直伴随着一种发展的期望,希望都能介入到旅游发展当中来,但是到了稳固阶段,该参与到旅游业当中来的社区居民都参与了,没有参与到旅游业发展的这些人,就会由原来的满怀希望变成反感。到稳固阶段,旅游已经发展了很长时间,旅游者带来的社会文化影响,会影响到当地青少年的成长,影响到社区居民的生产生活,影响人们的消费观念,这时候一部分居民就会产生反感情绪。

稳固阶段的特征为:游客增长率将下降,但游客量将继续增加并超过居民数量,旅游地服务功能完善,部分常住居民因没有参与旅游业和旅游者的到来对生产生活带来的不便而不满。

(5)停滞阶段。到了停滞阶段游客不增长了,可能是达到了饱和,也可能是由于有新的旅游地的出现形成了竞争,因此,在这个阶段,基础设施就会发生一些变化,可能会有企业转卖酒店。所以认清旅游的发展阶段,对商业经营也很重要,就酒店而言,可以在发展阶段建设,盈利以后,最好能在停滞阶段以前把酒店转卖。在这个阶段,酒店、餐馆、门面,一些基础设施都会发生一些转化。

停滞阶段的特征为:游客量达到最大,旅游环境容量趋于饱和,环境和社会问题出现,旅游形象出现危机,接待设施过剩。

(6)衰落或复兴阶段。我们常说生命有生有死,旅游目的地也会衰落,可能出现很长时间不增长。如果整个旅游市场在增长,某个旅游地不增长,就说明该旅游地占有的市场份额在下降。所以这个时候会出现两种情况:一种是这个地方就真的衰落了;另外一种情况就是考虑有没有复兴的可能。复兴的可能有两种情况,一是发现新的旅游吸引物,二是建设新的人造景观。在世界上来说,能复兴的地区还是很少的。发现新的旅游资源,使旅游地复兴最有名的就是丹霞山,丹霞山曾经出现了十多年的徘徊,从20世纪80年代到90年代,十年间游客量都在二十几万徘徊。专家认为只有丹霞山再发现一些新的旅游吸引物,知名度提高了,才可能复苏。除了主山大景区以外,后来又发现了阳元石景区,这个景区开发以后,专家做了一个诊断丹霞山的危机探讨报告,认为主要危机就是形象危机。没有发现新景区以前,丹霞山给游客的形象就是登山看日出等,给游客的形象不突出,导致游客对其评价不高。解决形象危机的办法就是开发新的旅游资源,设计新的旅游形象,让游客满怀希望而来,心满意足而归。要达到这种效果,从旅游者空间行为规律来看,不同类型的旅游资源在同一地区出现才会使游客逗留时间增长。阳元石景区发现以后,使丹霞山的游客量上升到60万。丹霞山成为世界遗产以后,知名度上升,游客量超过了100万。所以研究一个地区的旅游发展,要先对其进行诊断,看它处于什么发展阶段,发展问题在哪里,然后依据问题提出解决办法。

衰落或复兴阶段的特征为:旅游市场衰落,竞争力下降,旅游设施逐渐被其他设施代替,更多的旅游设施对游客的吸引力下降而消失,旅游地逐渐失去旅游功能。

旅游地生命周期理论可以作为旅游地的解释模型,为我们提供了研究旅游地演化的理论框架,应用这个理论框架去分析各种不同的旅游地具体生命周期特点及规律,分析形成这些具体的生命周期特点和内在原因,可以有效地指导旅游地的规划和管理。

➤ 二、旅游地生命周期影响因素分析

不同类型的旅游地,在生命周期演变过程中会产生不尽相同的结果。某些吸引力大的旅游地,旅游价值高,开发之后处于良好的发展态势,比如九寨沟、黄山等享誉国内外的国际旅游地;而某些旅游地开发之后迅速进入高速发展期,但经过短时间的发展,很可能迅速的进入衰落阶段,如主题公园;而某些旅游地虽然旅游资源价值相当高,却因为当地的交通条件和旅游设施的落后而停滞不前。因此,我们可以看出一个旅游地的发展受到多方面因素的影响。而随着时间的推移,这些因素将对各个旅游地所处的阶段起到减速和加速的作用,并且在旅游地的各个阶段中起主导作用的因素也可能会发生变化。例如,在旅游地开发的初始阶段,旅游资源、区位、交通等条件通常起决定性的作用,而旅游地发展到一定阶段时,资金的投入多少、管理水平的高低以及营销策略的正确与否很可能成为该旅游地发展的主导因素。影响旅游地生命周期的因素可以分为内部因素和外部因素两大类。

(一)内部因素

1. 区位

区位条件是影响旅游地演化的主导因素之一,旅游地区位条件优越,就意味着更好的发展机会、更多的投资机会,以及更为充分的客源保障。良好的区位条件促使旅游地发展速度更快,同时也促使其向更高层次发展。

2. 旅游资源

旅游资源是指凡是自然界和人类社会能够对旅游者产生吸引力,能被旅游业开发利用,并能产生经济、社会和生态效益的所有事物和因素的总和。它可以是物质实体,也可以是非物质的文化因素。旅游资源决定了旅游地的吸引力大小和旅游活动行为层次。

旅游资源加以开发、包装形成旅游产品,对于旅游产品而言,我国目前存在高度单一、以观光旅游产品为主导的产品结构,以及各旅游地旅游产品雷同等弊端,因此,如何使资源开发应对市场需求变化,及时对旅游产品推陈出新,以占有更大的市场,是旅游地发展的重要因素。

从旅游地的发展来看,不同资源类型的旅游地其演变历程也不尽相同。比如以观光旅游为主的旅游资源,有很高观赏价值,其吸引力范围虽广,但重游率相对较低。此类旅游地如果其旅游资源在国内外不具有较高的开发利用价值,很可能会逐渐进入衰落阶段。反之,如果该旅游地具有广域旅游市场,将会维持长久的稳定成熟阶段。再比如以度假旅游为主的旅游资源,其生命周期表现为长周期性和演进过程的相对稳定性。

3. 旅游环境

旅游地的环境包括社会环境和自然环境,它是衡量一个旅游地质量高低的重要标准,良好的旅游环境是刺激旅游业发展的一个基本物质条件。

社会环境是旅游地发展旅游业的基本必备条件,直接影响到旅游者感受到的旅游美感,包括开放的政治制度、良好的社会秩序、有力的社会管理,以及社区居民对外来游客的友好态度。旅游地的开发与发展对当地居民的影响是两方面的:一方面有利于扩大当地居民就业,增加其经济收入,从这个意义上来讲,他们对旅游业持合作态度,从而有利于旅游业的发展。另一方面旅游业的繁荣发展改变了旅游地的社会环境、影响到人们的日常生活,以及生活方式、消费观念的改变,从而引起当地居民的反感,则不利于旅游业的发展。

自然环境是旅游业的基础,随着人们环境意识的增强,旅游客源市场对旅游的感知、期望、

态度和价值取向也发生了相应的变化,也就是说旅游者越来越注重旅游的环境质量。对一个旅游地来说,特别是自然保护区、森林公园、风景名胜区这些以良好的自然环境和有序的生态群落来吸引游客,如果受到环境污染、生态遭到破坏必然导致旅游地的吸引力日趋衰减以及旅游地的迅速衰落。

4. 旅游环境容量

对旅游地来说,合理的旅游容量主要有两个作用:一方面可以有利于旅游地的规划和管理,有效地保护旅游资源、延长旅游地的生命周期;另一方面,对于游客来说,保证了游客旅游体验的质量,提高游客忠诚度和回头率,在一定程度上也有利于延长旅游地的生命周期。

5. 旅游市场营销

旅游地市场营销包括市场机会分析、目标市场选择、制订营销计划、规划营销策略以及实施和控制营销活动等五个步骤。其中,制订营销计划、规划营销策略在旅游地营销中处于比较重要的地位。旅游地营销策略包括产品开发策略、定价策略、促销策略、促销渠道策略等方面。市场营销策略是否正确将影响到旅游地的发展,进而影响其生命周期。

在旅游市场营销中,旅游地形象的树立对旅游地的发展也至关重要。旅游形象是人们对于旅游地的总体、抽象、概括的认识和评价,是对旅游地的历史印象、现实感知与未来信念的一种理性综合。鲜明、独特的旅游地形象将极大促进旅游地的发展。

6. 后续发展能力

旅游地发展到一定阶段后,就会进入停滞阶段,进而出现旅游地的衰落。导致这种情况的原因很多,比如旅游地的环境容量达到饱和、旅游需求发生变化、新出现旅游地的竞争等。在这种情况下,旅游地可以通过对旅游资源的进一步开发、建造人造景观、加大旅游设施的利用程度等来延长旅游地生命周期。因此,后续开发能力是决定旅游地演变方向的重要因素。

(二)外部因素

1. 政府政策因素

在旅游地发展过程当中,当地政府对旅游发展的优惠政策以及对旅游业的重点扶持是旅游地发展旅游业的外部促进因素。具体表现为:资金投入和政策倾斜,政府为加快本地旅游业的发展会改善内外部硬件环境,并营造适宜旅游业发展的政策软环境,解决旅游地发展的限制因素,为旅游地的发展提供机遇。

2. 投资因素

旅游地的发展过程伴随着对景区开发、饭店建设以及旅游交通等的投资。旅游地的投资主要有政府投资、企业投资、个人投资和景区管理部门投资。资金投入可以加强旅游地的开发速度、开发档次及开发规模,可以有效延长旅游地生命周期,因此资金投入对于旅游地的发展至关重要。

3. 旅游地竞争

同种类型的旅游地在同一区域出现,旅游地会出现此消彼长的动态变化。地位级别高的旅游地会对地位级别较低的旅游地产生替代作用,进而抢夺其客源市场,引起地位级别较低的旅游地衰落,地位级别较高的旅游地将获得进一步发展的机会。决定同类型结果的因素很多,如旅游地区位条件的好坏、旅游资源价值的高低、交通的便利程度、服务质量的好坏,等等,旅游者往往倾向于前往各种因素处于优势地位的旅游地旅游,由此促进了此类旅游地的发展。

4.突发因素

在旅游地的演变过程中,突发事件往往会给旅游地带来严重的后果,引起旅游地发展的停滞乃至倒退。比如2003年爆发的"非典",由于该疾病的突然爆发,很多国家和地区禁止本国人民前往中国,而国内也限制人们前往"非典"爆发地区,因而导致我国旅游者人数大幅下降。因此突发因素会影响旅游地生命周期,影响旅游地的发展。

三、不同类型旅游地的生命周期

1.具有广域旅游市场的国际旅游地

国际级旅游地一般没有探索阶段和参与阶段直接进入发展阶段,并一直处于稳定发展阶段,比如故宫、长城、颐和园等;或者前两个阶段时间较短,但是成熟稳定阶段维持时间长,比如黄山等。

2.具有区域旅游市场的国家级旅游地

国家级旅游地由于面临着旅游地的空间竞争,又延续巴特勒生命周期各个阶段,稳定发展阶段短,导致较快进入停滞和衰退阶段,如肇庆七星岩—鼎湖山风景名胜区,它仅仅拥有区域性的客源市场,难以在竞争中保持增长的态势。在深圳和珠海发展以前,肇庆是首屈一指的,以前来自外地的游客,如果有时间就会到肇庆去,深圳、珠海起来以后,有时间就会去深圳、香港,肇庆面对的是衰落的客源市场,目前需要的是巩固市场而不是扩大市场。如果没有新的旅游资源可供开发,只能选择一些延缓衰退的办法,树立好的旅游形象。

第三节 旅游地空间竞争

一、旅游地空间竞争现象

随着社会经济的发展,旅游开发不断升温,旅游地的空间竞争也相应加剧。竞争导致了市场机会的重新分配,旅游地之间差距扩大,甚至导致各旅游地之间开展价格大战、客源大战、大量低水平重复建设、产品雷同等一系列问题。旅游地空间竞争是由于多个旅游地在同一地域内出现而导致的现象。当多个旅游地在同一地域内出现时,他们各自的吸引力往往会出现此消彼长或同步增长的特点。

根据旅游地之间的关系,可将空间竞争分为两种类型,一种是排他性竞争,主要发生在资源类型相同或相似的旅游地之间;另外一种是共生性竞争,主要发生在若干资源类型有较大差异的旅游地之间。在市场机制作用下,旅游地为销售产品,扩展市场空间,会借助已形成的旅游市场和销售渠道,向对方施加压力,产生竞争。一般而言,旅游地的空间竞争主要是同类型旅游地之间的竞争;不同类型的旅游地在同一地域出现,主要产生互补作用。但由于旅游者旅行的空间尺度不同,对目的地选择的级别不一样,因而不同类型的旅游地之间也会产生竞争。

二、旅游地空间竞争原理

1.地域分异规律

地域分异规律是指自然地理环境各组成成分及整个景观在地表按一定层次发生分化并按确定方向发生有规律分布的空间组合现象。人文地理的地域分异规律主要是在自然地理地域分异规律的基础上形成的,具有间接性的特点;另外,人文地理事象的形成还受到社会、历史、文化等多方面因素的影响,具有复杂性与时空变动性的特点。因此,在地域分异规律的表现上有些往往不很明显,大多具有"隐域性"特征。地域分异规律阐述了旅游资源分布的地域差异性,这种差异性是旅游地空间竞争的基础。

2. 比较优势理论

作为旅游接待地的特定区域的比较优势包括宏观和微观两个层面。宏观比较优势是指社会、环境等背景因素,包括气候与区位、文化遗产的独特性与数量、旅游服务的配套程度与水平高低、安全与医疗保健水平、自然环境的质量、信息的通达性、旅游业开发基础设施、休闲娱乐产业兴旺程度、全球区域联盟的状况等。而微观的比较优势是指直接参与竞争的旅游企业的管理水平与服务水平,在一些趋同性的产品如旅游饭店的硬件设施上与国际的接轨,旅游产品的独特性与御新性等。比较优势理论可以从静态和动态两方面来考察,静态是指"先天资源禀赋";后者是指"后天景观创造",其中后者更显重要。

3. 竞争优势理论

竞争优势理论是在资源优势理论基础上提出来的,它强调旅游地竞争力的来源是广泛的、全方位的。其理论的提出源于新国际贸易理论。以比较优势理论为基石的传统国际贸易理论无法解释区域因素为一个国家或地区的产业所带来的国际贸易竞争优势。当生产要素的国际流动越来越频繁时,不同区域之间的产品贸易会导致要素价格的均等化,势必侵蚀地区所具有的比较优势,地区优势将会在国际贸易中逐渐丧失,区位替代的可能性变得越来越大。因此,旅游目的地的开发建设就必须保证开发的整体性、系统性和全面协调性。

4. 旅游阴影区理论

旅游者的行为规律客观上使得旅游地的空间竞争加剧,旅游地的空间竞争表现为形象竞争和产品竞争。形象竞争的核心是差别化、个性化。差别化形象定位突出了不同旅游地的个性化形象,在同一区域内产生"形象叠加"的效果,使该区域的吸引力倍增,可以吸引不同的目标细分市场关注该区域。但在旅游资源基本特色相似的地区,往往在旅游形象定位上出现雷同,其中资源级别最高、特色最突出的风景区更突出,对其他相似景区的形象形成遮蔽阴影。

旅游形象阴影的形成有三种类型:第一,形象雷同,谁先发制人,就会树立自己的形象而对别人造成阴影;第二,在同一区域内旅游资源具有相似性,级别、品质高的旅游资源所在景区对其他景区造成阴影;第三,同一区域内尽管旅游资源各有特色,并不具有相似性,但品牌效应大、资源级别高、特色明显的景区对其他景区也会造成阴影。

➤ 三、影响旅游地空间竞争的因素

1. 资源独特性

旅游资源禀赋对旅游地空间竞争的影响主要反映在其特色上,而非数量的多寡。因为旅游资源有其特殊性,主要表现在:第一,旅游资源的内涵和外延十分丰富;第二,旅游资源可人工创造;第三,旅游资源的丰富程度不可计量,如对很多旅游者产生巨大吸引力的是香港大都市的文化氛围、江南小镇的田园生活氛围,这是很难计量的。因此,一些传统上认为是旅游资源贫乏的地区,如香港、深圳等,却往往形成旅游业的空间集聚;而一些旅游资源相当丰富的地区,如中国西部地区,旅游发展却极为滞后。事实上,旅游资源是通过其独特性来影响旅游地空间结构的。

2. 旅游价格

旅游价格是指旅游产品价值的货币表现,是旅游者为购买单位旅游产品而支付的一定货币量。在国际旅游市场上,旅游价格一般是指旅游产品基本部分的价格,以及目的地提供的食、宿、交通、娱乐等的价格。

旅游价格可以影响一个国家的财政和外汇收入,除此之外,旅游价格还可以调整供给与需求,旅游产品供求关系决定旅游需求价格。需求价格是在一定时期内,消费者对一定量产品所愿意和能够支付的价格。在产品价值一定的情况下,供求关系影响旅游价格,供过于求时,需求价格下降,反之则上升。旅游价格也反过来影响供给与需求,供给不变,如价格上升,需求就会下降,旅游者把目光转向其他旅游地,从而产生旅游地之间的空间竞争,价格从而调整供给与需求。此外,旅游价格还会影响旅游企业获利程度,以及旅游地形象。因而旅游价格是影响旅游地空间竞争的主要因素。

3. 旅游质量

传统经济学认为,质量是商品内在属性的价值体现,如果一种商品在数量相等的情况下,谁能提供更大的商品特殊性,谁就拥有较高的质量。较高的质量总是与较高的价格相联系,所有的商品都在消费者的有效选择之中。旅游质量就是指旅游产品质量和旅游服务质量的综合。旅游质量的高低决定游客对旅游地的满意程度,以及重游率的高低。旅游质量越高的旅游地,旅游者的满意程度就会高,进而增强其空间竞争的实力,使旅游地在空间竞争中处于有利位置。随着经济与科技的发展,一些质量较高的旅游地会获得较好的发展前景,而旅游质量较低的旅游地将会在竞争中损失客源,导致旅游地空间竞争的失利。

4. 广告与信息

消费者通过搜寻广告信息或通过个人的经验与重复购买来获取有关产品特性的知识。旅游广告主要是指由旅游企业出资,通过各种媒介进行有关旅游产品、旅游服务和旅游信息的有偿的、有组织的、综合的、劝服性的、非人员的信息传播活动。旅游广告紧密结合旅游产品的特点和特性,通过有形的视觉效果或劝服性的宣传途径,以迎合旅游者的消费行为与消费心理为目的,有效地把旅游产品推广出去。旅游广告能为旅游者传递较为明确的信息,提高旅游目的地的知名度。

旅游广告是旅游企业推动旅游产品销售的一种重要手段。其作用主要有:第一,传播旅游信息,广泛招揽顾客。从而使旅游者选择多样化,从中受益,还使旅游企业从中受益,推动了旅游事业的发展。第二,促进市场开拓,提高销售业绩。旅游企业通过广告宣传提高了自身知名度,塑造了企业形象,有利于市场开拓,增加旅游产品的销售。第三,传播社会文化,丰富文化生活。旅游广告通过宣传旅游产品,表现出旅游资源的历史性、民族性、艺术性等,达到推销商品的目的,在此过程中旅游广告起到传播文化、提高审美情趣的作用。因此旅游广告与信息可以增强一个旅游地空间竞争的实力。

第四节　区域旅游合作

➤一、区域旅游合作的基本概念

随着旅游业的快速发展,竞争日益激烈,区域旅游合作已经成为提高旅游竞争力,改善区域旅游总体形象,实施旅游业持续、健康、快速发展的重要途径。在经历了景点竞争、线路竞争、城市竞争阶段后,各地区之间的竞争也已经进入区域竞争时代。

1.区域旅游

区域旅游是在旅游资源分布相对一致的空间范围内,依据自然地域历史联系和一定的社会经济条件,以中心城市为依托,经过人工的开发和建设,形成有特色的旅游空间以吸引旅游者前往旅游。区域旅游是旅游业发展到一定阶段的必然产物,是以一定区域作为独立的空间来接待旅游者、组织旅游活动的经营服务方式,是特定空间发生的旅游活动以及经济关系的总和。

2.区域旅游合作

区域旅游合作是指在市场经济条件下,围绕着旅游者在客源和目的地之间的空间流动,区域或区际旅游行政管理部门、旅游经济主体及其他相关部门,在自愿的基础上平等参与,跨越不同国家、不同社会制度、不同省、市、自治区等的行政区划间的限制,采取各种措施促进资本、人力、资源和信息等要素的空间流动,最终实现经济效益、社会效益和环境效益的最优配置。

区域旅游合作的核心目标是追求区域旅游的可持续发展,从而实现旅游发展机会的区域公平,旅游发展利益的区域共享,旅游发展风险的区域共担,旅游突发事件的区域共同应对,区域旅游合作所谋求的是一种基于区域共赢目标的协调机制和制度平台。行政区是具有行为主体的功能性区域,区域旅游合作主要表现为行政区之间的合作,由此衍生景区共同体、企业连锁经营、大尺度区域营销平台、行业协会等不同的合作组织形态。

区域旅游合作是以区域优势互补为基础,解决原生性旅游资源的不可移动性和旅游者选择性之间矛盾的一种区域旅游协调发展的战略格局。区域旅游合作关系形成的基本前提是旅游资源的区域性差异而形成的互补关系,进而由发展与创新所引起比较优势与竞争优势梯度格局所产生的竞争力推动,最终走向区域旅游合作,寻求区域一体化或建构无障碍旅游的途径,其核心的价值取向是合作主体能够在合作过程中实现利益共赢。

3.无障碍旅游区

无障碍旅游区的实质是建立良好的市场经济秩序,创造良好的旅游大环境,在一个多元主体利益交织的区域内进一步开放旅游市场,建立公平竞争的机制,提高所有旅游企业在机会均等条件下不断创新的积极性,提高旅游企业的管理和服务水平,提高旅游企业的竞争力,促进旅游资源更有效地利用,并为旅游者提供一个政策宽松、交通顺畅、互惠互利、服务满意的旅游大环境,促进区域旅游业的可持续发展。

无障碍旅游区的出现是市场经济作用的结果,随着旅游业发展的日益成熟,市场对区域旅游合作提出了更高的要求。在深化区域旅游合作形式,加强区域旅游一体化发展的背景下,产生了打破地区性障碍的需求,并进而转化为行动,共同构建无障碍旅游区。

➤二、区域旅游合作的空间结构模式

从地理空间的聚集程度和聚集状态上来看,区域旅游合作通常呈现三种合作模式:

1.核状辐射结构合作模式

核状辐射结构的区域旅游合作模式主要是以某一城市或旅游景区(点)为核心,通过扩散效应带动周围地区的发展,形成核状辐射结构,在这种合作模式中,城市和旅游景区居于主导地位。周围地区依赖于核心区,通过"回涓效应"影响核心区域。这种合作模式的理论来源是

旅游地理

核心—边缘理论，正如对核心—边缘理论带来地区经济发展不平衡的争论一样，核心区域的扩散效应和边缘区域的"回涓效应"到底哪个居于主导地位，最终是会导致区域旅游经济的平衡增长还是会扩大区域旅游经济的不平衡。由此区域协调发展和整体区域旅游竞争力的提高需要正确的政策引导。

2. 点—轴结构合作模式

点—轴结构的区域旅游合作模式是指以具有强吸引力的某项旅游产品为主轴，以沿线城市或景区（点）为据点的延伸状空间结构。轴线的旅游吸引强大，是整个结构的核心，通过扩散效应向轴线周边的城市或景区辐射，首先带动周边重点地区的开发，随着周边地区旅游实力的增强，再向次一级的周边区域扩展，逐渐带动轴线附近的所有区域，提高整体的旅游竞争力。这种模式的典型代表是以专项旅游产品为主轴的丝绸之路黄金旅游线。丝绸之路旅游以陇海—兰新铁路沿线（即新亚欧大陆桥中国西段）为主轴，以西安、兰州、乌鲁木齐为一级增长极，宝鸡、天水、敦煌、吐鲁番为二级增长极，华阴、咸阳、武威、张掖、酒泉、嘉峪关、哈密等为三级增长极的旅游点—轴结构。点—轴结构的区域旅游合作常常涉及到若干个省市，具有主题特色鲜明、旅游吸引力大、客源广的特征。

3. 网状结构合作模式

网状结构的区域旅游合作模式是指通过线路设计、客源互动、交通连接、信息交流等方式将旅游城市、旅游区或景点连接成网络状。相对于核状辐射结构和点—轴结构，网状结构的合作主体之间联系更广泛、合作内容更丰富、合作效率较高、规模优势更显著。网状结构能够形成的前提是区域发展水平高、基础设施完善、旅游市场发育成熟，因此是区域旅游合作发展到较高阶段、比较成熟的一种空间结构。

三、国内区域旅游合作的实践

1. 粤港澳旅游区

粤港澳旅游区是以广东省、香港特别行政区和澳门特别行政区三省（区）为合作主体力量。该合作区成立以来，三地政府主导，企业实施，行业协会与区域性组织推动，旅游业密切合作、荣辱与共、互利共赢，成为国内最活跃、亚洲知名、最具有竞争力的旅游合作区域，并辐射到周边海南省、广西东南部、湖南和江西南部、福建西部等地，更深入到西南内地，是我国目前范围最大、旅游经济最发达的跨省（区）旅游合作区域。

粤港澳旅游合作始于 20 世纪 80 年代中期粤、港、澳三地提出的"粤港澳大三角旅游区"构想，1993 年 12 月，三地联合成立"粤港澳珠江三角洲旅游联合推广机构"，标志着三地旅游业进入实质性合作阶段。该合作区的显著优势在于聚"一国、二制、三地、四大文化、五大都市"于一体，形成强互补性的"一国两制三地游"的品牌优势。其内部空间结构经历了"点—轴到环状、再到核心—边缘"结构的演变。核心价值观念是合作共赢，主要的制度创新是三地之间的"自由行"。

2. 长三角旅游区

长三角有着经济合作的历史基础，早在 20 世纪 80 年代就有城市经济协调会等合作机制。1988 年"江浙沪旅游年"主体旅游活动的提出，进一步推进了该地区的旅游合作与互动。长三角地区的城市政府对区域合作持有更为积极的姿态，在城市经济协调会的架构基础上，进一步推进了"旅游城市高峰论坛"机制的建构。长三角地区整体经济水平高，内部交通网络基础比较畅通,旅游资源互补性强,合作主体的参与意识强,因此,内部合作的空间架构呈现网络状结构,是国内旅游合作密切程度最高的旅游合作区。

从2003年7月5日"长三角旅游城市15+1高峰论坛"在杭州召开,发表了著名的《长江三角洲旅游城市合作宣言》,到2007年5月31日长三角地区旅游高层联席会议在上海召开,审议并通过了《关于全面推进长三角地区旅游合作的若干意见》,长三角区域旅游合作范围和水平进一步提高和巩固在"江浙沪"两省一市的省级范围和水平层面上,并辐射江西、安徽、福建、山东等省,是国内区域旅游合作成效最好的区域之一。

目前,合作领域进一步在交通基础设施、旅游资源、产品、信息、人才、金融等方面展开,在区域旅游品牌的塑造、旅游资源和产品的整合与保护、旅游信息的交流与一体化、区域旅游的便利措施等多个方面达成共识。合作区的核心价值是"各方在一体化进程中互赢",主要创新点是两个互为:"互为旅游目的地、互为旅游市场"。2008年杭州湾大桥和苏通大桥竣工通车,使得以上海为龙头的长三角核心地区旅游一体化的程度进一步提高。

3.环渤海旅游区

环渤海旅游合作区在我国各大区域经济合作体中包含的省(市、区)数目最多,包括:辽宁、河北、山东、北京、天津,辐射到内蒙、山西、吉林、河南的部分地区,是在环渤海经济区域基础发展起来的,并随着经济区的发展而发展。由于北京的首都地位及其强势旅游吸引力,使得北京对周边区域的旅游合作推进的效应不明显;而是周边区域借助毗邻首都的区位优势,更多地推进与北京的旅游合作,因此环渤海地区一直是中国旅游外汇收入的重要基地。北京奥运会契机更加增强了环渤海地区省市和中心城市加强区域旅游合作的意愿。

最近十几年来,环渤海旅游合作区各方相继开发并推出各类旅游产品,组合形成了多条黄金旅游线路,共同营造中国北方旅游黄金区域。由于跨越地域范围广大,涉及多个省(市、区),区域内各地经济水平差异较明显,总体上旅游区域合作水平较低,合作机制较为松散,各方利益诉求难以协调,活动平台尚待进一步完善。

4.环北部湾旅游区

环北部湾旅游合作区主要包括:海南省,广东湛江、茂名市,广西的南宁、北海、钦州、防城港、玉林、崇左市,并辐射广西内地、云南、贵州地区。环北部湾区域包括中国海南省、广西东南部和广东西南部以及越南北部,该区域既是具有跨国性质的国际性区域,也是近年来新崛起的国际性经济区域之一。由于中国—东盟自由贸易区的建构,东盟博览会落户南宁市,使得环北部湾旅游合作区与邻国越南及东盟国家有着密切的地缘经济关系。该合作区具有热带、亚热带自然景观和海洋、边疆、民族文化景观,有"海水、沙滩、阳光、椰树",拥有旅游度假和休闲观光资源优势。

20世纪90年代,环北部湾旅游业迅速崛起,海南成为中国度假旅游目的地,并带动广西南部、广东西部沿海地区旅游开发。由三亚—海口—湛江—北海—钦州—防城港—(越南)下龙湾—海防—河内组成的精品旅游线路成为中国国内游客青睐的国际旅游线路。合作区有"环北部湾城市论坛"和"北部湾旅游协作机构"平台,正在为推动旅游合作、建设世界级旅游圈而发挥协调和推进作用。整体上,环北部湾旅游合作区尚处在概念行动阶段,是推进我国旅游融入东南亚旅游区的重要旅游合作区域和战略桥头堡。

此外,国内区域旅游合作的实践还有很多,各地都在寻求区域旅游合作的路径。比如泛珠江三角洲区域旅游合作,主要采取区域旅游分工协作的模式。东部地区像广州等大城市,主要

旅游地理

发展都市旅游、会展旅游、商务旅游,西部地区主要发展民俗旅游、生态旅游,部分地区比如百色,主要发展红色旅游。通过区域旅游分工协作,增强了地区旅游发展的综合实力。

思考题

1. 简述我国旅游地的主要类型及其代表性的景观。
2. 简述旅游地生命周期理论及其各阶段的特点。
3. 影响旅游地生命周期的因素有哪些?
4. 为什么说不同类型的旅游地其生命周期的演变也不尽相同?
5. 简述旅游地空间竞争现象。
6. 影响旅游地空间竞争的因素是什么?
7. 区域旅游合作的模式有哪些?
8. 你认为影响区域旅游合作的因素有哪些?

第八章
旅游地图和旅游信息

1. 掌握旅游地图的概念、分类和基本特性；了解旅游地图的发展
2. 掌握旅游信息的概念与特征
3. 了解旅游信息系统的应用

引导案例

前往都江堰旅游，只需点开都江堰市旅游局设立的"旅游实景地图"便民服务电子信息平台网址（http://www.djymap.gov.cn），大到全景地形，小到景区一角，都能一览无遗。2011年2月18日，该信息平台已正式启用，在全国同类城市中尚属首创。

据都江堰旅游局调查显示，传统旅游网站只能提供旅游文字资料，不够详细直观；现有的网上电子地图又只能单纯提供地理导航服务，功能单一且信息量很小，不能满足现代旅游服务需要。与传统电子地图不同，"都江堰旅游实景地图"融合了360度全景技术、虚拟现实仿真技术、数据库管理、远程监控技术、3D视频播放等多种多媒体技术手段，集旅游咨询、旅游电子商务、旅游行业监管、行业信息发布等为一体，全面展示都江堰市辖内全部旅游服务网点详细信息。通过该系统，旅游景点的真实场景被数字化后全方位"搬"上网络，游客可以借助360度三维全景技术，提前"亲临现场"，还能便捷地找到都江堰全市辖内任一旅游服务网点的名称、地址、联系人、联系电话，并通过网点介绍（含文字、图片、视频等）、荣誉嘉奖、服务项目、360度全景、官方网站等栏目对比了解各同类服务网点，以便选择最满意的服务。

目前该地图系统已完成第一期平台建设，收录了都江堰市各主要景区近700个包括美食餐饮、宾馆酒店、交通服务、旅游景点、旅游购物、休闲娱乐、农家乐在内的各种旅游服务网点的相关信息。以后还将逐步实现旅游方案设计、导游服务、在线组团、目的地管理等功能。

（资料来源：http://www.sc.xinhuanet.com/content/2011-02/21/content_22103237.htm）

第一节　旅游地图

一、旅游地图的概念及分类

现代地图学家认为"地图是周围环境的图形表示"、"地图是信息的载体、传输的通道"、"地图是信息的传输工具、存储形式和表达方式"，我国学者认为，地图是按照一定的数学法则将地表（或星体）上的自然要素和社会经济要素缩小、综合，以符号图形表示在平面上的图像。

人类使用地图已经有了很悠久的历史。但是直到近代，地图才作为文档印刷出来。随着计算机的普及和地理信息系统（GIS）技术的发展，地图现在已成为我们非常熟悉的印刷品，并

且地图也能在计算机上交互地可视化显示。GIS 进一步加强了人类与地图之间的相互作用。在 GIS 中,你可以非常容易地确定信息在地图上的表达方式,也可以很方便地通过查询和分析选择位置或目标。

按照所表示的内容,地图可以分为普通地图和专题地图。比较全面反映制图区域的自然和社会经济要素一般概貌的地图叫普通地图。突出反映制图区域的一种或数种自然、人文社会经济要素的地图叫专题地图。由此可见,旅游地图是一种主要表示旅游要素、为旅游者的旅游活动和专业人员提供主要信息服务的专题地图。旅游地图将资源要素、媒体要素和主体要素表现于图上,附以必要的注记和文字说明,集中显示旅游地区、旅游线路、旅游点的景观、交通和各种旅游设施。

从广义上来说,凡是以旅游要素为主题的地图,不论是旅游管理、科研用图还是旅游用图,均属于旅游地图,例如,旅游景点分布图、旅游设施分布图、旅游交通图、导游图等。狭义的旅游地图则是指供旅游者使用的地图,这是旅游地图的主体。

旅游地图的分类方法很多,按照服务对象可以分为两种:一种是供旅游开发和管理人员使用的,主要反映旅游资源状况、开发现状及旅游设施等状况,如旅游项目规划图、旅游客源市场规划图、旅游资源评价图、旅游宣传图等;另一种是为旅游者服务的,也就是狭义的旅游地图,如导游图、旅游交通图(汽车旅游交通图、自行车旅游交通图)等。按照区域范围旅游地图分为:世界旅游图、国家旅游图、地区旅游图、旅游点导游图。按照介质旅游地图分为:纸质地图和电子(数字)地图。按照表现方式旅游地图分为:普通平面旅游地图、渲图、透视写景图、遥感影像图、旅游地图集、旅游挂图、折叠旅游地图。按照地图比例旅游地图尺分为:比例尺≥1:10万的为大比例尺旅游地图,1:10 万和 1:100 万之间的为中比例尺旅游地图,比例尺≤1:100万的为比例尺旅游地图。

➤ 二、旅游地图的特性与作用

(一)旅游地图的基本特性

1. 科学性

科学化、标准化和知识化是旅游地图的重要发展趋势。旅游地图的主要服务对象是旅游者,为了更好地为他们提供准确的旅游信息和行为指导,旅游地图要资料翔实,准确无误,提供科学的地图基础和可靠的旅游信息。在管理和研究用图、登山探险等专业旅游用图、汽车司机或汽车旅游者的公路旅游图中,更强调地图的科学性。

2. 通俗性

旅游地图除了有为决策者和经营者服务的专业旅游地图外,大部分旅游地图是为广大旅游者和潜在旅游者服务的。而游客的构成复杂,层次多种多样,既有专家学者,也有普通大众,因此编制的旅游地图必须通俗易懂,要求基础图简洁明了,旅游、交通服务要素形象醒目,符号系统、注记说明清晰易懂,使旅游者在较短时间内了解目的地旅游信息。目前对旅游要素和服务要素的表示大多采用形象化方法,符号、色彩要有联想性、直观性和易读性。地图的内容要主次分明,能体现地图的用途。

3. 艺术性

地图是展现地表环境的视觉图形。旅游地图不同于一般地图的统一款式,为了吸引旅游者和宣传广告的目的,在设计、编辑和印制中非常注意艺术化处理,其符号设计、色彩构成、字

第八章
旅游地图和旅游信息

体设计、图面配置、装帧整饰都以美学理论来指导,把旅游地图作为一种工艺品进行设计。

4.**实用性**

旅游是一种移动性的活动,旅游地图设计应充分考虑这种活动的特性,为游客提供实在的帮助。旅游地图信息应完备准确,地图语言通俗、简明易懂,开张规格便于携带,折叠方式展合顺手。

(二)旅游地图的作用

1.**导游服务作用**

旅游地图可以给旅游者提供食、住、行、游、购、娱等方面的介绍,帮助旅游者进行旅游安排。

2.**决策参考作用**

旅游决策者和专业研究人员可以根据旅游地图来安排旅游活动,调查分析旅游资源,对旅游目的地和旅游景区进行规划、设计、建设,有效组织旅游客源,科学设计旅游路线,准确预测旅游发展趋势,正确制定旅游决策。

3.**宣传广告作用**

旅游地图是极好的旅游广告媒体,由于其广泛的发行面、大宗的发行量和独特的表现形式,能够极大地提高旅游目的地、旅游景区及其他服务单位的影响力和知名度。

➤三、旅游地图的发展

地图的产生和发展是人类生产和生活的需要。根据考古发现,地图的出现可能早于文字。在中国,据《世本八种》记载,黄帝同蚩尤打仗,曾使用了表示"地形物象"的地图。有记载的最古老的地图是夏朝的九鼎。九鼎是当时统治权利的象征。在九鼎上除了铸有各种图画外,还有表示山川的原始地图。后来在《山海经》中,也有绘着山水、动植物及矿物的原始地图。在周代的《周礼》一书中,至少有15处提到有关的图籍,其中13处较明确地记述了地图。专题图中有全国交通图("司险掌九州之图,以周知其川林山泽之阻,而达其道路"),这是世界上记述最早的交通图。

春秋战国时期战争频繁,地图成为军事活动不可缺少的工具。《管子·地图篇》指出"凡宾主者,要先审之地图",精辟阐述了地图的重要性。《战国策·赵策》中记有"臣窃以天下地图案之,诸侯之地,五倍于秦",表明当时的地图已具有按比例缩小的概念。《战国策·燕策》中关于荆轲刺秦王,献督亢地图,"图穷而匕首见"的记述,说明秦代地图在政治上象征着国家领土及主权。

我国发现最早以实测为基础的古地图,是1973年在湖南长沙马王堆汉墓中挖掘出的公元前168年的三幅帛地图:地形图、驻军图和城邑图。地形图内容包括自然要素(河流、山脉)和社会经济要素(居民地、道路),这和现代地图的四大基本要素相似。山体范围、谷地、山脉走向用闭合曲线表示,并以俯视和侧视相结合的方法表示峰丛,近似于现在的等高线法。驻军图用黑、红、蓝三色彩绘,是目前我国发现最早的彩色地图。城邑图上标绘了城垣范围、城门堡、城墙上的楼阁、城区街道、宫殿建筑等。用蓝色绘出城墙上的亭阁,红色双线表示街坊庭院,院内红色普染。城区街道分出主要街道和次要街道两级,宽窄不同。宫殿、城堡等建筑物均绘以象形符号,与现代城市图比较,在形式上几乎是一样的。该图是迄今我国现存最早的以实测为基础的城市地图。马王堆汉墓地图充分反映了我国彩墨绘制地图的工艺水平,是世界史上罕见的一大发现。

对中国古代地图产生重大影响的是晋代杰出地图学家裴秀。裴秀绘制了 18 幅《禹贡地域图》及《地形方丈图》,总结前人和自己的经验,提出了六项制图原则,即"制图六体":分率、准望、道里、高下、方邪、迂直。前三个即今天的比例尺、方位和距离,后三个即比较和校正不同地形引起的距离偏差。制图六体概况了古代地图制作的数学基础,其倡导的计里画方的方法,长期为中国古代编制地图所遵循,对我国古代地图的发展产生了极其深远的影响,即使是当今的计算机栅格地图也暗合了我国古代的计里画方的制图方法。

盛唐杰出地图学家、地理学家贾耽,用了 17 年时间编制了表示全国的《海内华夷图》。这是继裴秀之后我国又一伟大地图作品,在中国和世界地图史上具有重要意义。

宋代地理学家、地图学家沈括,查阅资料、去伪存真、实地考查,以亲身经历编制了《天下州县图》。宋代郑樵在《通志》一书中记有《诸路至京驿程图》,这是我国记述最早的交通图。清代更出现了城市导游图册,焦循和江藩纂辑的《扬州图经》达 8 册。

随着科学技术的发展和航空摄影测量制图技术的出现,改变了古老的地面测图技术方法,使得航空摄影测量地图代替普通测量制图。从 1903 年飞机问世到 1910 年莱特从飞机上拍摄的第一张照片起不到半个世纪,航空摄影测量从根本上改变了 300 多年发展起来的地图测制过程,标志着人类进入了从高空进行测绘的新历史阶段。到 1957 年,前苏联发射了第一颗人造地球卫星,20 世纪 70 年代以后,美国发射了 5 颗陆地卫星,提供地表陆、海的遥感图像和数据。航天遥感制图技术开创了人类从地球外空间进行全球性遥感制图的新纪元,使得遥感地图成为一种新的地图品种。遥感制图不仅开创了动态制图的新领域,而且超越自然障碍和国界限制,广泛用于直接编制或更新普通地图和专题地图。我国 1987 年成功研究用于遥感图像制图的图像处理系统,把我国的遥感应用提高到一个新水平,广泛应用于国民经济建设的各个领域。

近几十年来,随着计算机技术和空间信息技术的发展,出现了电子地图。电子地图,即数字地图,是利用计算机技术,以数字方式存储和查阅的地图。通常所看到的地图是以纸张、布或其他可见真实大小的物体为载体的,地图内容是绘制或印制在这些载体上。而电子地图是存储在计算机的硬盘、软盘、光盘或磁带等介质上的,地图内容是通过数字来表示的,需要通过专用的计算机软件对这些数字进行显示、读取、检索、分析。电子地图上表示的信息量远远大于普通地图。

电子地图可以非常方便地对普通地图的内容进行任意形式的要素组合、拼接,形成新的地图;可以对电子地图进行任意比例尺、任意范围的绘图输出;非常容易进行修改,极大地缩短成图时间;可以很方便地与卫星影像、航空照片等其他信息源结合,生成新的图种;可以利用数字地图记录的信息,派生新的数据,如地图上等高线表示地貌形态,但非专业人员很难看懂,利用电子地图的等高线和高程点可以生成数字高程模型,将地表起伏以数字形式表现出来,可以直观立体地表现地貌形态,这是普通地形图不可能达到表现效果。所有这些数字地图可用于城市规划建设、交通、旅游、汽车导航等许多部门,并发挥着巨大的作用。

电子地图的图种较多,应用也非常广泛,比如导航图、多媒体地图、网络地图等。

1. 导航图

现代交通发展以后,出现了复杂的公路体系。这种公路错综复杂、四通八达,而周围景象往往千篇一律,不容易辨识。地图是开车行路的必备工具,因此电子导航地图应运而生。一张

CD-ROM 能装下全国的所有大大小小的道路数据,开车时携带便携式计算机,就能随时查阅地图。不过这种电子地图并不像用一张光盘替代一本地图集这么简单,它还有更多的功能,如路径选择:出发前想去哪里,先告诉电子地图,它会帮助选择出一条最快捷的路线。不一定必须知道目的地在地图上何处,只要有个地址电子地图用地理编码技术就能够自动找目标到并精确定位。还有详细的资料库能辅助决定旅行计划,如它会告知旅途中会路过哪些名胜景点。实时定位,即行进中,电子地图能接通全球定位系统,将目前所处的位置准确地显示在地图上,并指示前进路线和方向。不小心开错方向也没关系,电子地图会及时提醒行车人,并标出当前应该走的新路线。新的研究还将会把当前道路实况传输到电子地图中,这时它就能显示哪里有事故,哪里更快速。此类电子地图有美国的 DeLorme Street Atlas USA 和日本的 Navin You 等。

2. 多媒体地图

地图集被装进了 CD-ROM,一大本图集变成了一张光盘,却没有了分幅,能够无级缩放。地图上查到某个地方,就可以调出那里的景色图片,看看当地的风土人情,听听当地的民风民歌。反映历史演变也很方便,有历史演变过程的动画模拟。地图信息分层,地貌地形、环境、政区、河流、城市等,需要显示什么由使用者任意指定,能排列组合出许多类型的地图来。还可以将现有地图作为底图,添加自己的标记和注释,制作出自己的地图。使用这类多媒体性质的电子地图兼有资料库、底图库、素材库等多种功能。在多媒体电子地图中,以 Microsoft Virtual Globe 最为典型。

3. 网络地图

网络地图或网上地图(webmap)是指在万维网上浏览、制作和使用的地图。和一般的电子地图相比,网络地图不仅可以利用闪烁或动画等手段,实现地图表现形式的动态变化,更重要的是基于网络环境,能够使地图内容实现实时动态更新,而普通电子地图只是在原有信息基础上实现地图的动态性。如 http://www.maps.com/上的气候图,可以按一定的时间分辨率全天候不断更新。

第二节 旅游信息

引导案例

海南作为全国旅游大省,在打造"国际旅游岛"的背景下,以"深化区域旅游电子商务应用服务平台应用,全面推进旅游行业电子商务应用,用信息技术打造海南旅游精品"为指导思想,旅游目的地信息化建设步伐也不断加快。自 2006 年 5 月 16 日推出了 114 号码百事通业务,实现了"足不出户,一个电话就办完一件事"的梦想以来,2006 年 11 月又开通了为海南省旅游局进行旅游服务质量监督的旅游百事通专席,为净化海南旅游环境,提供旅游优质服务创造了条件。2008 年,海南省启动"海南旅游景点电子门票系统"项目,推出"天涯印象"和"三亚印象"两个自由人产品,游客在套票包含的景区和项目上可以直接刷卡消费。目前,海南省的地图由纸质化向电子化、信息化转变,第一批电子化地图已经做出,人们只要通过网络就能详细了解到地图信息。在三亚,全球眼已广泛用在城市交通、治安监控上,给中外游客增加了安全感。下一步,全球眼将走进三亚的重点景区,便于旅游管理部门进行网上宣传、管理、监督、取证、救援等工作,同时也使旅客享受到虚拟游览以及其他信息服务。2009 年 6 月 8 日,海南自助旅游网等 10 家强势旅游网站正式联盟,并发布《联盟宣言》。联盟的诞生,为建设海南国际旅游岛宏图大业,担当起了独特的角色和肩负重要的使命。建设国际旅游岛,做好公共服务基础设施是基本保障。海南旅游公共服务平台开发包括:(1)旅游管理综合数据库;(2)旅游信息化共享平台 TGIS;(3)空间数据输入与转换子系统;(4)属性数据输入;(5)图形及属性编辑子系统;(6)空间数据库管理子系统;(7)空间查询与空间分析子系统;(8)制图与输出子系统。海南省已有 13 个国际旅游岛公共服务体系基础设施及旅游要素国际化改造项目,列入 2009 年国家新增投资资金计划。这些项目资金总额为 5.27 亿元。这些项目包括:海南游客到访中心服务系统。按国际旅游惯例,在海口、三亚各建一个集展示、旅游咨询、旅游集散和调度、电子商务、自助游导游体系、数字采集、市场监测、危机处理和紧急救援于一体的综合性游客到访中心,总投资 5000 万元。在海口美兰机场、秀英港码头、新港码头、火车站、三亚凤凰机场、码头、亚龙湾、博鳌亚洲论坛会址、兴隆旅游度假区等公共场所建立 16 个海南省区域度假咨询服务系统,为到海南旅游度假的中外游客提供服务。

(资料来源:http://www.topoint.com.cn/html/article/2009/09/256344.html)

信息的积累和传播,是人类文明进步的基础。人类社会赖以生存、发展的三大基础,是物质、能量和信息。世界是由物质组成的,能量是一切物质运动的动力,信息是人类了解自然及人类社会的凭据,是推动社会进步的巨大推动力。20 世纪 80 年代以来,信息技术的快速发展和广泛应用,引发了一场新的全球性产业革命。信息化是当今世界科技、经济与社会发展的重要趋势,已经成为生产力发展的重要核心和国家战略资源。作为当代最先进生产力的代表,信息技术的发展水平也已经成为衡量一个国家现代化程度、综合国力和经济增长能力的重要标志。

一、信息的概念及特征

1. 信息的概念

"信息"一词有着很悠久的历史,早在两千多年前的西汉,即有"信"字的出现。"信"常可作消息来理解。作为日常用语,"信息"经常是指"音讯、消息"的意思,但至今信息还没有一个公认的定义。

信息作为科学术语是由哈特莱(R. V. Hartley)于 1928 年在《信息传输》一文中首次使用的。从通信的角度,他把信息理解为通信符号的方式,并用选择的自由度来计量信息。信息论的创始人申农(C. E. Shannon)认为:"信息是能够用来消除不确定性的东西"。控制论的创始人维纳(Norbert Wiener)认为,信息是人们在适应外部世界并且使这种控制反作用于外部世界的过程中同外部世界进行交换的内容的名称。在经济学和管理学中,信息泛指一般的数据、资料、消息、情报、知识等。有组织内部的信息,如生产信息、财务信息、销售信息和资源信息;有组织外部信息,如环境信息、包括市场价格信息、消费者信息、竞争对手信息和政策法规信息等。

目前信息已被广泛应用于社会各个领域。狭义信息论将信息定义为"两次不定性之差",即指人们获得信息前后对事物认识前后的差别;广义信息论认为,信息是指主体(人、生物或机器)与外部客体(环境、其他人、生物或机器)之间相互联系的一种形式,是主体与客体之间的一切有用的消息或知识,是表征事物的一种普遍形式。

2.信息的特征

(1)可识别性。信息是可以识别的,识别又可分为直接识别和间接识别,直接识别是指通过感官的识别,间接识别是指通过各种测试手段的识别。不同的信息源有不同的识别方法。

(2)可存储性。信息是可以通过各种方法存储的。

(3)可扩充性。信息随着时间的变化,将不断扩充。

(4)可压缩性。人们对信息进行加工、整理、概括、归纳就可使之精练,从而浓缩。

(5)可传递性。信息的可传递性是信息的本质特征。

(6)可转换性。信息是可以由一种形态转换成另一种形态。

(7)特定范围有效性。信息在特定的范围内是有效的,否则是无效的。

3.信息的形态

信息一般有四种形态:数据、文本、声音、图像。这四种形态可以相互转化,例如,照片被传送到计算机,就把图像转化成了数字。

4.信息类型

信息可以从不同角度来分类:

(1)按照其重要性程度可分为:战略信息、战术信息和作业信息。

(2)按照其应用领域可分为:管理信息、社会信息、科技信息和军事信息。

(3)按照信息的加工顺序可分为:一次信息、二次信息和三次信息等。

(4)按照信息的反映形式可分为:数字信息、图像信息和声音信息等。

(5)按性质可分为:定性信息和定量信息。

二、旅游信息的概念、特征和内容

1.旅游信息的概念

关于旅游信息的定义还没有统一的定论,广义上讲,与旅游业及旅游活动相关的信息都可以称为旅游信息。具体而言旅游信息可以理解为"包括各旅游景区、景点、各旅行社、旅游人数、旅游交通工具、餐饮住宿、气象多种要素构成的数据、消息和情报的总称"。

2.旅游信息的特征

(1)时效性。旅游信息的时效性,一方面是由信息生命规律决定的,另一方面是由旅游活动的暂时性决定的。旅游信息的时效性要求信息处理过程的时间间隔短、传递速度快、使用及时,保证旅游者和旅游管理人员的决策获得最新、最准确的旅游信息。

(2)广泛性。由于旅游活动的构成广泛复杂,因而再现旅游活动的旅游信息也具有广泛复杂性。旅游信息主要包括旅游客体(旅游资源)、旅游主体(旅游者)、旅游媒体(旅游饭店、旅行社、旅游交通)的信息及其他相关信息。

(3)动态性。旅游活动的各要素都处在不断变化、发展之中。旅游者行为、旅游资源、旅游交通、住宿、餐饮等相关要素都是在不断变化发展的。因此,反映旅游活动运动、变化、发展的状况、特征、本质与规律的旅游信息具有动态性。

(4)规律性。尽管旅游信息广泛复杂,灵敏多变,但旅游信息在一定范围还是有规律可循的,比如旅游信息量的增长及用户对旅游信息的需求等都具有一定的规律性。一般来说,在旅游旺季,旅游信息量的增长比较大,对旅游信息的需求量也比较大。

（5）价值性。在市场经济条件下，信息已经成为一种有重要价值的商品，信息社会通常被定义为信息生产和消费的集中。旅游信息同样如此，它是可以用来交换的信息商品，具有价值和实用价值的双重属性。

3.旅游信息的内容

旅游信息内容广泛，主要包括旅游资源信息、旅游者信息、旅游媒体信息及其他相关信息等。

（1）旅游资源信息：包括旅游景区景点信息、休闲娱乐设施信息、民俗风情信息、风味特产、手工艺品信息等。

（2）旅游者信息：包括旅游者的姓名、性别、年龄、性格、国籍、旅游目的、经济状况信息等。

（3）旅游媒体信息：包括主要旅游相关企业如酒店、旅行社、交通部门的信息。

（4）其他相关信息：包括政治、经济、文化、环境信息等。

三、旅游信息系统

1.旅游信息系统的概念及特征

旅游信息是旅游决策的依据，决策者只有快速准确地获得和利用信息，才能作出科学的旅游决策，并获得较好的效益。而旅游信息系统就是一种决策支持系统，其存储和处理的信息主要表现为描述旅游资源相关的空间数据与旅游业相关的大量属性数据及多媒体数据，为旅游管理部门提供决策依据和向社会提供服务。

旅游信息系统以下特征：（1）采集、存储、管理、统计分析和输出多种旅游信息，具有空间性和动态性。（2）由计算机系统支持进行旅游数据管理，并由计算机程序模拟常规的或专门的旅游信息分析方法，作用于旅游数据，产生有用信息，完成人们手工难以完成的任务。（3）计算机系统的支持是旅游信息系统的重要特征，因而使得旅游信息系统能快速、精确、综合地对复杂的旅游信息进行动态分析。

2.旅游信息系统的功能

（1）数据处理功能，包括对各种形式的原始数据的收集、输入、传输、存储、加工处理和输出，这是旅游管理信息系统的基本功能。

（2）预测功能，即运用数学、统计或模拟等方法，根据过去的数据预测未来的情况。

（3）计划功能，即合理安排各职能部门的计划，并按照不同的管理层提供相应的计划报告。

（4）控制功能，根据各职能部门提供的数据，对计划的执行情况进行监测、检查，比较执行与计划的差异，并分析其原因，辅助管理人员及时用各种方法加以控制。

（5）辅助决策功能，即运用数学模型，及时推导出有关问题的最优解，辅助各级管理人员进行决策。

四、旅游信息系统的应用

1.酒店管理信息系统

酒店管理信息系统是利用电子计算机技术和通信技术对旅游饭店信息进行管理的人机综合控制系统。主要包括预订接待系统、账务审核系统、程控电话管理系统、客房中心管理系统、餐饮娱乐管理系统、总经理查询系统、财务管理系统、人事工资管理系统、工程设备管理系统、仓库管理系统。

酒店各部门运转的正常与高效直接影响到整个酒店的经营和经济效益的好坏。而酒店管理信息系统的使用，可以提高酒店管理效率，改善工作环境，满足客人需求，为客人提供优质服务。

2.旅行社管理信息系统

旅行社管理信息系统的职能是对旅行社生产服务过程的管理实现信息化，从而提高旅行社的生产率和管理效率，同时提高旅行社的市场竞争能力，满足现代人旅游的个性化服务要求。设计旅行社管理信息系统的目的是提高旅行社管理效率，增加效益。

一个完整的旅行社管理信息系统是由价格管理、报价组团、计划调度、组接团核算、地面接待、票务管理、账务和成本核算、采购管理、固定资产管理、人力资源管理、办公自动化、综合统计、散客部综合管理、国内公民境外游管理、旅游产品管理、经理查询等共十六个子系统组成，这些子系统分布在不同的部门进行管理，共同集成在一个计算机网络系统中。

3.旅游目的地管理信息系统

旅游目的地管理信息系统主要是提供旅游目的地的经营管理决策、旅游规划、资源调查、环境保护、信息咨询等服务。在旅游信息的管理中，以旅游地理信息数据库为基础，应用GIS（地理信息系统）技术进行采集、管理、分析、应用，能很好地解决旅游信息管理、评价、预测等方面的问题，这对发展旅游目的地管理信息系统，提高旅游目的地的经营管理水平和促进区域旅游业的发展起重要作用。

(1)旅游目的地资源管理系统。利用计算机技术、GIS（地理信息系统）技术、信息技术等，能够就数据及信息进行汇集，及时地将数据直接传送到决策、管理部门并为部门提供实时服务。它为旅游资源的调查、合理利用、开发和科学管理提供依据，从而达到对旅游资源利用、保护的目的。

(2)旅游目的地规划管理系统。在旅游目的地规划中，要处理许多不同性质和不同特点的问题，它涉及资源、环境、人口、交通、经济、教育、文化和金融等大量数据，地理信息系统的数据库管理有利于将这些数据信息归并到统一的系统中，最后进行旅游目的地、城市与区域多目标的开发和规划，对加快旅游目的地的规划建设，实现旅游目的地建设决策科学化，利用地理信息系统作为旅游目的地规划、管理和分析的工具，具有十分重要的意义。

(3)旅游地环境监测与保护。利用GIS（地理信息系统）技术，借助遥感监测的数据，建立旅游目的地环境监测、分析与预报信息系统，为实现旅游目的地环境监测与管理的科学化、自动化提供最基本的条件，可以有效地为旅游目的地进行森林火灾的预测预报、洪水灾情监测和洪水淹没损失的估算，为救灾抢险和防洪决策提供及时准确的信息；在区域环境质量现状评价过程中，利用GIS技术的辅助，实现对整个区域旅游地的环境质量进行客观地、全面地评价，以反映出区域旅游地中受污染的程度以及空间分布状态；采用GIS空间分析功能，帮助人们加强对旅游目的地濒临灭绝的珍稀植物、珍稀动物和珍贵文物古迹的保护与利用。利用GIS技术建立旅游景区的防震减灾系统，可成功地提供灾后应急响应决策支持。

(4)旅游信息查询。游客的需求多种多样，旅游目的地管理信息系统可以提供服务查询、资源查询、交通查询、饭店查询、社会信息查询等。通过该系统，可以增强旅游目的地和游客的相互沟通；方便游客在旅游过程中查询相关的旅游信息；树立旅游目的地良好的服务形象；扩大旅游目的地在游客心目中的影响，提高知名度，赢得更大的客源市场。

(5)旅游目的地管理决策支持。目前，我国的旅游管理主要集中在旅游服务方面，而对整

旅游地理

个旅游目的地的空间布局管理还没有被人们所认识,仅仅局限于土地利用类型的静态记录,没有进行动态监测与模拟,因此,很难提高旅游地的综合效益。如果采用 GIS 技术和虚拟现实技术,那将大大改变这一情况。GIS 利用拥有的数据库,通过一系列决策模型的构建和比较分析,为旅游目的地的宏观决策提供依据。不但能提高旅游目的地的服务管理水平,而且能对整个旅游地的设施布局、游线选择、产业结构、土地利用、环境污染等进行动态监测和优化评估,并且能通过互联网给旅游者及时准确地展现旅游目的地的发展变化。

4. 旅游电子商务

旅游电子商务是指以网络为主体,以旅游信息库、电子化商务银行为基础,利用最先进的电子手段运作旅游业及其分销系统的商务体系。它可提供网上交易全过程的服务,具有网上促销、网上订购、咨询洽谈、网上支付、服务传递、交易管理等各项功能。

旅游电子商务发展相对于传统旅游商务而言,具有如下几个优势:

(1)交易无形化。作为服务领域的旅游行业较少涉及实物运输,因此旅游电子商务不用面临目前最复杂、费力的物流配送问题。在旅游电子商务过程中,消费者购买的大多是旅游体验,如饭店预订、旅游报团等,消费者的购买行为是预先购买其旅游体验,消费过程的完成则发生在购买行为完成之后,因而,只需掌握一定的旅游信息,在线支付一定的资金就可以完成,而且很少涉及物流。

(2)交易便捷化。随着金融业的参与,资金通过网上结算方式直接付款,免去了旅游者携款办理各种手续的麻烦。旅游电子商务能在世界各地瞬间完成传递与计算机自动处理,无需人员干预,加快了交易速度。不论在世界的哪个角落,凡是能够上网的人,都有可能成为旅游企业的客户。

(3)交易虚拟化。通过以 Internet 为代表的计算机互联网络进行的贸易,旅游企业和游客双方从开始洽谈、签约到订货、支付等,无需当面进行,均通过 Internet 完成,整个交易完全虚拟化。

(4)交易透明化。旅游电子商务中双方洽谈、签约以及货款支付、交货通知等整个交易过程都可以在电子屏幕上显示,操作也按统一的标准进行,因此显得比较透明。

(5)成本低廉化。由于通过网络进行商务活动,信息成本低,足不出户,可节省交通费,且减少了中介费用,因此整个活动成本大大降低。

我国旅游网站的建设最早可以追溯到 1996 年。经过近十年的摸索和积累,国内已经有一批具有相当资讯服务实力的旅游网站。国内几乎所有的网络服务提供商的门户网站都涉及网络旅游,提供比较全面的,涉及食、住、行、游、购、娱等方面的网上资讯及电子商务服务。按照不同的侧重点可以分为以下类型:

(1)旅游产品直接供应商网站。如广州白天鹅(www. whiteswanhotel. com)、湖南华天大饭店(www. huatian-hotel. com)等网站就属此类型。

(2)旅游中介服务提供商建立的网站,又称在线预订服务代理商建立的网站。可大致分为两类:一类由传统的旅行社建立的网站,如丽江南方旅行社有限责任公司建立的云南丽江南方之旅(www. lijiangsouth. com);另一类是综合性旅游网站,如中国旅游资讯网(www. china-holiday. com)、上海携程旅行网(www. ctrip. com)等。

(3)地方性旅游网站。如张家界旅游网(www. okzjj. com)、南岳旅游网(www. nanyue. net)等,它们以本地风光或本地旅游商务为主要内容。

（4）政府背景类网站。如航空信息中心下属的以机票预订为主要服务内容的信天游网站（www. travelsky. com）。

（5）旅游信息网站。它们为消费者提供大量丰富的、专业性旅游信息资源，有时也提供少量的旅游预订中介服务，如网上旅游（www. travelcn. com）等。

（6）在 ICP 门户网站中，几乎所有的网站都不同程度地涉及了旅游内容，如新浪网生活空间的旅游频道、搜狐和网易的旅游栏目、中华网的旅游网站等，显示出网上旅游的巨大生命力和市场空间。

思考题

1. 什么是旅游地图？简述它的特性和作用。
2. 分析旅游电子地图发展的意义。
3. 简述旅游信息的概念及特性。
4. 什么是旅游信息系统？

第九章
旅游线路设计

学习要点

1. 掌握旅游线路的分类
2. 掌握旅游线路设计的内容与原则
3. 了解国家旅游线路和经典红色旅游线路

引导案例

西安兵马俑、华山论剑、延安精神、明城墙五日之旅

第一天：西安—兵马俑—华清池—秦陵地宫【100公里】　　　　　　　　住：西安

千古情歌：赴临潼（08：00出发车程约50分钟），途中游览新石器时代仰韶文化的村落遗址——半坡博物馆（自理45元，约60分钟），参观世界第八大奇迹——秦始皇兵马俑博物馆1、2、3号俑坑及铜车马展厅（游2.5小时）（12：00用餐约30分钟）中餐后参观秦始皇陵地宫（游40分钟），参观我国现存唯一一处皇家御用汤池——华清池（游1小时）、近代史上的"西安事变"旧址五间厅、骊山兵谏亭（自理门票＋骊山索道70元，游50分钟）、华润玉文化广场自由购物（1小时），返回西安。

第二天：西安—黄陵县—延安【600公里】　　　　　　　　　　　　住：壶口

黄帝黄河：早餐后（7：00出发赴黄陵县车程约3小时），参观中华民族的始祖轩辕帝的陵墓——黄帝陵轩辕庙（游1.5小时）；午餐后赴壶口（12：00出发约3小时，280公里）游览全国第二大瀑布、中华民族的母亲河——黄河壶口瀑布（游50分钟）。参观完去延安入住酒店休息（车程约3小时）。

第三天：延安—西安【400公里】　　　　　　　　　　　　　　　　住：西安

延安精神：早餐后参观中共中央所在地——王家坪（游40分钟）、杨家岭（游40分钟），延河上远眺巍巍宝塔山，俯瞰滚滚延河水，爱心枣店自由购物（1小时），返回西安，车程约5小时。

第四天：西安—华山【260公里】　　　　　　　　　　　　　　　　住：西安

华山论剑：早餐后（7：30分出发车程约2.5小时）赴素有"奇险天下第一山"的五岳之一华山（游5小时），乘"亚洲第一索道"游东西南北峰，览长空栈道、苍龙岭、鹞子翻身等胜景（不含进山费40、索道往返80），碳语堂自由购物（1小时），返回西安。

思考：这个旅游线路考虑了哪些主要因素？

第一节　旅游线路分类

旅游线路是指在一定的区域内，为使游人能够以最短的时间获得最大观赏效果，由交通线

168

把若干旅游点或旅游区域合理地贯穿起来,并具有一定特色的路线。目前旅游线路还没有形成规范性的定义,有的学者从旅游产品的角度,认为"旅游线路是旅行社或其他旅游经营部门以旅游点或旅游城市为节点,以交通路线为线索,为旅游者设计、串联或组合而成的旅游过程的具体走向"。有的学者从生态学的角度,认为"旅游线路是指旅行社生产的包价旅游产品,根据旅游资源和接待能力以及旅游者的需要而规划出来的旅游途径"。

根据不同的分类标准,可以将旅游线路划分为多种不同的类型。

一、按旅游活动的空间尺度分类

按旅游活动的空间尺度,旅游线路可分为远程旅游线路、中程旅游线路、短程旅游线路。

1.远程旅游线路

远程旅游线路是空间尺度上范围比较大的一种旅游线路,它包含了几层含义。首先,旅游活动涉及的空间范围比较大,从总里程来讲至少超过 1000 公里;其次,旅游时间要求超过 5 天以上,当然,随着现代化交通工具的日益提速,相应的天数也会减少;第三,国际旅游应跨越洲际线,国内旅游应跨越若干省区。

远程旅游线路具有线路长、范围大、时间长、费用高、设计难度大等特点。在设计远程旅游线路时,不仅要考虑游客的食、住、行、游、购、娱等各种要素的安排和衔接,还要考虑旅游客源地和旅游目的地之间的政治、经济、文化、民族、环境、气候条件等的差异,如果是国际旅游线路,还要考虑签证、货币、社会、文化、政治、安全等各种要素。旅行社自主设计的远程旅游线路投入的人力、物力和财力会更大,同时,推出远程旅游线路的风险也较大。

2.中程旅游线路

中程旅游线路在空间尺度上比远程旅游线路小,比近程旅游线路大。中程旅游线路的旅游距离在 200 公里到 1000 公里之间,旅游时间在 2 天到 5 天之间,中程旅游线路可以是国际旅游线路,也可以是国内旅游线路。

中程旅游线路设计的难度一般,旅行社推出中程旅游线路的风险也一般。中程旅游线路可分为洲际中程旅游线路、国际中程旅游线路、国内中程旅游线路。洲际中程旅游线路要跨越世界大洲的界限,并且线路的长度和旅游的时间都在中程旅游线路的范围之内。国际中程旅游线路是指一次旅游活动至少跨越两个国家的边界,线路的长度和旅游的时间都在中程旅游线路的范围之内。国内中程旅游线路是指一次旅游活动的旅游范围、旅游时间、旅游线路等方面都在中程旅游线路的范围之内。

3.短程旅游线路

短程旅游线路是指短时间、小范围的旅游线路,它涉及的范围最小、行程最短、时间最少,一般是以所利用的交通工具能当天往返的路程为限,也称之为一日游旅游线路。

短程旅游线路具有线路短、范围小、时间少、费用低、设计难度小等特点。线路的长度在 200 公里以内,范围通常是本省、本市或本县之内,有时也会涉及邻国、邻省、邻市,时间通常是一日游,费用在所有的旅游线路中也是最少的,所以,双休日以短程旅游线路为主。并且由于客源地距目的地较近,差异也较小,设计难度小。

二、按旅行社组织旅游的方式分类

按旅行社组织旅游的方式,旅游线路可以分为包价旅游线路、拼合式旅游线路、跳跃式旅游线路。

1. 包价旅游线路

包价旅游线路是旅游者在旅游活动开始之前将全部或部分旅游费用预付给旅行社,委托旅行社为其安排旅游项目、组织旅游活动、购买单项旅游产品等。包价旅游线路主要有团体包价、散客包价、半包价、小包价、零包价等几种形式。

团体包价旅游线路是指旅行社为 10 名以上的旅游者组成的团队提供的全包价服务而设计的旅游线路。全包价指的是参加团队旅游的旅游者采取一次性预付旅游费用的方式,将各种相关旅游服务全部委托一家旅行社办理,这些服务主要涉及区位交通服务、区内交通服务、住宿服务、餐饮服务、导游服务、游览服务、购物服务、娱乐服务等内容。在这种产品形式下,旅游者在旅游过程中无需再直接购买单项旅游产品。团体包价旅游产品是目前我国国际旅行社经营入境旅游的主要产品形式。

散客包价旅游线路是指旅行社为 10 人以下的旅游者群体提供的包价服务而设计的旅游线路。参加散客包价旅游的多为自愿结伴而行的亲友或同事。散客包价旅游能够较多地满足旅游者的个性化需求。

半包价旅游线路是在全包价格的基础上扣除中餐和晚餐费用从而降低产品直观价格,以提高产品竞争力而设计的旅游线路。半包价旅游产品能照顾旅游者用餐方面的不同需求,但它却有可能增加旅游者的旅游成本。

小包价旅游线路又称可选择性旅游线路。小包价旅游线路由非选择性部分和可选择性部分构成。非选择性部分主要包括住宿服务、早餐服务、区位交通(长途交通)服务、区内交通(短途交通)服务。购买这一部分产品的费用在旅游活动进行之前由旅游者预付给旅行社。可选择性部分包括导游服务、餐饮(中晚餐)服务、游览服务、购物服务、娱乐服务等内容。购买这一部分产品的各项费用,既可以由旅游者选择性地预付给旅行社,再由旅行社代为购买其所需单项产品;也可以由旅游者直接现付,用来购买各单项产品。

零包价旅游线路是指旅游者随旅游团队前往和离开旅游目的地,在旅游目的地期间由旅游者自由活动而设计的旅游线路。

2. 拼合式旅游线路

拼合式旅游线路是指整个旅程有几种分段组合线路,旅游者购买时可以自己选择和拼合,并且在旅程中可以改变原来的组合。拼合式旅游线路的设计原理和技术要求与包价旅游线路基本是一样的。

拼合式旅游线路是有灵活性大、可变性强、方便等特点。拼合式旅游线路比较灵活,旅游者在购买的时候有较大选择的余地,可根据自己的爱好和要求进行选择和拼合。旅游者在购买后,如果途中有需要,还可以改变原来的选择,重新组合选择。旅游者购买拼合式旅游线路和包价旅游线路一样方便,拼合好以后,旅行社也会提供周到的服务。由此可见,拼合式旅游线路方便、灵活,很受游客欢迎。

3. 跳跃式旅游线路

跳跃式旅游线路是指旅行社只提供旅程中几小段线路或几大段服务,其余皆由旅游者自己设计。跳跃式旅游线路实际上是一种半自助式旅游线路,旅游者有较大的自由度和自主权,因此,这类线路的设计要简单得多。跳跃式旅游线路的类型可以分为:远程跳跃式旅游线路、中程跳跃式旅游线路、短程跳跃式旅游线路等。

三、按旅游活动的性质分类

按旅游活动的性质,旅游线路可分为普通观光旅游线路和专题旅游线路。

1.观光旅游线路

以观光旅游为主要内容的线路就是观光旅游线路。观光旅游是最基本的旅游形式,旅游者以游览观光为目的,到异国他乡去观览自然风光、城市风貌、名胜古迹、社会风情等,从而达到增长知识、扩大阅历、陶冶情操、获得新奇美享受的旅游活动。

随着世界旅游业的发展和旅游需求的多层次化,观光型旅游已由一般观光旅游向特殊观光旅游发展,绿色旅游、海洋旅游、社会风情旅游等富有特色的观光型旅游正在世界各地悄然兴起,日益成为观光型旅游中的奇葩。绿色旅游是人们为摆脱城市生活的喧闹,来到大自然寻幽探秘,领略天然风光,追求山村野趣而进行的旅游活动。暂时的环境变换,可以调剂身心、愉悦心情、消除疲劳,因而农业旅游、森林旅游等绿色旅游越来越受游人的欢迎,许多国家都在竞相发展。旅游者对观光旅游线路的基本要求就是旅游资源级别较高,旅游地与客源地的差异较大,并且对价格比较敏感等。旅游者一般不会重复利用同一条旅游线路。

2.专题性旅游线路

随着人们旅游方式的多样化,专题旅游线路越来越多,主要有休疗型旅游线路、文化型旅游线路、娱乐型旅游线路、宗教朝觐旅游线路、寻根探亲旅游线路、公务旅游线路、购物旅游线路等。

休疗型旅游线路是以修养、疗养、康乐、保健等为主要内容的旅游线路。休疗型旅游是旅游者到气候温和、阳光充足、花木扶疏、环境幽静、空气清新、水质良好的海滨、湖畔、山区、林地和矿泉等地,以度假、疗养等形式,来消除疲劳、恢复体力、调养精神、治疗某些慢性疾病、增进健康的旅游活动,是观光旅游基础上的提高层次,是旅游活动由动(观光旅游中的不断移动)向静(在一地休假疗养)的转变,为当前世界旅游的主要类型之一。休疗型旅游主要有海滨度假、温泉疗养、消暑避寒等旅游。地中海沿岸、加勒比海地带、东南亚地区、黑海之滨、夏威夷、大洋洲等地都是世界著名的海滨度假胜地。日本的别府、捷克的卡罗维发利、新西兰北岛的罗托鲁阿—陶波湖地热区等,都是世界著名的温泉疗养中心。度假、疗养和保健相结合,赋予休疗型旅游新的内容和活力。因此,旅游者对同一旅游线路的重复利用率比较高。

文化型旅游线路是以历史文化、民族、民俗风情等为主要内容的旅游线路。文化型旅游泛指以鉴赏异国异地传统文化,追寻文化名人遗踪或参加当地举办的各种文化活动为目的的旅游。一般包括历史文化旅游、文学旅游、科学考察旅游、修学旅游等,是能够增长知识文化内涵的益智型旅游活动。由于科学技术的日益发展和教育的普及,人们的文化素质越来越高,越来越多的人视旅游为丰富人生阅历的一项活动,同时,许多具有科学专长和特殊兴趣的旅游者加入到旅游活动中来,因而在旅游活动中更加追求文化知识,重视文化品位。目前,不仅长期主导文化型旅游的参观游览博物馆、艺术馆、纪念馆、动物园、植物园和文化古迹等仍受游人的喜爱,而且各种各样的艺术节、音乐节、电影节等更受游人青睐。同时,专业人员的考察旅游、学生的修学旅游、具有特殊兴趣者的文学专题旅游,也在广泛开展。因此,文化型的旅游线路越来越受游客欢迎。

娱乐型旅游线路是以娱乐消遣为内容的旅游线路。娱乐型旅游以娱乐消遣为目的,在欢笑中松弛精神,愉悦身心,在消遣中产生激情,消除疲劳,在参与中获得乐趣,增长知识,正成为

旅游地理

调节人们生活节奏不可缺少的环节。正因为娱乐型旅游有更多的参与性，而且寓教于乐，深受旅游者的喜爱，因而许多国家都在开发娱乐型旅游项目，是世界旅游活动中发展最迅速的旅游类型之一。利用现代科学技术建立的游乐公园，集科学性、知识性、娱乐性、趣味性于一体，特别吸引游人。世界著名的游乐公园首推迪斯尼乐园，除美国洛杉矶、奥兰多迪斯尼乐园外，日本东京和法国巴黎附近也建有迪斯尼乐园。此外，美国加利福尼亚、佛罗里达州的水下世界公园、香港和摩纳哥的海洋公园、加拿大多伦多的奇趣公园、荷兰海牙的缩影公园、中国深圳的锦绣中华、无锡的娱乐城等，都是著名的娱乐公园。狩猎、垂钓也是富有特色的娱乐旅游项目。西方国家狩猎爱好者很多，其中不少去非洲狩猎旅游。非洲野生动物丰富，素有"动物王国"之称，在东非和南部非洲有许多天然狩猎场。因此，旅游者对娱乐型旅游线路重复利用率也比较高。

宗教朝觐旅游线路是以宗教朝拜、宗教文化欣赏等为主要内容的旅游线路。宗教是一种社会意识形态。全世界信仰佛教、基督教和伊斯兰教三大宗教的信徒就有20多亿。对宗教信仰的虔诚，使宗教徒朝拜宗教圣地成为终生愿望，求法、朝圣的宗教徒不绝于途，在世界范围内形成强大的宗教朝觐旅游流。凡是宗教创始者的诞生地、墓葬地及其遗迹遗物，甚至传说中的"显圣"之地，以及各教派的中心，都是教徒们朝拜的圣地。犹太教、基督教、伊斯兰教的共同圣地耶路撒冷、天主教教皇所在地梵蒂冈、伊斯兰教圣地麦加、中国四大佛教圣地（峨眉山、普陀山、五台山、九华山），以及道教圣地武当山等，都是世界著名的宗教圣地，以及法国巴黎圣母院、德国科隆大教堂、埃及开罗爱资哈尔清真寺、泰国的玉佛寺，以及日本奈良东大寺等宗教寺庙和教堂，不仅是宗教徒顶礼膜拜之地，其雄伟壮丽的宗教建筑，精美的艺术珍品，各具特色的宗教庆典，山高林密的优美环境，使其成为世俗游人观光游览的佳地。此类旅游线路，有稳定的香客市场，一般游客重复利用率不高。

寻根探亲旅游线路，其目的非常明确，旅游目的地也是确定的。因此，寻根探亲旅游线路比较简单，往往是两点一线。一般是旅游者自主完成的，和旅行社的联系不是太大，旅游者重复利用同一线路的可能性比较大。历史上因种种原因形成的民族迁移和人口流动，以及现代国际经济交往形成的劳动力转移，使许多人离开祖籍地而散布世界各地。随着交通的日益便利，寻根问祖旅游热持续不断。寻根探亲旅游能增进民族亲情、文化认同，扩大交往，甚至惠及经贸，因而备受祖籍地国家的重视。中国海外华人华侨有5000万，每年回大陆探亲访友的华人华侨及港澳台同胞有数千万人次，发展寻根探亲旅游的潜力很大。

公务旅游线路是以公务、商务、会议等为内容的旅游线路。公务旅游是为个人或集团的发展需要而进行的旅游，一般包括商务旅游、会议旅游、奖励旅游等。随着世界经济的发展，区域经济合作的加强，贸易活动的增加，学术交流的日益密切，业务联络与洽谈，参加各种交易会、博览会和国际会议、组织奖励旅游等，使公务旅游越来越频繁。公务旅游者一般出游率高，停留时间长，支付能力强，而且公务旅游活动季节性不明显，较少受价格变动影响。同时，借举办国际和区域性会议，能提高接待国或城市的知名度，是最好的旅游宣传，故而公务旅游受到各国的重视，创造条件力争接待更多的公务旅游者。公务旅游者一般不会购买旅行社现成的旅游线路，他们需要旅行社提供的仅仅是票务、订房等服务。

购物旅游线路是以购物为主要内容的线路。旅游购物的兴起，与人们收入水平的提高，旅游日益大众化，特别是女性越来越多地加入到旅游大军中的一员有关。在西方国家，一般都是夫妻同游，而妇女特别喜欢购物，这使购物旅游愈演愈热。旅游接待国利用游客渴望购物的心

172

理,采取各种措施,大力发展具有民族和地区特色的土特产品、手工艺品和精巧美观的各种纪念品以及其他物美价廉的消费品,扩大购物旅游的吸引力。世界上购物旅游发达的国家和地区主要有新加坡、香港、夏威夷和加勒比海地区的一些国家,它们凭借优越的区位,拥有来自世界各地的物品,并且免收关税,价格低廉,物品精美,深受旅游者喜爱,被誉为旅游者的"购物天堂"。旅游者往往购买旅行社整条或部分购物旅游线路,形成最优化的旅游行程。

四、按旅游者行为特性分类

按旅游者行为特性,旅游线路可以分为周游型旅游线路和逗留型旅游线路。

1. 周游型旅游线路

周游型旅游线路是指旅游者的游程呈现闭合的环状线路。也就是说,旅游者离家出游,以旅游者的客源地为起点,旅游途中经过不重复且呈环状的路线,经过若干旅游目的地,最后再回到客源地。

周游型旅游线路的旅游内容一般以观光游览为主。旅游者在选择周游型旅游线路时,力图选择高级别的旅游地,并力图游览更多的高级别旅游点,最后的旅游目的地往往选在"购物天堂"。旅游线路呈闭合状,途中目的地不止一个,旅游者不走或尽量少走回头路。旅游者重复利用同一线路的可能性小,旅游效率较高,旅游者都是以旅程中时间、花费、距离最小化为特征,但旅游效果一般,因为周游型的旅游者要花较多的时间在换乘交通工具上,往往是一天换一个住宿地点,旅途疲劳必然会影响到旅游者的旅游体验。最后,周游型线路设计难度较大,线路设计涉及的地区多、范围广、制约因素多、线路内容多,因此工作难度大,旅行社要投入更大的人力、物力、财力。

2. 逗留型旅游线路

逗留型旅游线路是指旅游者在旅游过程中以度假、休闲、探亲、休养等为主要内容的旅游线路。选择逗留型的旅游线路,使旅游者在一次旅游过程中,旅游目的地不多,但在同一个旅游目的地逗留的时间比较长。

逗留型旅游线路不是以观光游览为主,而是为了休养、度假等,因此对旅游目的地知名度要求不是很高,但要求有特色,旅游者会根据不同的季节与度假要求选择不同的旅游目的地。旅游者重复利用同一条逗留型旅游线路的可能性较大,如果旅游者对旅游地接待设施、供给能力、服务水平、社会治安等各种安排和服务都满意,就有可能重复利用同一条线路。旅游者使用逗留型旅游线路,旅游效果好,旅游者在异地逗留时间长,日游夜宿,保持正常的生活规律,有较多的精力和时间深入了解旅游目的地的自然风光和风土人情,旅游者的自由度较大。同时,旅游线路设计相对来说比较简单,交通、食宿、餐饮、旅游活动安排相对要简单,难度较少,时间安排相对宽裕。

除此之外,旅游线路还有很多划分方式,比如,按全程旅游时间,可分为一日游旅游线路、两日游旅游线路和多日游旅游线路;按旅游线路对游客吸引范围的大小,可分为国际旅游线、国家旅游线和区内旅游线;按旅游线路的空间布局形态,可分为两点往返式旅游线、单通道式(单线贯通式)旅游线、环通道式(环形贯通式)旅游线、单枢纽式(单点轴辐式)旅游线、多枢纽式(多点轴辐式)旅游线和网络分布式旅游线等。

旅游地理

第二节 旅游线路设计的方法

　　旅游线路设计是指旅游企业、旅游管理部门或旅游者为了方便旅游,将旅游过程中的旅游资源、交通、住宿、餐饮、购物、娱乐要素等有机地联结起来,以求得旅游者在旅游过程中所需时间最省、费用较少、旅游体验最优而进行的线路设计。一条完整的旅游线路,其包含的内容非常多,因此在旅游线路设计时,要尽量考虑周到,至少应该包括确定线路名称、策划旅游线路、计划活动日程、选择交通工具方式、安排住宿餐饮、留出购物时间、规划娱乐活动等方面。

➤一、旅游线路设计的原则

1. 突出主题

　　在设计旅游线路时,为了使旅游线路具有较大的吸引力,应将与性质和形式有内在联系的旅游点有机结合起来,形成一条主题突出、特色鲜明的旅游线路,并通过旅游交通、食宿、服务、娱乐、购物等项目来进行烘托。在专题旅游线路设计时,也应根据具体的专题项目来组织景点和活动内容,做到合理选择、层次鲜明,以突出主题性质。

2. 市场导向

　　在旅游线路设计时,要针对目标市场的需求,根据市场需求变化状况设计旅游线路。旅行社设计出的旅游线路,首先要满足旅游者一般性的旅游需求特点,在此基础上,还要体现出不同时期的市场潮流和风尚,紧跟市场需求的变化。除此之外,还要根据中间商的要求设计线路,中国旅游业的特殊情况决定了我国旅行社的入境旅游产品大多采取间接销售的方式,依赖国外的旅游中间商在客源地进行旅游线路的推介和销售,因此中间商的意见和建议对旅游线路的市场销售情况至关重要。最后,旅行社应避免闭门造车,这就要求旅行社在开发新产品时,对市场要进行充分的调查研究,预测市场需求的趋势和数量,以设计出适销对路的线路,满足旅游者的需求。

　　因此,在设计旅游线路时,要根据市场需求和中间商反映的市场信息来开发和更新旅游线路,同时还要审时度势创造性地引导旅游者进行消费。

3. 综合性

　　旅游是一项综合性极强的活动,涉及旅游者的食、住、行、游、购、娱,还需要其他行业提供支持,因此,旅游线路设计过程中,要全面考虑旅游地、旅游市场和旅游通道中的诸要素,以市场需求为核心,以旅游资源为基础,通过一体化交通的衔接,将线路中的吃、住、行、游、购、娱等因素进行优化的结合,以形成一条具有主题特色、项目丰富多彩的旅游线路。并站在更高的层次上全视角地对旅游资源的类型、规模、级别、容量、季节变化等,旅游交通的方式、便利程度、舒适程度、服务水平等,饭店的规模、级别、服务水平等,娱乐设施的种类、购物设施的种类,导游服务的水平、旅游目的地的公用设施、相应机构的服务水平等进行全面系统地兼顾。

4. 均衡性

　　在旅游线路设计时,要注意各个环节之间的平衡和呼应,保证在主题意境、景点和服务质量、价格等方面的均衡。若一条线路中服务质量、价格差异过大就会引起游客的不满,只有线路中主题内容、旅游景区景点、服务质量和价格等保持均衡,游客才会觉得物有所值,增加游客满意度。

➤二、旅游线路设计的特点

1. 时间多变

与旅游线路有关的时间因素是复杂多变的。时间是旅游线路设计中的重要因素之一。时间因素包含了旅游线路所需总时间、旅游过程中各项活动的时间分配及安排等。这里要注意的是旅游者在旅游过程中，总是追求旅游小的旅游时间比，即从居住地到旅游目的地的单调旅行所耗费的时间与在旅游目的地游玩所耗费的时间的比值尽可能地小，在线路的时间安排上必须考虑这一点。

时间因素随着旅游目的地的地理位置和可进入性、旅游资源类型和特点、自然条件特别是气候条件、季节、旅游设施条件、旅游目的地社会经济条件、行政当局及居民对旅游者的政策及态度、旅游者的旅游偏好、闲暇时间等条件的变化而变化。不同的旅游线路，时间安排是不一样的，即使是旅行社推出的同一旅游线路，在时间的安排上也会时有变化。

2. 空间互补

旅游者外出旅游，总是追求旅游目的地与客源地之间的差异性。也就是说，旅游常常是由环境的空间差异引起的。一般说来，旅游者希望旅游目的地的自然环境、旅游资源、文化背景、民情风俗等与自己的常住地有较大的差异，而且这种差异越大对旅游者的吸引力也越大，这就是空间上的互补性。因此旅行社在设计、推出旅游线路时要充分考虑到这种差异。

3. 内容关联

旅游线路涉及游客旅游途中的食、住、行、游、购、娱，还涉及旅游目的地旅游供给因素，因此，旅游线路是根据旅游需求和旅游供给两方面的因素而设计推出的旅游综合产品。旅游线路设计内容包括了旅游者在旅游过程中所利用和享受的一切，涉及食、住、行、游、购、娱等各种旅游要素，并且各环节必须环环相扣，密切配合，有序地安排在事先确定的日程中。

4. 旅游者的复杂性

旅游线路的购买者是旅游者。由于居住环境、年龄、文化程度、职业、经济收入、家庭结构、社会地位、旅游经历等的差异，旅游者往往会有不同的旅游偏好，对旅游线路的景区景点内容、酒店和导游等服务标准、线路价格等都会有不同的要求，这也就给旅游线路设计带来了较高的难度。

5. 价格敏感

旅游企业进行旅游线路设计时，线路价格是最敏感也是最复杂的一个问题。首先，旅游线路价格的构成因子很多，景点门票、交通、食宿、导游、保险等一系列费用是旅游线路价格的主要组成部分，其中每一项内容都会影响到线路价格，并且都与旅游供给有直接的关系；其次，旅游者购买旅游线路时，总是希望旅行社销售旅游线路的价格要尽可能地低，同时又不降低服务标准和水平，还要有较好的旅游体验。因此，旅行社既想以较低的价格吸引旅游者以利于竞争，又要有一定的利润以求生存与发展，同时还要保证旅游质量、避免旅游者投诉，以树立企业良好的形象。合理确定旅游线路的价格不是一件容易的事，旅游线路的价格具有敏感性。

➤三、旅游线路设计的内容

1. 旅游时间

旅游时间包括旅游所需总时间以及整个旅游过程中的时间安排。特别需要注意的是要根据不同的地区、不同的季节及旅游者闲暇时间的变化适时设计推出不同的旅游线路。

2. 旅游目的地

旅游目的地包括主要旅游资源的类型、规模、级别、容量、季节变化等,主要包括游览景区、景点的特色,旅游交通的方式、便利程度、舒适程度、服务水平等,饭店的规模、级别、服务水平等,娱乐设施的种类、购物设施的种类,导游服务的水平、旅游目的地的公用设施、相应机构的服务水平等,旅游目的地的选择决定了旅游活动的主要内容。

3. 旅游交通

旅游交通是为旅游者实现旅游,从出发地到目的地,以及在目的地内进行游览后再回到出发地,整个旅游活动过程中所利用的各种交通方式的总和,包括各种交通设施以及与之相应的一切旅途服务。现代旅游交通方式主要有铁路、航空、公路和水路等。因此,旅游交通包括旅游交通方式及工具,即从旅游客源地到旅游目的地的交通方式和等级、旅游目的地内部的交通方式和等级、某些特种交通方式的使用等。

4. 旅游食宿

旅游食宿是游客旅游过程中的基本需要,直接影响游客的旅游效果。旅游食宿包括旅游住宿的酒店或宾馆的等级以及客房的标准、旅游餐饮的种类和标准。在设计旅游线路时,餐饮和住宿的等级和标准都要考虑清楚,既要符合游客需要,又要追求成本最小化,符合游客利益。

5. 旅游活动安排

旅游活动是旅游者外出旅游的主要目的,也是旅游线路设计时的重点内容。首先,要安排对旅游者有吸引力的旅游景区景点,满足其好奇心;其次还要设计一些娱乐项目,让游客参与进来,满足其体验性需求。旅游活动的安排直接影响到旅游线路对旅游者的吸引力。

6. 旅游服务

旅游服务是指旅游业服务人员通过各种设施、设备、方法、手段、途径等,在为游客提供能够满足其生理和心理的物质和精神的需要过程中,创造一种和谐的气氛,产生一种精神的心理效应,从而触动旅客情感,唤起旅客心理上的共鸣,使游客在接受服务的过程中产生惬意、幸福之感,进而乐于交流、乐于消费的一种活动。旅游线路设计中的旅游服务主要是指由旅行社提供的导游服务,在团队旅游形式中,导游的作用非常重要。

7. 旅游价格

这是个非常敏感的问题。目前,绝大部分旅行社在向社会推出旅游线路时都只有一个笼统的总的报价。旅行社在设计和销售旅游线路时,如果有比较详细的分项报价会更受旅游者的欢迎。

第三节　经典旅游线路

➤一、国家旅游线路

2009 年 3 月 23 日,国家旅游局公布了拟定国家旅游线路的相关信息。国家旅游线路是依托品牌线路、连接重要旅游区(点)的旅游产品组合,不是主题类旅游产品组合(如世界遗产长城之旅、皇家文化之路、冰雪之旅、温泉之旅等),而是具有品牌化的航线、交通、河流、海岸等线路作支撑的旅游线路。

国家旅游线路评选需遵循的原则是体现旅游线路特征、立足国际兼顾国内、突出典型代表性、注重覆盖面等。国家旅游线路覆盖主要旅游地区和各省区市，充分体现中国自然和文化的典型景观，具有国家层面的代表性和权威性。国家旅游线路必须在国际国内旅游市场上具有较强的影响力和吸引力，着眼于吸引海外游客，并满足国内旅游发展需要，有利于引导国民旅游消费。国家旅游线路要尽可能覆盖主要旅游地区和各省区市，但要尊重市场、尊重客观、尊重规律，不刻意强求覆盖全国旅游市场。按照典型性强、知名度大、交通便捷、跨越多省等条件，中国国家旅游线路首批推出的备选名单有12条线路，分别如下：

1. 中国"丝绸之路"国家旅游线路

以丝绸之路文化为核心，跨越河南、陕西、甘肃、宁夏、青海、新疆六省区，是一路典型的国际旅游线路，在海内外形成了较大的市场影响。

代表性的旅游景区景点有：河南（龙门石窟、白马寺、嵩山）、陕西（兵马俑、华山、黄帝陵）、甘肃（莫高窟、玉门关、嘉峪关）、宁夏（西夏王陵、沙湖、沙坡头）、青海（青海湖、可可西里、三江源自然保护区）、新疆（楼兰古城、天池、喀纳斯湖）等。

2. 中国"香格里拉"国家旅游线路

以川、滇、藏民族文化和特色景观为内涵，形成了从昆明经大理、丽江至迪庆的核心旅游线路，并辐射至四川甘孜及西藏等地，是中国目前热点的旅游线路之一，在海内外旅游市场中深受欢迎。

代表性的旅游景区景点有：昆明（金殿公园、石林、云南民族村）、大理（洱海、大理古城、崇圣寺三塔）、丽江（世界文化遗产大研古城、玉龙雪山、泸沽湖）、迪庆（梅里雪山、松赞林寺、普达措国家公园）、甘孜（九曲雅砻江、稻城亚丁、康定）、西藏（布达拉宫、纳木错、古格王国）等。

3. 中国"长江三峡"国家旅游线路

以峡谷景观、高峡平湖风光、大坝景观、历史文化、地域文化为主要吸引物，是中国对外推广的经典旅游线路。长江三峡，中国10大风景名胜之一，中国40佳旅游景观之首。长江三峡西起重庆奉节的白帝城，东到湖北宜昌的南津关，是瞿塘峡、巫峡和西陵峡三段峡谷的总称，是长江上最为奇秀壮丽的山水画廊，全长192公里，也就是常说的"大三峡"。除此之外还有大宁河的"小三峡"和马渡河的"小小三峡"。

代表性的旅游景区景点有：鬼城、雪玉洞、嘉陵江小三峡、神农溪、三峡大坝、九畹溪等。

4. 中国"青藏铁路"国家旅游线路

以青藏铁路为依托形成的通往雪域高原的旅游线路，东起青海西宁，西至西藏拉萨，并延伸至西藏其他地区。青藏铁路已经在全国各地开通了7条前往圣城拉萨的铁路，青藏铁路途径的城市有：西宁、德令哈、格尔木、沱沱河、安多、那曲、当雄、拉萨共计8个城镇。

代表性的旅游景区景点有：可可西里、沱沱河气象站、念青唐古拉大雪山、布达拉宫。

5. 中国"万里长城"国家旅游线路

长城是中华文化的象征，也是我国最为重要的旅游吸引物之一，东起山海关，西至嘉峪关，跨越东西多个省区市。长城全长6000多公里，是世界上最伟大的建筑之一。长城始建于秦始皇时期，经过历代的增补修筑，现在能看到的几乎都是明代所建。八达岭长城是最具代表性的明长城之一。这里是长城重要关口居庸关的前哨，海拔高达1015米，地势险要，城关坚固，历来是兵家必争之地。

代表性的旅游景区景点有：嘉峪关、山海关、居庸关、黄崖关、玉门关、娘子关、雁门关、平型关、阳关、金山岭等。

6.中国"京杭大运河"国家旅游线路

以京杭大运河历史遗存为内涵,北起北京通州,南至杭州,跨越北京、天津、河北、山东、江苏、浙江六省市,是我国东部贯穿南北的文化旅游线。

代表性的旅游景区景点有:北京(天安门广场、国家体育场鸟巢、香山)、天津(石家大院、盘山、黄崖关)、河北(秦皇岛、北戴河、承德避暑山庄)、山东(青岛崂山、第一海水浴场、泰山、地下大峡谷)、江苏(苏州园林、周庄)、浙江(杭州西湖、西溪国家湿地公园、千岛湖)等。

7.中国"红军长征"旅游线路

红军长征旅游线是目前我国红色旅游中最受欢迎的旅游线,该线从江西瑞金出发,经江西、湖南、贵州、四川、陕西,直达延安,是我国贯穿东西、连接南北、重点在西部的旅游线。主要路线:瑞金→遵义→胶平渡→安顺场→泸定桥→雪山草地→毛儿盖→静宁→吴起镇→会宁。

8.中国"松花江—鸭绿江"国家旅游线路

以东北三省林海雪原、白山黑水、民族文化、边疆风情为内涵,以冰雪旅游、文化旅游、生态旅游、边疆旅游为核心,以大江界河旅游贯穿东北三省。

代表性的旅游景区景点有:松花江、哈尔滨、松花江公路大桥、长春、长白山、松花湖、丹东、鸭绿江大桥、大鹿岛度假区等。

9.中国"黄河文明"国家旅游线

以黄河文明为纽带,自西向东连接青海、甘肃、宁夏、陕西、内蒙古、山西、河南、山东八省区,重点是陕西、河南、山西、山东等中原黄河文化旅游区。

代表性的旅游景区景点有:青海(玉树、巴颜喀拉山)、甘肃(黄河铁桥、黄河母亲雕塑、水车博览园、地震博物馆、甘肃省博物馆、鲁土司衙门、石佛沟国家森林公园、吐鲁沟国家森林公园、五泉山公园、白塔山公园)、宁夏(中卫沙坡头、中卫寺口子、中卫高庙、青铜峡、西夏王陵、南关清真大寺)、内蒙古(美岱召、五当召、乌海桌子山岩画群、四合木、成吉思汗陵、响沙湾、鄂尔多斯草原)、陕西(宝塔山、黄河壶口瀑布、黄帝陵、清凉山、南泥湾、枣园、杨家岭、王家坪)、山西(北武当山、庞泉沟自然保护区、玄中寺、蔡家崖纪念地、晋绥解放烈士陵园、刘胡兰纪念馆)、河南(小浪底水利枢纽、白马寺、龙门石窟、中国国家牡丹园、风穴寺、王城公园、关林、开封市、云台山)、山东(泰山、滨州魏氏庄园、孙子故园、中国孙子兵法城、鹤伴山国家森林公园、东营现代农业示范区、孙武祠、黄河大桥、黄河水体纪念碑、天鹅湖公园、新世纪广场)等。

10.中国"长江中下游"国家旅游线路

以长江中下游城市群和世界遗产为核心,连接湖北、湖南、江西、安徽、江苏、上海,以都市旅游、遗产旅游、山水观光为特色。

代表性的旅游景区景点有:湖北(三峡大坝、三游洞风景区、柴埠溪国家森林公园、后河原始生态旅游区、赤壁古战场)、湖南(岳阳楼、洞庭湖、君山)、江西(九江剪刀峡、九江森林公园)、安徽(迎江寺、巢湖、广济寺、陶辛水韵景区)、江苏(南京长江大桥、玄武湖、茅山、金山、金坛、张家港)、上海(东方明珠、外滩万国建筑博览、上海博物馆、大洋海底世界)等。

11.中国"京西沪桂广"国家旅游线路

该线路主要是以空中航线为主,连接北京、西安、上海、桂林、广州等五个著名旅游城市,是中国旅游市场最早对外推出、保持长久不衰的典型旅游线路,被誉为"经典中国"旅游线。

代表性的旅游景区景点有:北京(故宫、北海公园)、西安(兵马俑、西安古城墙)、上海(东方明珠、外滩)、桂林(漓江、龙脊梯田)、广州(光孝寺、白云山)等。

12. 中国"滨海度假"国家旅游线路

以空中航线、海上航线连贯我国东部沿海度假城市旅游目的地,从北向南包括大连、烟台、威海、青岛、日照、连云港、福州、泉州、厦门、深圳、珠海、海口、三亚、北海等,突出中国滨海度假旅游品牌,引导居民休闲度假。

代表性的旅游景区景点有:大连(足球城、服装城、老虎滩海洋公园、金石滩旅游度假区、亚圣海洋世界、棒棰岛)、烟台(长岛、养马岛旅游度假区)、威海(成山头、刘公岛、甲午海战纪念馆、威海国际海水浴场)、青岛(崂山、第一海水浴场)、日照(金沙滩、五莲山)、连云港(花果山、锦屏山、海滨浴场)、舟山(普陀山、嵊泗列岛、桃花岛、定海)、福州(鼓山、永泰青云山、涌泉寺)、泉州(开元寺、摩尼光佛像石刻)、厦门(鼓浪屿、胡里山炮台、南普陀寺、日光岩)、深圳(锦绣中华、中华民俗文化村、世界之窗、欢乐谷、大梅沙海滨公园、中英街)、珠海(东澳岛、飞沙滩、淇澳岛)、海口(五公祠、假日海滩、马鞍山火山口公园、东寨港红树林)、三亚(亚龙湾、天涯海角、蜈支洲岛、珊瑚礁)、北海(银滩、涠洲岛、冠头岭国家森林公园)等。

➢ 二、红色旅游线路

2004年12月,中共中央办公厅、国务院办公厅发布《2004—2010年全国红色旅游发展规划纲要》,就发展红色旅游的总体思路、总体布局和主要措施作出明确规定。其中,提出发展红色旅游要实现的六大目标之一,是配套完善30条"红色旅游精品线路",使其成为产品项目成熟、红色旅游与其他旅游项目密切结合、交通连接顺畅、选择性和适应性强、受广大旅游者普遍欢迎的热点游线。30条"红色旅游精品线路"如下:

1. 北京—遵化—乐亭—天津线

主要红色旅游景点有:北京市天安门广场,中国人民抗日战争纪念馆、卢沟桥、宛平城,新文化运动纪念馆,中国国家博物馆,中国人民革命军事博物馆,李大钊烈士陵园,顺义区焦庄户地道战遗址纪念馆;唐山市乐亭县李大钊故居和纪念馆;天津市周恩来邓颖超纪念馆,平津战役纪念馆,盘山烈士陵园。

2. 北京—保定—西柏坡线

主要红色旅游景点有:北京市天安门广场,中国人民抗日战争纪念馆、卢沟桥、宛平城,新文化运动纪念馆,中国国家博物馆,中国人民革命军事博物馆,顺义区焦庄户地道战遗址纪念馆;保定市阜平县城南庄晋察冀军区司令部旧址,易县狼牙山五壮士塔,安新县白洋淀景区,清苑县冉庄地道战遗址,唐县白求恩柯棣华纪念馆;石家庄市平山县西柏坡纪念馆和中共中央旧址。

3. 上海—嘉兴—平阳线

主要红色旅游景点有:上海市中国共产党第一次全国代表大会会址纪念馆,龙华革命烈士陵园,宋庆龄陵园,陈云故居暨青浦革命历史纪念馆;嘉兴市南湖风景名胜区(中共一大旧址);温州市浙南(平阳)抗日根据地旧址。

4. 南京—镇江—句容—常熟线

主要红色旅游景点有:南京市梅园新村纪念馆,雨花台烈士陵园,侵华日军南京大屠杀遇难同胞纪念馆,渡江胜利纪念馆;镇江市句容县茅山新四军纪念地;常熟市沙家浜旅游区。

5.泰州—盐城—淮安—徐州线

主要红色旅游景点有：泰州市泰兴市黄桥战役纪念馆,白马庙;盐城市新四军重建纪念馆;淮安市周恩来纪念馆和故居,黄花塘新四军军部旧址,新安旅行团革命历史陈列馆;徐州市淮海战役纪念馆。

6.南昌—吉安—井冈山线

主要红色旅游景点有：南昌八一起义纪念馆、方志敏纪念馆;吉安市苏区政府旧址;井冈山市茨坪革命旧址群、黄洋界、井冈山烈士陵园等。

7.赣州—瑞金—于都—会昌—长汀—上杭—古田线

主要红色旅游景点有：赣州市瑞金市中华苏维埃临时中央政府旧址,于都县红军长征出发地;龙岩市长汀县红四军司令部、政治部旧址,瞿秋白烈士纪念碑,上杭县古田会议旧址,毛泽东才溪乡调查纪念馆。

8.井冈山—永新—茶陵—株洲线

主要红色旅游景点有：吉安市井冈山市茨坪革命旧址群、黄洋界、井冈山烈士陵园等,永新县三湾改编旧址;株洲市茶陵县第一个县级红色政权、红军墙、红军村;醴陵市左权将军纪念碑。

9.韶山—宁乡—平江线

主要红色旅游景点有：湘潭市韶山市毛泽东故居和纪念馆,湘潭县彭德怀故居和纪念馆;长沙市宁乡县花明楼刘少奇故居和纪念馆,杨开慧故居和纪念馆;岳阳市平江县平江起义旧址。

10.南宁—崇左—靖西—百色线

主要红色旅游景点有：崇左市龙州县红八军军部旧址,百色市百色起义纪念馆,百色起义烈士陵园,红七军军部旧址,田东县红军码头,右江区右江工农民主政府旧址,乐业县红七军和红八军会师地旧址。

11.贵阳—凯里—镇远—黎平—通道—桂林线

主要红色旅游景点有：贵阳市息烽集中营革命历史纪念馆,息烽县乌江景区;黔东南州黎平县黎平会议旧址;桂林市八路军驻桂林办事处旧址,兴安县界首镇红军长征突破湘江烈士纪念碑园。

12.贵阳—遵义—仁怀—赤水—泸州线

主要红色旅游景点有：贵阳市息烽集中营革命历史纪念馆,息烽县乌江景区;遵义市遵义会议会址,红花岗区红军山烈士陵园,汇川区和桐梓县娄山关景区;仁怀市红军四渡赤水纪念地,习水县黄皮洞战斗遗址;赤水市红军烈士陵园,丙安红一军团纪念馆。

13.成都—松潘—若尔盖—迭部—宕昌—岷县—临夏—兰州线

主要红色旅游景点有：雪山草地,阿坝州松潘县红军碑园,若尔盖县巴西会议会址;甘南州迭部县腊子口战役遗址;陇南地区宕昌县哈达铺红军长征纪念馆;定西市岷州会议纪念馆;兰州市战关区八路军驻兰州办事处旧址。

14.成都—雅安—石棉—泸定—康定线

主要红色旅游景点有：雅安市宝兴县夹金山红军纪念碑,石棉县安顺场红军强渡大渡河纪念地;甘孜州泸定县泸定桥革命文物纪念馆。

15. 昆明—会理—攀枝花—冕宁—西昌线

主要红色旅游景点有：昆明市"一二·一"四烈士墓及"一二·一"纪念馆，寻甸县红军长征柯渡纪念馆；凉山州会理县皎平渡红军渡江遗址、会理会议遗址，冕宁县彝海结盟遗址、红军长征纪念馆。

16. 兰州—定西—会宁—静宁—六盘山—银川线

主要红色旅游景点有：定西市岷县岷州会议纪念馆，通渭县榜罗镇革命遗址；白银市会宁县红军长征会师旧址；固原市隆德县六盘山长征纪念亭，西吉县将台堡一、二方面军会师纪念碑，兴隆镇单家集红军长征遗址，泾源县老龙潭革命烈士纪念亭。

17. 西安—洛川—延安—子长—榆林—绥德线

主要红色旅游景点有：西安市八路军西安办事处纪念馆，西安事变纪念馆；延安市洛川县洛川会议旧址纪念馆，枣园旧址，杨家岭旧址，王家坪旧址，凤凰山旧址，清凉山旧址，瓦窑堡会议旧址，"四八"烈士陵园，子长县子长烈士纪念馆。

18. 黄山—婺源—上饶—弋阳—武夷山线

主要红色旅游景点有：黄山市岩寺新四军军部及八省健儿会师地；上饶市上饶集中营革命烈士陵园，弋阳县方志敏故乡；南平市武夷山赤石、大安红色旅游景区。

19. 黄山—绩溪—旌德—泾县—宣城—芜湖线

主要红色旅游景点有：黄山市岩寺新四军军部及八省健儿会师地；宣城市泾县皖南事变烈士陵园及新四军军部旧址；芜湖市王稼祥纪念园。

20. 济南—济宁—枣庄—临沂—连云港线

主要红色旅游景点有：济南市济南战役纪念馆；济宁市微山湖；枣庄市铁道游击队纪念地，台儿庄大战遗址；临沂市沂蒙山孟良崮战役遗址，华东烈士陵园；连云港市抗日山烈士陵园。

21. 武汉—麻城—红安—新县—信阳线

主要红色旅游景点有：武汉市汉口八七会议会址纪念馆，武昌区毛泽东旧居及中央农民讲习所旧址纪念馆，施洋烈士陵园，向警予烈士陵园；黄冈市麻城市烈士陵园，红安县黄麻起义和鄂豫皖苏区革命烈士陵园；信阳市新县鄂豫皖苏区首府革命博物馆，鄂豫皖苏区革命烈士陵园，首府路和航空路革命旧址，将军故里，金刚台红军洞群，罗山县红二十五军长征出发地。

22. 合肥—六安—金寨—霍山—岳西—安庆线

主要红色旅游景点有：六安市皖西烈士陵园，独山革命旧址群，金寨县革命烈士陵园，金寨县红二十五军政机构旧址，霍山县西镇暴动纪念馆，岳西及金寨县红二十八军军部及重建旧址。

23. 太原—大同—灵丘—涞源—易县—涿州线

主要红色旅游景点有：太原市太原解放纪念馆，山西省国民师范旧址革命活动纪念馆；大同市煤矿展览馆，灵丘县平型关战役遗址；忻州市五台县晋察冀军区司令部旧址纪念馆，徐向前故居和纪念馆；保定市易县狼牙山，黄土岭战斗遗址。

24. 石家庄—西柏坡—涉县—长治—晋城线

主要红色旅游景点有：石家庄市华北军区烈士陵园，平山县西柏坡中共中央旧址等革命历史遗址；邯郸市涉县129师司令部旧址；长治市武乡县八路军太行纪念馆，王家峪八路军总部旧址，"百团大战"砖壁指挥部旧址，黎城县黄崖洞革命纪念地。

25.沈阳—锦州—葫芦岛—秦皇岛线

主要红色旅游景点有:沈阳市"九一八"历史博物馆,抗美援朝烈士陵园;抚顺市平顶山惨案遗址纪念馆,战犯管理所旧址;锦州市辽沈战役纪念馆、黑山阻击战纪念馆;葫芦岛市塔山阻击战纪念馆。

26.四平—吉林—敦化—延吉—白山—临江—通化—集安线

主要红色旅游景点有:四平市四平战役纪念馆及烈士陵园;白山市郊七道江遗址,靖宇县杨靖宇将军殉难地;通化市临江市"四保临江"烈士陵园,陈云旧居,杨靖宇烈士陵园。

27.哈尔滨—阿城—尚志—海林—牡丹江线

主要红色旅游景点有:哈尔滨市东北烈士纪念馆,东北抗联博物馆,哈尔滨烈士陵园,侵华日军第七三一部队罪证陈列馆;尚志市赵一曼被捕地;牡丹江市八女投江革命烈士陵园;海林市杨子荣烈士墓及剿匪遗址;宁安市马骏故居和纪念馆。

28.重庆—广安—仪陇—巴中线

主要红色旅游景点有:重庆市红岩革命纪念馆,沙坪坝区歌乐山革命烈士陵园,开县刘伯承同志纪念馆,江津县聂荣臻元帅陈列馆,酉阳县赵世炎烈士故居;广安市邓小平故居和纪念馆;华蓥市华蓥山游击队遗址,仪陇县朱德故居纪念馆;巴中市通江县红四方面军总指挥部旧址纪念馆,川陕苏区红军烈士陵园,红军崖红军石刻标语。

29.海口—文昌—琼海—五指山线

主要红色旅游景点有:海口市琼山区工农红军琼崖纵队改编旧址;琼海市红色娘子军纪念园;五指山市五指山革命根据地纪念园。

30.张家界—桑植—永顺—吉首—铜仁线

主要红色旅游景点有:张家界市桑植县贺龙故居和纪念馆;湘西自治州永顺县湘鄂川黔革命根据地旧址;恩施自治州鹤峰县满山红纪念园;铜仁市周逸群故居。

思考题

1.根据旅游者旅游活动的空间尺度可以划分为哪几种旅游线路?各有什么特点?

2.根据旅游者行为特性可以划分为哪几种旅游线路?各有什么特点?

3.旅游线路设计应遵循哪些原则?

4.简述旅游线路设计的特点。

5.简述旅游线路设计的内容。

6.论述如何根据旅游者旅游活动的类型和特点,设计出符合游客需要的旅游线路。

参考文献

[1] 保继刚,楚义芳.旅游地理学[M].修订本.北京:高等教育出版社,2001.

[2] 罗兹柏,张述林.中国旅游地理[M].天津:南开大学出版社,2000.

[3] 马丽明.中国旅游地理[M].北京:机械工业出版社,2010.

[4] 余琳.中国旅游地理[M].北京:机械工业出版社,2010.

[5] 李永文.旅游地理学[M].北京:科学出版社,2004.

[6] 李悦铮,鲁小波.旅游地理学[M].北京:旅游教育出版社,2009.

[7] 何丽芳.中国旅游地理[M].北京:清华大学出版社,2008.

[8] 杨尚英.旅游气象气候学[M].杨凌:西北农林科技大学出版社,2007.

[9] 王辉,苗红.中国旅游地理[M].北京:北京大学出版社,2010.

[10] 贾鸿雁.旅游信息管理与信息系统[M].北京:化学工业出版社,2007.

[11] 凌善金.旅游地图学[M].合肥:安徽人民出版社,2008.

[12] 查良松.旅游管理信息系统[M].北京:高等教育出版社,2006.

[13] 李锐铮,鲁小波.旅游地理学[M].北京:旅游教育出版社,2009.

[14] 韩杰.旅游地理学[M].长春:东北财经大学出版社,2002.

[15] 吴宜进.旅游地理学[M].北京:科学出版社,2005.

[16] 马勇.李旅游规划与开发[M].2版.北京:高等教育出版社,2006.

[17] 保继刚,楚义芳.旅游地理学[M].修订版.北京:高等教育出版社,1999.

[18] 王勇,于苏俊.九寨沟景区旅游环境容量研究[J].四川环境,2007(4).

[19] 张小平,朱忠福.九寨沟景区旅游环境容量研究[J].旅游学刊,2007(9).

[20] 衣丽芹,李平,韩国华.旅游城市环境容量分析[J].桂林旅游高等专科学校学报,2003(2).

[21] 张满生.景区饱和与超载形成机制及其对策研究[J].林业资源管理,2009(6).

[22] 衣丽芹,李平,韩国华.生态旅游对环境的影响及控制对策[J].东北林业大学学报,2007(6).

[23] 陆松,陆林等.旅游环境容量研究进展[J].地域研究与开发,2005(12).

[24] 胡荔香.旅游环境定义及特点之我见[J].中国科技信息,2008(24).

[25] 人文环境构成及其对国际旅游岛建设的影响分析[BE/OL].http://www.hi898.com/html/focus/20090622/1361.htm.

[26] 张家界成为中国第一个国家森林公园[BE/OL].http://travel.163.com/10/0927/11/6hj6kfnc00064ijn.html.

[27] 雷明德.旅游地理[M].西安:陕西人民出版社,1990.

图书在版编目(CIP)数据

旅游地理/杨尚英主编.—西安:西安交通大学出版社,2013.2
普通高等教育"十二五"旅游与饭店管理专业系列规划教材
ISBN 978 - 7 - 5605 - 4406 - 9

Ⅰ.①旅… Ⅱ.①杨… Ⅲ.①旅游地理学-高等学校-教材
Ⅳ.①F590

中国版本图书馆 CIP 数据核字(2012)第 120573 号

书　　名	旅游地理
主　　编	杨尚英
责任编辑	祝翠华　王建洪
出版发行	西安交通大学出版社
	(西安市兴庆南路 10 号　邮政编码 710049)
网　　址	http: www.xjtupress.com
电　　话	(029)82668357　82667874(发行中心)
	(029)82668315　82669096(总编办)
传　　真	(029)82668280
印　　刷	陕西奇彩印务有限责任公司

开　　本	787mm×1092mm　1/16	**印张** 11.875	**字数** 285 千字
版次印次	2013 年 2 月第 1 版　　2013 年 2 月第 1 次印刷
书　　号	ISBN 978 - 7 - 5605 - 4406 - 9 F·316
定　　价	22.80 元